天天说物业

业主自治、物业服务、相邻关系365问

郭天一 ◎ 编著

九州出版社
JIUZHOUPRESS

图书在版编目（CIP）数据

天天说物业：业主自治、物业服务、相邻关系 365 问 /
郭天一编著 .— 北京：九州出版社，2021.11
ISBN 978-7-5225-0675-3

Ⅰ . ①天… Ⅱ . ①郭… Ⅲ . ①物业管理—法规—中国
—问题解答 Ⅳ . ① D922.181.5

中国版本图书馆 CIP 数据核字 (2021) 第 249766 号

天天说物业：业主自治、物业服务、相邻关系 365 问

作　　者	郭天一　编著	
责任编辑	古秋建　周弘博	
出版发行	九州出版社	
地　　址	北京市西城区阜外大街甲 35 号（100037）	
发行电话	（010）68992190/3/5/6	
网　　址	www.jiuzhoupress.com	
电子信箱	jiuzhou@jiuzhoupress.com	
印　　刷	廊坊市海涛印刷有限公司	
开　　本	710 毫米 ×1000 毫米　16 开	
印　　张	23	
字　　数	346 千字	
版　　次	2022 年 1 月第 1 版	
印　　次	2022 年 1 月第 1 次印刷	
书　　号	ISBN 978-7-5225-0675-3	
定　　价	79.80 元	

用法治推动小区善治

——探索小区治理法治化的新路径

三大困境

安居乐业，是人们向往的美好生活。对于业主来说，要实现安居的梦想，除必要的住房外，还离不开优良的小区治理。数据显示，目前我国的城镇化率已超过50%①，有85.4%的业主遭遇过各种物业纠纷②。也就是说，有60%的人居住在城市住宅小区，有近90%的业主遇到过物业纠纷。可以说，住有所居，居不得安，物业纠纷频发。

小区不仅是社会治理的痛点，也是社会治理的难点。首先，权利失衡——开发商、物业公司与业主的权利不对等；其次，服务失能——要么缺位，要么走样；最后，纠纷失管——邻里矛盾多，不知谁来管！除了劝，几乎没有其他办法③。很多时候，业主物业纠纷、邻里矛盾，你搞不清楚这些纠纷是因何而起，又该如何结束④。看上去，小区内各种矛盾纠纷多是小问题，可实际上，日积月累、反复发作的小问题，对群众居住质

---

① 2020年2月28日，国家统计局．中华人民共和国2019年国民经济和社会发展统计公报［R/OL］．（2020 - 02 - 28）. http：//www. stats. gov. cn/tjsj/202002/t20200228. 1728913.html.

② 吴晓林．中国城市社区的业主维权冲突及其治理：基于全国9大城市的调查研究［J］．中国行政管理，2016（10）：128-134.

③ 叶俊东．小区大事——重塑城镇化下的社区治理［M］．北京：新华出版社，2020.

④ 叶俊东．小区大事——重塑城镇化下的社区治理［M］．北京：新华出版社，2020.

量、生活水平都带来了大影响①。小区迅速扩展，业主维权频发，小区治理水平亟待提升。小区治理的三大困境如何破？

三类矛盾

十年前，笔者致力于为乡村基层社会治理提供法律服务，五年前逐渐将服务的阵地转战到城市住宅小区。置身于小区治理的最前沿、物业纠纷的第一线，笔者在长期的物业法律服务过程中，从几百个小区普遍存在的问题中梳理出三类主要矛盾：一是业主与开发商之间，关于房屋交接及配套设施设备的矛盾；二是业主与物业公司之间，关于物业服务和物业费方面的矛盾；三是业主与业主之间，关于相邻关系方面的矛盾，如侵占公共空间、高空抛物、噪声污染、住改商等。

不同的地域，不同的小区，但其中典型的纠纷案例都有着相同的"套路"：物业公司自称收不抵支，导致物业服务质量下降——业主拒交物业费——物业公司将业主告上法庭——业主败诉但拒绝执行判决——物业公司以各种手段骚扰业主——业主以各种手段还击——物业纠纷闹得沸沸扬扬②。最初，业主群体与开发商、物业公司的冲突，一般局限于小区内部，在问题久拖不决、矛盾激化的情况下，会升级为"街头冲突"，业主采取堵门、堵路、上访的方式表达诉求，以达到迫使政府对小区内部的矛盾纠纷进行干预或协调的目的③。业主与开发商、业主与物业公司以及业主之间的矛盾同时也会演变为业主群体与政府部门的冲突，并形成"群众维权"和"干部维稳"的对立格局，带来"双输"的结果 ④。

---

① 叶俊东．小区大事——重塑城镇化下的社区治理［M］．北京：新华出版社，2020.

② 杨君，郭琴，卢恋．让小区治理运转起来——基于全景化及实践性的视角分析［M］．广州：暨南大学出版社，2018.

③ 吴晓林．房权政治——中国城市社区的业主维权［M］．北京：中国编译出版社，2016.

④ 徐勇，邓大才，张利民，等．恩施领跑：以法治推进地方善治——湖北恩施"律师进村，法律便民"的法治实践［M］．北京：中国社会科学出版社，2016.

三方主体

小区治理面临的一系列困境，仅仅依靠开发商、业主或物业公司等利益相关方，是无法调节的。党的十九大报告提出，打造共建、共治、共享的社会治理格局。加强社区治理体系建设，推动社会治理的重心向基层下移，发挥社会组织作用，实现政府治理和社会调节、居民自治良性互动①。这就要求以街道办、村居为代表的国家力量，以开发商和物业公司为代表的市场力量，以业主群体为代表的社会力量有效互动，广泛参与②。

基于业主权构成的综合性与复杂性，仅依侵权责任的一般救济规则保护业主权是不充分的，还应建立业主权公力救济与私力救济相结合的权利保障体系③。引入没有利益关联的律师作为中立方，通过客观、中立、专业、深入的服务，为小区治理提供一个有效的平台，为业主自治构建一个理想的治理架构，让业主有效地行使共同管理权，势在必行！

三大机制

律师以中立方的身份为小区治理提供法律服务，以预防社会矛盾纠纷并将之纳入法治化解决轨道为出发点，依法理顺业主、业主委员会、物业公司、开发商、地方人民政府有关部门、居民委员会等各方之间的关系，使之各尽所能、各得其所、各安其分、和谐相处。为了实现在业主自治基础上的多元共治，建立一系列有效的融合机制迫在眉睫。

业主大会、业主委员会就是很重要的切入点。但是，业主大会的成立并不容易，甚至在部分地区须经历"九九八十一难"④，启动难、筹备难、成立难、决策难、运行难、维权难……业主委员会更是在矛盾中诞生，在

---

① 习近平：《决胜全面建成小康社会，夺取新时代中国特色社会主义伟大胜利——在中国共产党第十九次全国代表大会上的报告》，2017 年 10 月 18 日。
② 李锦峰．物权治理与物业管理指导手册［M］．上海：格致出版社、上海人民出版社，2019.
③ 齐恩平．业主权的释义与建构（修订版）［M］．北京：法律出版社，2017.
④ 叶俊东．直击痛点——大变局中的基层治理突围［M］．北京：新华出版社，2019.

夹缝中生存，在迷茫中抗争。必须有完善的制度保障、健全的组织机构、充分的经济后盾，才能让业主大会和业主委员会良性运转①。值得肯定的是，《中华人民共和国民法典》适当降低业主共同决定事项的表决门槛，为业主大会的成立和业主委员会高效运转扫清了诸多障碍。

面对小区成千上万的业主，面对日益增多的公共事务，区区五至十一个业主委员会委员是难以应付的，这就要求更多业主的参与。同时，作为权力机构的业主大会，作为执行机构的业主委员会，如果缺乏监督机制，治理架构极易出现僵化甚至异化②的趋势，出现不履职的"业萎会"或被个别人把持、代表极少数人利益的"业伪会"③。所以，在业主自治过程中，还要激活治理结构，完善治理机制，创新治理方式，尊重业主自主创新权利，探索复合多样的小区治理结构④。实践中，我们服务的小区70%以上都设立了各种各样的分支或者辅助机构，除业主大会、业主代表大会、业主委员会外，往往还设立监督委员会、商铺管理委员会、楼栋长、单元长，各种应急小组、纠纷协调小组等。业主们基于公益之心，基于珍惜业主权利，热情参与小区事务，同时还催生了以业主为主体、以业主自治为基础、以业主集体行动为形式、以保护小区共同利益为取向的新型小区政治⑤。

在实践中，针对三大困境、面临的三类矛盾，我们用法治的手段，以召开业主大会为核心，通过指导业主委员会规范建立、引导业主委员会履职尽责、督导业主委员会长效运转，打造了以业主自治为中心、各相关利益方共同参与的小区治理理想架构，寻求小区善治的最大公约数，让小区业主自我管理、自我服务，并探索了三大机制：一是让业主的诉求表达理性化，二是让小区的日常事务自主化，三是让纠纷解决方式多元化。

---

① 张农科. 基于建筑物区分所有权的业主大会［M］. 北京：经济科学出版社，2011.
② 陈丹. 城市住宅区业主自治运行实效研究——基于个体决策的视角［M］. 北京：法律出版社，2014.
③ 杨君，郭琴，卢恋. 让小区治理运转起来——基于全景化及实践性的视角分析［M］. 广州：暨南大学出版社，2018.
④ 陈建国. 业主选择与城市社区自主治理［M］. 北京：社会科学文献出版社，2014.
⑤ 杨玉圣. 论业主自治与小区善治［J］. 新华文摘，2010（14）：28-31.

当然，业主自治的法理基础是业主的建筑物区分所有权，但实践中，我们经常遇到的廉租房、公租房、小产权房等保障性住房小区，农民集中建房区，"类"业主①群体等被"遗忘的角落"也值得关注。无论是自治还是权利保护，都存在法理上的障碍和实践性困难，有待进一步探索。

三大目标

说起物业，很多人往往会把物业的概念等同于物业管理、物业公司，实际上，其内涵远不限于此。"物业"一词是一个具有悠久历史的本土概念，最早出现在唐代的法律典籍中，宋代的法律中将"物"和"业"二字连用，代表动产和不动产。现代意义上的"物业"，译自英语 property 和 estate，20 世纪 80 年代以来，从香港经由广东传入内地，在粤港地区作为房地产的俗称，特指单元性地产②。2003 年 9 月 1 日施行的《物业管理条例》将"物业"以法律概念的形式纳入国家法律文本，主要是指已经建成并投入使用的各类房屋及配套的设施设备和相关场地。

物业法律问题专业且复杂，法律条文对于普通业主来说难免生硬难懂，即使有认识法律、学习法律的精神，可是面对成千上万的法律规定，也不知从何下手③。这就导致了，笔者在为小区治理法治化服务的初期，每天接到几十甚至上百个电话，咨询的几乎都是相同的问题，如业主在小区有多套房产，参加业主大会投票时，可以投多张票吗？又如交房后一直未入住，物业公司是否有权向业主收取物业服务费？再如业主违规搭建，相邻业主可否起诉？诸如此类，有时咨询问题的业主还没把问题说完，我们这边就可以"抢答"了！

能否研发一个自动回复机器人？让法律服务流程化、让服务流程产品化、让产品标准化，这样既节约了时间，又提高了效率。有了这个想法

---

① 朱涛. 业主大会法律问题研究：民事主体理论的视角［M］. 北京：法律出版社，2016.

② 李宗锷. 香港房地产法［M］. 香港：商务印书馆香港分馆，1998.

③ 胡天龙. 谁动了我的权利？房产物业纠纷维权必备法律常识［M］. 北京：中国法制出版社，2016.

后，笔者开始着手对服务过的几百个小区众多业主咨询过的问题进行梳理，从业主自治、物业服务、相邻关系三个方面，利用整整一年的时间采取每天一问一答的形式，全面分析、解答了小区业主、业主委员会、物业公司所遇到的方方面面的、常见的 365 个问题。同时，对指导、协助几百个小区成立业主大会、选举业主委员会的流程进行总结、提炼，形成了标准化的规范流程，如：工作流程、常用表格、公告模板、示范文本。这些共同构成了小区治理法治化全套解决方案，是小区业主的"权利法案"，业主委员会的"法律百科全书"，物业服务企业的"纠纷处理指南"。

全部的工作和点滴的成果都是为了实现小区治理的三大目标：让业主权利得到有效保护，让物业管理规范有序，让小区自治稳步运转。探索小区善治的良方，突破小区治理的瓶颈，让小区治理高效运转起来，我们一直在路上。

Contents
目 录

物业服务篇

相邻关系篇

附录：小区治理法治化规范流程

业主自治篇

一、业主权利义务

① 业主身份如何界定？

答："业主"，顾名思义就是"房产物业的主人"。《中华人民共和国民法典》（以下简称《民法典》）物权编第六章建筑物区分所有权章节多处使用"业主"一词，但并未对业主的概念进行明确定义。《物业管理条例》第六条第一款从法律上对业主进行了定义，即房屋的所有权人为业主。显然，无论从理论还是从实务角度，这种定义是不够精准的。

业主是建筑物区分所有权的权利主体，同时也是从事物业管理活动的基本主体。由于在现实生活中，签订商品房买卖合同后合法占有使用专有部分但尚未办理物权登记的情形大量存在，此种情形下如果仅是以登记取得所有权作为界定业主身份的标准，会对上述商品房购买群体应当享有的权利造成侵害。因此，《最高人民法院关于审理建筑物区分所有权纠纷案件适用法律若干问题的解释》在界定业主身份时，采取了权宜之计，对于依法登记取得或者根据《民法典》物权编第二章第三节规定取得建筑物专有部分所有权的人，规定应当认定为《民法典》物权编第六章所称的业主；对于基于与建设单位之间的商品房买卖民事法律行为，已经合法占有建筑物专有部分，但尚未依法办理所有权登记的人，则规定"可以认定为业主"。

《湖北省物业服务和管理条例》第十八条第一款作出了更明确、更科学的界定，把"可以认定为业主"的群体明确为"物业服务关系中的业主"，即"房屋所有权人为业主。尚未登记取得所有权，但基于买卖、赠予、继承、拆迁或者征收补偿等法律行为已经合法占有该房屋的人，认定为物业服务关系中的业主"。也就是说，专有部分所有权人一定是业主，但"可以认定为业主"的人并不一定是专有部分的所有权人。

2　业主在物业管理活动中有哪些权利？

答：《物业管理条例》第六条第二款规定，业主在物业管理活动中，享有下列权利：

（1）按照物业服务合同的约定，接受物业服务企业提供的服务。

（2）提议召开业主大会会议，并就物业管理的有关事项提出建议。

（3）提出制定和修改管理规约、业主大会议事规则的建议。

（4）参加业主大会会议，行使投票权。

（5）选举业主委员会成员，并享有被选举权。

（6）监督业主委员会的工作。

（7）监督物业服务企业履行物业服务合同。

（8）对物业共用部位、共用设施设备和相关场地使用情况享有知情权和监督权。

（9）监督物业共用部位、共用设施设备专项维修资金的管理和使用。

（10）法律、法规规定的其他权利。

3　业主在物业管理活动中应当履行哪些义务？

答：《物业管理条例》第七条规定，业主在物业管理活动中，履行下列义务：

（1）遵守管理规约、业主大会议事规则。

（2）遵守物业区域内物业共用部位和共用设施设备的使用、公共秩序和环境卫生的维护等方面的规章制度。

（3）执行业主大会的决定和业主大会授权业主委员会作出的决定。

（4）按照国家有关规定交纳专项维修资金。

（5）按时交纳物业服务费用。

（6）法律、法规规定的其他义务。

④ 业主知情权有哪些？可请求公布、查阅哪些资料？

答： 所谓知情权，即业主有了解建筑区划内涉及业主共有权部分以及共同管理权相关事项的权利。《民法典》物权编对业主知情权未明确规定，但该法第二百七十一条、第二百八十五条规定了业主对共有部分享有共同管理权和对物业管理享有监督权。《物业管理条例》第六条第二款第八项对业主知情权进行了概括性规定，即业主对物业共用部位、共用设施设备和相关场地使用情况享有知情权和监督权。

《最高人民法院关于审理建筑物区分所有权纠纷案件适用法律若干问题的解释》第十条对业主知情权作出明确具体的规定，业主请求公布、查阅下列应当向业主公开的情况和资料的，人民法院应予支持：①建筑物及其附属设施的维修资金的筹集、使用情况；②管理规约、业主大会议事规则，以及业主大会或者业主委员会的决议及会议记录；③物业服务合同，共有部分的使用和收益情况；④建筑区划内规划用于停放汽车的车位、车库的处分情况；⑤其他应当向业主公开的情况和资料。

⑤ 业主是否有权要求物业服务企业公开服务项目和收费标准？

答： 要求物业服务企业公开服务项目和收费标准，是业主在物业管理活动中的知情权之一。《物业管理条例》第四十条规定，物业服务收费应当遵循合理、公开以及费用与服务水平相适应的原则，区别不同物业的性质和特点，由业主和物业服务企业按照国务院价格主管部门会同国务院建设行政主管部门制定的物业服务收费办法，在物业服务合同中约定。《物业服务收费明码标价规定》第二条规定，物业服务企业向业主提供服务——包括按照物业服务合同约定提供物业服务以及根据业主委托提供物业服务合同约定以外的服务，应当按照本规定实行明码标价，标明服务项目、收费标准等有关情况。第七条规定，物业服务企业在其服务区域内的显著位置或收费地点，可采取公告栏、公示牌、收费表、收费清单、收费手册、多媒体终端查询等方式实行明码标价。

同时，《物业服务收费明码标价规定》第四条还规定了政府价格主管部门会同同级房地产主管部门对物业服务收费明码标价进行管理，政府价格主管部门对物业服务企业执行明码标价规定的情况实施监督检查。对于物业服务企业不按照规定明码标价的，可向主管部门进行举报，由主管部门进行相应处罚。

6 业主是否有权要求查询物业服务企业的会计账簿？

答：依据《物业服务收费管理办法》第九条的规定，物业服务费存在"包干制"和"酬金制"两种不同的收费方式，业主与物业服务企业根据具体情况进行选择或约定。

包干制是指由业主向物业服务企业支付固定的物业服务费用，盈余或者亏损均由物业服务企业享有或者承担的物业服务计费方式。在采用包干制的情况下，业主定期支付固定数额的物业费，物业服务成本、法定税费无论数额多少均由物业服务企业承担，因此物业服务企业对物业费的支出情况与业主关系不大，不会加重业主的物业费负担，因此采用包干制的情况下，物业服务企业对所收取物业费的支出利用属于其公司内部经营范畴，业主无权要求公开相关信息。

酬金制是指在预收的物业服务资金中按约定比例或者约定数额提取酬金支付给物业服务企业，其余全部用于物业服务合同约定的支出，结余或者不足均由业主享有或者承担的物业服务计费方式。在采用酬金制的情况下，物业服务企业预收的物业费属于代管性质，为交纳物业费的业主所有。依据《物业服务收费管理办法》第十二条、第十三条的规定，实行物业费酬金制的物业服务企业不得将收取的物业服务资金用于物业服务合同以外的支出，物业服务企业应当向全体业主公布物业服务资金年度预决算，并每年不少于一次公布物业服务资金的收支情况，业主有权对其提出质询并可按照物业服务合同的约定聘请专业机构进行审计。

因此，业主是否有权要求查询物业服务企业的会计账簿，应当首先区分两种不同的物业服务费计付方式，实行物业费酬金制的，则属于业主知情权的范围；实行物业费包干制的，物业服务企业对物业费的收支情况不属于业主知情权范围。

7　业主的知情权如何行使？

答：依据《最高人民法院关于审理建筑物区分所有权纠纷案件适用法律若干问题的解释》第十三条规定，业主知情权实现方式有请求公布和查阅两种。业主大会、业主委员会以及物业服务企业等相关主体，应利用网络或其他平台，及时、主动、全面地公布应当公开的情况和资料。同时，在业主提出要求查阅、复制相关资料时，有义务配合并提供必要的方便，让业主自由查询。

8　业主的撤销权有哪些？如何行使？

答：依据《民法典》第二百八十条第二款、《最高人民法院关于审理建筑物区分所有权纠纷案件适用法律若干问题的解释》第十二条的规定，业主有权请求人民法院，对业主大会或者业主委员会侵害业主实体权利或违反法定程序作出的决定、形成的决议予以撤销。例如，作出的决议剥夺了业主对共有部分的使用、收益的权利，再如，决议未达到法定比例而被通过等。

业主撤销权作为一种形成权，应受到除斥期间的限制，业主请求撤销的期限为自知道或者应当知道业主大会或者业主委员会作出决定之日起一年之内。

9　业主作为房屋专有权人有哪些权利？

答：业主作为房屋专有权人的权利散见于《民法典》物权编的相关规定，主要可分为以下三类：

（1）占有、使用、收益和处分权。这是基于《民法典》第一百一十四条、第二百七十二条之规定，专有权具有可直接支配和排他性特征，专有权人可以在法律规定的范围内，行使其对专有部分的占有、使用、收益和处分的权利，不受他人的干涉。专有权人可以转让、出租、出借、抵押其专有部分，在不损害共有部分和其他专有权人权利的前提下，可以对其专有部分进行装饰和装修。

（2）救济权。专有权人在其专有物受到第三人侵害时，可以依据《民法典》第一百七十九条之规定，要求停止侵害、排除妨碍、消除危险、返还财产、恢复原状、负责修理以及赔偿损失等。

（3）相邻权。业主对建筑物专有部分以外的共有部分享有的权利，依据《民法典》第二百九十条、第二百九十一条、第二百九十二条的规定，专有权人为保存其专有部分或共有部分，或在改良的必要范围内，可以请求使用其他区分所有权人的专有部分或不属于自己所有的共用部分，如因建造、修缮建筑物以及铺设电线、电缆、水管、暖气和燃气管线等必须利用相邻土地、建筑物，但不得给相邻权人造成损害。

10 业主使用专有部分有哪些限制？

答：业主使用专有部分受到的限制也就是业主作为专有权人的义务，依据《民法典》第二百七十二条、第二百八十六条等规定，主要可分为以下四类：

（1）不得危及建筑物安全的义务。因业主的各专有部分紧密地存在于同一栋建筑物中，各业主对整栋建筑物的安全与维护形成共同利害关系。因此，业主应按照建筑物的使用目的或管理规约使用专有部分，并负有维护建筑物牢固和完整、不得损害或随意改变建筑物结构的义务。

（2）不得损害其他业主合法权益的义务。业主专有部分所有权的行使，要受建筑物其他专有部分所有人的制约。这是因为，区分所有建筑物的各专有部分在构造上相互关联，物理上相互连接，业主对自己的专有部分的使用、收益或处分应受彼此间强力的约束，必须考虑到全体业主的共同利益，不得滥用其专有部分所有权，损害其他业主的利益。

（3）遵守法律、法规以及管理规约的义务。《管理规约》是业主依法订立的自我管理规则，对物业的使用、维护、管理，业主的共同利益和应当履行的义务有较为详细的规定，如不得随意改变专有部分的用途，不得随意变更通过自己专有部分的水管、煤气管、暖气管等。遵守这些约定，通过自我管理和自我约束，有利于形成良好的物业管理秩序。

（4）配合物业服务企业或者其他管理人执行政府依法实施的应急处置措施和其他管理措施的义务。

11 承租户在物业管理活动中的权利是否等同于业主？

答：承租户仅是物业使用人，并不能等同于业主，在物业管理活动中的权利是受限制的。依据《民法典》物权编和《物业管理条例》规定，参加业主大会会议，行使投票权，选举业主委员会成员并享有被选举权、撤销权、知情权、分配共有部分收益、投票选聘物业服务企业、提请召于业主大会修改管理规约、业主大会议事规则的建议权等权利专属于业主。

在法律、法规和管理规约等规定的框架范围内，业主与物业使用人可以约定物业使用人在物业管理活动中的权利和义务。依据《物业管理条例》第四十七条第一款、《最高人民法院关于审理建筑物区分所有权纠纷案件适用法律若干问题的解释》第十六条第二款之规定，专有部分的承租人、借用人等物业使用人，在物业管理活动中除遵守法律、法规、管理规约、业主大会或业主委员会依法作出的决定外，还可以根据其与业主的约定，享有相应的权利，承担相应的义务。例如物业管理活动中，业主行使的投票权，属于民事法律行为，依法可以委托代理。承租户有权接受业主的委托，代理业主投票表决，选举业主委员会委员或代理投票解聘物业服务企业，但承租户作为代理人，代理的后果由作为被代理人的业主承担。

12 承租户在物业管理活动中的权利和义务有哪些？

答：承租户作为物业使用人，享有的权利主要包括：①合理利用共有部分的权利；②接受物业服务企业提供服务的权利；③合理利用共有部分的权利、居住利益，且享有相邻权受到侵害时提起诉讼的权利。

承租户作为物业使用人，承担的义务主要包括：①遵守管理规约的义务；②遵守物业区域内物业共用部分和共用设施设备的使用、公共秩序和环境卫生的维护等方面规章制度的义务；③执行业主大会、业主委员会依法作出的决定的义务；④依据《物业管理条例》第四十一条的规定承担交纳物业费的义务，但业主与物业使用人约定由业主承担的除外。

13 业主对业主大会、业主委员会违法作出的决议，有哪些权利救济途径？

答：对于业主大会、业主委员会违反法定程序或侵害业主利益作出的决议，业主可以选择以下权利救济途径：

（1）向有关主管部门投诉。业主可依据《物业管理条例》第十九条第二款、《业主大会和业主委员会指导规则》第四十九条之规定，请求物业所在地的区、县人民政府房地产行政主管部门或者街道办事处、乡镇人民政府，对业主大会、业主委员会采取相应的措施予以纠正，或要求责令其限期改正或撤销，并将处理情况通告全体业主。

（2）向人民法院起诉。依据《物业管理条例》第十二条第五款、《最高人民法院关于审理建筑物区分所有权纠纷案件适用法律若干问题的解释》第十二条之规定，业主有权自知道或者应当知道业主大会或者业主委员会作出决定之日起一年之内，请求人民法院予以撤销。

14 业主能否以放弃对共有部分的权利为由，不履行相应的义务？

答：业主专有部分以外的共有部分，依据《民法典》物权编第六章和《最高人民法院关于审理建筑物区分所有权纠纷案件适用法律若干问题的解释》第三条的规定，主要是指除建筑物内的住宅、经营性用房等专有部分以外的部分，既包括建筑物内的走廊、楼梯、过道、电梯、外墙面、水箱、水电气管线等部分，也包括建筑区划内，由业主共同使用的物业管理用房、绿地、道路、公用设施以及其他公共场所等。业主对共有部分不仅享有共有的权利，还享有共同管理的权利，有权对共用部位与共用设备设施的使用、收益、维护等事项行使管理的权利，同时，对共有部分的管理也负有相应的义务，如《民法典》第二百八十六条的规定，业主不得在共有部分任意弃置垃圾、违章搭建、侵占通道等。

由此可见，业主对专有部分以外的共有部分既享有权利，又负有义务。对此，《民法典》第二百七十三条第一款明确规定，业主不得以放弃权利为由不履行义务。

15 业主、业主大会、业主代表大会、业主委员会之间是什么关系？

答：依据《民法典》物权编和《物业管理条例》的规定，业主是物业的权利人和物业管理活动的主体，业主大会是业主管理物业的议事机构，业主委员会是业主大会选举产生的执行机构或管理机构，业主代表大会是业主大会的一种议事形式或机构，其职责在业主大会议事规则中规定。业主代表大会或业主委员会可以在业主大会授权范围内行使职权。业主应该执行业主大会、业主委员会的决定。

16 怎样做一个模范业主？

答：依据物业管理法规和管理规约的规定，模范履行业主义务，应当做到：

（1）执行业主大会所作出的决议。业主大会通过法定程序作出的决议是小区业主集体意志的体现，对所有业主具有约束力。每个业主都受到该决议的约束，都负有服从和执行该决议的义务。

（2）遵守小区的管理规约。《管理规约》是业主依法订立的、书面形式的自治管理契约，对所有业主具有约束力。每个业主都应当依照管理规约的规定行使权利，履行义务。

（3）接受物业服务企业的管理。物业服务企业是由建设单位或者全体业主选聘的从事物业管理和服务的专业机构。物业服务企业与建设单位或者业主签订物业服务合同，该合同对双方当事人都具有约束力。合同一旦签订，就表示愿意接受和服从物业服务企业的服务和管理，所以业主有接受物业服务企业管理的义务。

（4）及时、足额支付应承担的费用。业主应当分担对建筑物中属于全体共有部分的管理、维护、修缮、改良所需的费用。对于物业服务企业提供的服务，业主也应当按照合同的约定支付相应对价。

二、业主大会筹备组

1 业主大会的法律性质是什么？会议形式有哪些？

答： 业主大会不是一场会议，而是一个自治组织，是全体业主作为成员的所有权人联合体，具有明确的法律地位，可以独立地作为法律关系中的主体。

依据《民法典》第二百七十七条第一款、《物业管理条例》第八条规定，业主大会由物业区域内的全体业主组成，是小区业主的议事机构，维护物业区域内全体业主在物业管理活动中的合法权益，是管理建筑区划内建筑物及其附属设施的共有部分和共同事务的自治组织。

《物业管理条例》第十二条第一款、第十三条第一款规定，业主大会会议分为定期会议和临时会议，召开会议可以采用集体讨论的形式，也可以采用书面征求意见的形式。

2 什么情况下可以成立业主代表大会？

答： 小区成立业主代表大会有以下两种情形：

（1）业主人数超过三百人的物业区域，依据《湖北省物业服务和管理条例》第十九条第一款规定，可以成立业主代表大会，履行业主大会议事规则规定的职责，业主代表的产生方式由业主大会决定。

（2）物业区域内业主人数较多的，依据《业主大会和业主委员会指导

13

规则》第二十七条规定，可以幢、单元、楼层为单位，推选一名业主代表参加业主大会会议，被推选的代表组成业主代表大会。推选及表决办法应当在业主大会议事规则中规定。

3 分期开发的建设项目怎样成立业主大会？

答：《业主大会和业主委员会指导规则》第十六条规定，划分为一个物业区域的分期开发的建设项目，先期开发部分符合条件的，可以成立业主大会，选举产生业主委员会。

首次业主大会会议应当根据分期开发的物业面积和进度等因素，在业主大会议事规则中明确增补业主委员会委员的办法。

4 召开首次业主大会应具备哪些条件？

答：《湖北省物业服务和管理条例》第二十条第一款规定，符合下列条件之一的，街道办事处、乡镇人民政府应当组织召开物业区域内首次业主大会会议：

（1）交付的房屋专有部分面积达到建筑物总面积百分之五十的。

（2）交付的房屋套数达到总套数百分之五十的。

（3）自首位业主入住之日起满两年且已入住户数比例达到百分之二十的。

5 申请召开首次业主大会的主体是业主还是建设单位？如何申请召开首次业主大会？应递交哪些资料？

答：依据《湖北省物业服务和管理条例》第二十条、第二十一条第一款及《武汉市物业管理条例》第二十三条第一款的规定，交付的房屋专有部分面积达到建筑物总面积百分之五十、交付的房屋套数达到总套数百分之五十或自首位业主入住之日起满两年且已入住户数比例达到百分之二十的，建设单位应当书面报告街道办事处、乡镇人民政府或房产行政主管部门，也就是说，建设单位有义务申请召开首次业主大会。同时，业主也可以向街道办事处、乡镇人民政府或房产行政主管部门提出书面申请，这是业主的权利之一。

业主或建设单位句房产行政主管部门申请召开首次业主大会时，应当递交业主联名签署或建设单位盖章的书面申请文件，并提交符合召开条件的证明材料。

6 **什么时候可以成立首次业主大会筹备组？工作期限是多久？期满后还继续存在吗？**

答：《湖北省物业服务和管理条例》第二十一条第二款规定，街道办事处、乡镇人民政府应当在收到房产行政主管部门关于成立首次业主大会通知之日起，三十日内组织成立业主大会会议筹备组。

筹备组的工作期限自成立之日起六十日内。筹备组在规定的期限内，组织召开首次业主大会会议，表决通过管理规约、业主大会议事规则并选举产生业主委员会后，筹备组的职责同时终止。

7 **首次业主大会筹备组经费有哪些来源？**

答：《湖北省物业服务和管理条例》第二十条第二款规定，首次业主大会会议的筹备经费根据物业区域规模、业主人数和建筑面积等因素确定，由建设单位承担；老旧住宅区首次业主大会会议的筹备经费由县级人民政府承担。

8 **首次业主大会筹备组成员的组成有哪些？组长由谁来担任？**

答：依据《湖北省物业服务和管理条例》第二十二条第一款、《业主大会和业主委员会指导规则》第十条规定，业主大会会议筹备组由街道党工委、办事处或者乡镇党委、人民政府和业主、居（村）民委员会、建设单位的代表组成，其中业主代表人数比例不低于二分之一，也就是说，首次业主大会筹备组成员人数没设定上限，但至少要有七人，其中业主代表至少四人。

筹备组组长由街道党工委、办事处或者乡镇党委、人民政府的代表担任。

9　首次业主大会筹备组成员怎样产生？是否也必须经过选举？

答：筹备组成员采取自荐和推荐的方式产生，可以不经过选举。《湖北省物业服务和管理条例》第二十二条第一款、《业主大会和业主委员会指导规则》第十条规定，筹备组中业主代表由街道办事处、乡镇人民政府或者居（村）民委员会组织业主推荐或自荐，具体产生方式由街道办事处、乡镇人民政府征求业主意见后确定。推荐或自荐产生的筹备组成员，应当以书面形式在物业区域内公告。业主对筹备组成员有异议的，由街道办事处、乡镇人民政府协调解决。

10　筹备组的主要工作内容有哪些？

答：依据《湖北省物业服务和管理条例》第二十二条第二款、第三款及《业主大会和业主委员会指导规则》第十二条的规定，筹备组应当做好以下工作：

（1）确认业主身份、业主人数以及业主所有的专有部分面积。

（2）确定首次业主大会会议召开的时间、地点、形式、内容以及表决规则。

（3）起草业主公约或管理规约、业主大会议事规则、业主委员会选举办法、业主委员会工作规则等制度规约。

（4）提出并确定首届业主委员会委员候选人名单。

（5）在首次业主大会会议召开十五日前，以书面形式在物业区域内，公示上述内容，征求意见，并做好记录、处理和答复。

（6）首次业主大会会议的其他准备工作，如宣传、动员、会务工作。

11 建设单位应报送筹备首次业主大会会议所需的哪些文件资料？未按要求报送怎么处理？

答： 依据《湖北省物业服务和管理条例》第二十三条、《业主大会和业主委员会指导规则》第八条规定，建设单位应当在首次业主大会会议召开前，按照物业所在地的区、县房地产行政主管部门或者街道办事处、乡镇人民政府的要求，向街道办事处、乡镇人民政府报送物业区域证明、房屋及建筑面积清册、业主名册、竣工总平面图、交付使用共用设施设备的证明、物业服务用房配置证明等筹备首次业主大会会议所需的文件资料。街道办事处、乡镇人民政府应当将上述资料建档保存。

未按照规定报送相关资料或者备案的，依据《湖北省物业服务和管理条例》第六十七条、《业主大会和业主委员会指导规则》第五十条规定，街道办事处、乡镇人民政府有权责令建设单位限期改正，经县级以上人民政府房产行政主管部门责令限期改正后，逾期仍未改正的，处一万元以上三万元以下罚款。

12 组织、指导、监督成立首次业主大会会议筹备组的单位有哪些？召开业主大会需要经过居民委员会批准吗？

答： 依据《湖北省物业服务和管理条例》第二十一条及《业主大会和业主委员会指导规则》第六条、第九条规定，物业所在地的区、县房地产行政主管部门和街道办事处、乡镇人民政府，有权组织、指导成立首次业主大会筹备组，并对其工作开展情况进行监督。

《民法典》第二百七十七条第二款规定，居民委员会应当对设立业主大会和选举业主委员会给予指导和协助，但没有规定召开业主大会需要经过居委会批准。在物业区域内，业主大会、业主委员会应当积极配合居民委员会依法履行自治管理职责，支持居民委员会开展工作，并接受其指导和监督。

13 召开首次业主大会会议的公告，要在什么时候告知业主？

答：依据《湖北省物业服务和管理条例》第二十二条第三款、《业主大会和业主委员会指导规则》第十二条第二款的规定，召开首次业主大会会议的时间、地点、形式、内容以及表决规则，应当提前十五日，以书面形式在物业区域内，以公告的方式告知业主。

14 召开首次业主大会会议有哪些流程？

答：首次业主大会的召开，一般应当按照以下程序进行：

（1）由业主大会筹备组介绍大会筹备情况。

（2）由业主大会筹备组介绍业主委员会委员候选人产生办法、名单及候选人情况；筹备组说明有关推选业主委员会委员的方法、程序、要求及选票的填写，筹备组说明选举方法、要求，并发放、收集登记选票；视情况，由业主委员会委员候选人作竞选演讲。

（3）推选监票人、计票人、唱票人；工作人员发放选票，业主填写选票，业主投票表决通过《小区管理规约》《业主大会议事规则》《业主委员会工作规则》等文件，选举产生小区业主委员会委员。

（4）经本小区专有部分面积占比三分之二以上的业主且人数占比三分之二以上的业主参与表决，会议有效。一般事项，须经参与表决专有部分面积过半数的业主且参与表决人数过半数的业主同意；重大事项，须经参与表决专有部分面积过四分之三的业主且参与表决人数过四分之三的业主同意。业主因故不能参加业主大会会议的，可以书面委托代理人参加。业主大会会议可以采用集体讨论的形式，也可以采用书面征求意见的形式。

（5）业主大会采用现场表决及书面征求相结合的形式进行，现场表决票现场回收、封存、现场统计、唱票；书面征求的选票在召开现场大会后七天内汇集到筹备组，在街道办事处、乡镇人民政府的监督下，汇集整理投票结果，并将结果在小区公示，如有异议，由街道办事处、乡镇人民政府和筹备小组进行解释和处理。无异议，投票结果成立。

（6）建设单位还应当作前期物业管理和服务工作汇报，物业服务企业还应当作物业承接验收情况报告。

（7）筹备组通报选举情况；确定业主委员会委员，确定《小区管理规约》《小区业主大会议事规则》《业主委员会工作规则》等制度规约等表决事项是否通过；公示选举和表决结果；公告首次业主大会决议。

15 首次业主大会召开后多久进行备案？向哪些部门，需要什么材料？

答：《业主大会和业主委员会指导规则》第三十三条规定，召开首次业主大会并选举产生业主委员会后三十日内，持下列文件向物业所在地的区、县房地产行政主管部门和街道办事处、乡镇人民政府办理备案手续：

（1）业主大会成立和业主委员会选举的情况。

（2）管理规约。

（3）业主大会议事规则。

（4）业主大会决定的其他重大事项。

16 《管理规约》应具备哪些内容？

答：依据《业主大会和业主委员会指导规则》第十八条规定，管理规约应当对下列主要事项作出规定：

（1）物业（包括建筑物及其附属设施设备）的使用、维护、管理。

（2）专项维修资金的筹集、管理和使用。

（3）物业共用部分的经营与收益分配。

（4）业主共同利益的维护。

（5）业主共同管理权的行使。

（6）业主应尽的义务。

（7）违反管理规约应当承担的责任。

《武汉市物业管理条例》第二十八条在上述规定的基础上，还做了更详细、更具体的规定，如要求管理规约还应对业主和物业使用人在环境卫生、动物饲养、植物种植、安全管理等方面的权利与义务进行约定。

17 《业主大会议事规则》应具备哪些内容？

答：依据《业主大会和业主委员会指导规则》第十九条规定，业主大会议事规则应当对下列主要事项作出规定：

（1）业主大会名称及相应的物业区域。

（2）业主委员会的职责。

（3）业主委员会议事规则。

（4）业主大会会议召开的形式、时间和议事方式。

（5）业主投票权数的确定方法。

（6）业主代表的产生方式。

（7）业主大会会议的表决程序。

（8）业主委员会委员的资格、人数和任期等。

（9）业主委员会换届程序、补选办法等。

（10）业主大会、业主委员会工作经费的筹集、使用和管理。

（11）业主大会、业主委员会印章的使用和管理。

18 《管理规约》和《业主大会议事规则》可以限制业主的哪些行为？

答：依据《业主大会和业主委员会指导规则》第二十条规定，对于业主拒付物业服务费，不缴存专项维修资金以及实施其他损害业主共同权益行为的，业主大会可以在《管理规约》和《业主大会议事规则》中限制其共同管理权。

三、业主大会

1 一个物业管理区域只能成立一个业主大会吗？

答： 依据《物业管理条例》第九条第一款、《业主大会和业主委员会指导规则》第七条第一款及《湖北省物业服务和管理条例》第九条第二款的规定，业主大会根据物业区域的划分成立，一个物业区域成立一个业主大会。

分期建设项目或者两个以上单位开发建设的项目，其配套设施设备共用，划分为一个物业区域的，只能成立一个业主大会；规模过大划分为一个物业区域不便于管理或者已经分割成多个自然街区，且其配套设施设备能够分割、独立使用的，划分为不同的物业区域，可以成立多个业主大会。

2 小区是否必须成立业主大会？

答： 业主大会是管理建筑区划内建筑物及其附属设施的公共部分和共同事务的自治组织，依法应当成立。但是，依据《物业管理条例》第十条、《业主大会和业主委员会指导规则》第七条第二款的规定，只有一个业主的，或者业主人数较少且经全体业主一致同意，也可以不成立业主大会。由业主共同履行业主大会、业主委员会职责。

③ **业主大会会议由谁负责召集？有哪些召集程序？**

答：业主大会会议由业主委员会或街道办事处、乡镇人民政府按照法定程序，组织召开。无论是定期会议还是临时会议，均应按照一定程序召集，所作出的决议才具备法律效力。

依据《物业管理条例》第十五条第一项规定，业主委员会负责召集平时的业主大会会议。对于首次业主大会的召集，该条例并未作规定，但各省、市在制定地方性条例时均有所规定，如《湖北省物业服务和管理条例》第二十一条第二款规定，街道办事处、乡镇人民政府负责首次业主大会的召集。同时，依据《物业管理条例》第十四条第一款、第二款规定，业主大会会议召开前十五日应当通知全体业主，且住宅小区的业主大会会议，召开前应当同时告知其所在区域的居民委员会。

④ **业主大会能够决定哪些事项？**

答：依据《物业管理条例》第十一条、《湖北省物业服务和管理条例》第二十四条的规定，业主大会会议讨论决定下列事项：

（1）制定和修改业主公约或者管理规约、业主大会议事规则、业主委员会选举办法、业主委员会工作规则。

（2）选举业主委员会、更换业主委员会委员或者撤销业主委员会委员职务。

（3）选聘、续聘和解聘物业服务企业或者决定自行管理物业。

（4）审议业主委员会提交的物业服务合同草案。

（5）依法筹集、管理、使用住宅专项维修资金和物业保修金。

（6）改建、重建共有建筑物及其附属设施。

（7）改变共有部分的用途。

（8）共用部位、共用设施设备经营的方式和所得收益的管理、分配、使用。

（9）业主大会、业主委员会工作经费的筹集、管理、使用，以及业主委员会委员津贴的来源、支付标准。

（10）改变或者撤销业主委员会作出的决定。

（11）法律、法规规定应当由业主共同决定的其他事项。

业主大会的决定，对全体业主具有约束力。

⑤ 定期业主大会和临时业主大会多久召开一次？

答： 依据《物业管理条例》第十三条规定，业主大会会议分为定期会议和临时会议。业主大会定期会议应当按照《业主大会议事规则》的规定召开，如每一年或半年召开一次。

临时业主大会没有固定的召开期限，在法律规定或者管理规约、业主大会议事规则规定应当召开临时业主大会的情形出现时，业主委员会应当组织召开业主大会临时会议。

⑥ 临时业主大会的启动程序是怎样的？在哪些情况下应当召开临时业主大会？

答： 依据《物业管理条例》第十三条第二款规定、《业主大会和业主委员会指导规则》第二十一条以及《湖北省物业服务和管理条例》第二十六条的规定，有下列情形之一的，业主委员会应当组织召开业主大会临时会议：

（1）百分之二十以上业主或者业主委员会半数以上委员提议的。

（2）需要提前终止物业服务合同或者重新选聘物业服务企业的。

（3）发生重大事故或者紧急事件需要及时处理的。

（4）业主公约或者管理规约、业主大会议事规则规定的其他情形。

业主委员会不履行组织召开业主大会会议义务的，街道办事处、乡镇人民政府应当责令业主委员会三十日内组织召开；业主委员会逾期仍不组织召开的，由街道办事处、乡镇人民政府组织召开。

7 业主大会会议形式有哪些？能否以填写"征求意见表"的方式召开？

答：由于小区业主人数少则上百户，多则几千上万户，组织业主集中在一起开会较为困难，因此，《物业管理条例》第十二条第一款、《业主大会和业主委员会指导规则》第二十二条规定，业主大会会议的召开，可以采用集体讨论的形式，也可以采用书面征求意见的形式。

填写"征求意见表"也属于召开业主大会的一种形式，但必须有物业区域内专有部分面积占比三分之二以上的业主且人数占比三分之二以上的业主参与表决，同时，应严格按照《业主大会议事规则》等法定程序，将征求意见书送交每一位业主；无法送达的，应当在物业区域内公告。凡需投票表决的，表决意见应由业主本人签名。

8 业主大会对参与表决的业主比例有什么要求？

答：《民法典》物权编对业主决定建筑区划内事项的范围和表决事宜进行了重大修改，将业主大会召开或议事启动的门槛，由原来的专有部分面积占总建筑面积比例且人数占比"双过半"以上业主参与表决，调整为专有面积占比且人数占比"双三分之二"以上业主参与表决；将表决通过计票基数，由全体业主调整为参与表决的业主。旨在增加表决范围，降低权利行使的门槛。删除了原来的参加表决的票权比例超过"双过半"，业主大会会议有效；支持率超过"双过半"或"双三分之二"议题获得通过的规定。依据《民法典》第二百七十八条规定，召开业主大会应当由专有部分面积占比三分之二以上的业主且人数占比三分之二以上的业主参与表决，会议才有效。

9 业主在业主大会上的投票权如何确定？

答：依据《民法典》第二百七十八条规定，业主大会的表决按照"专有部分面积+业主人数"的双重计算规则执行。具体而言，业主共同决定事项，应当由专有部分面积占比三分之二以上的业主且人数占比三分之二以上的业主参与表决。对于一般事项，应当经参与表决专有部分面积过半数的业主且参与表决人数过半数的业主同意；对于特别事项，应当经参与表决专有部分面积四分之三以上的业主且参与表决人数四分之三以上的业主同意。

业主大会根据业主人数和专有部分面积确定业主投票权数。对于业主人数和专有部分面积的认定，《湖北省物业服务和管理条例》第二十五条、《最高人民法院关于审理建筑物区分所有权纠纷案件适用法律若干问题的解释》第九条及《业主大会和业主委员会指导规则》第二十三条、第二十四条规定，业主人数按照专有部分的数量计算，一个专有部分按一人计算。但建设单位尚未出售和虽已出售但尚未交付的部分，以及同一买受人拥有一个以上专有部分的，按一人计算；专有部分面积，按照不动产登记簿记载的面积计算；尚未进行物权登记的，暂按测绘机构的实测面积计算；尚未进行实测的，暂按房屋买卖合同记载的面积计算。

业主的投票权虽然都是一人一票，但由于决议的通过不仅要求一定比例的业主同意，而且要求同意的业主的专有部分面积达到一定比例，因此，业主投票权的表决能力还是存在差别的。

⑩ 哪些事项需要经过业主大会参与表决业主的"双过半"和"双四分之三"以上表决权通过？

答：依据《民法典》第二百七十八条规定，业主共同决定事项，应当由专有部分面积占比三分之二以上的业主且人数占比三分之二以上的业主参与表决，会议才有效。

以下一般性的事项，应当经参与表决专有部分面积过半数的业主且参与表决人数过半数的业主同意，决议才能获得通过：

（1）制定和修改业主大会议事规则。

（2）制定和修改管理规约。

（3）选举业主委员会或者更换业主委员会成员。

（4）选聘和解聘物业服务企业或者其他管理人。

（5）使用建筑物及其附属设施的维修资金。

（6）有关共有和共同管理权利的其他重大事项。

以下重大事项，应当经参与表决专有部分面积四分之三以上的业主且参与表决人数四分之三以上的业主同意，决议才能获得通过：

（1）筹集建筑物及其附属设施的维修资金。

（2）改建、重建建筑物及其附属设施。

（3）改变共有部分的用途或者利用共有部分从事经营活动。

11 **已签订房屋买卖合同，并交付使用房屋，但尚没办理过户手续的购房人，是否有资格参加业主大会？**

答：可以。业主身份的确定，以不动产登记簿为准；没有登记的，以其他能够证明其权属的合法有效文件为依据。依据《湖北省物业服务和管理条例》第十八条第一款、《业主大会和业主委员会指导规则》第十三条的规定，尚未依法办理所有权登记，但基于买卖、赠予、继承、拆迁或者征收补偿等法律行为已经合法占有该房屋的人，可以认定为物业服务关系中的业主。

业主依照《民法典》物权编和《物业管理条例》的规定享有业主权利，履行业主义务，有权参加业主大会。

12 **业主在小区有多套房产，参加业主大会投票时，可以投多张票吗？建设单位未出售的多套房产，怎么进行投票？**

答：依据《湖北省物业管理条例》第二十五条、《最高人民法院关于审理建筑物区分所有权纠纷案件适用法律若干问题的解释》第九条及《业主大会和业主委员会指导规则》第二十四条的规定，业主人数按照专有部分的数量计算，一个专有部分按照一人（票）计算；建设单位尚未出售和虽已出售但尚未交付的部分，以及同一买受人拥有一个以上专有部分的，按一人（票）计算。因此，业主和建设单位虽然在小区有多套房产，但参加业主大会投票时，只能投一张票。

13 多人合伙购买的房产，房产证上登记的共有人有数个，在参加业主大会时如何行使投票表决权？

答：《最高人民法院关于审理建筑物区分所有权纠纷案件适用法律若干问题的解释》第九条规定，一个专有部分按一人计算。《业主大会和业主委员会指导规则》第二十五条第二款规定，一个专有部分有两个以上所有权人的，应当推选一人行使表决权，但共有人所代表的业主人数为一人。多人合伙购买的房产，在参加业主大会时的表决权为一人（票）。

14 有产权的车库（位）计不计入投票面积？

答：依据《业主大会和业主委员会指导规则》第二十五条第一款规定，业主大会应当在《业主大会议事规则》中约定车位、摊位等特定空间是否计入用于确定业主投票权数的专有部分面积。因此，有产权的车库（位）是否计入投票面积，由《业主大会议事规则》进行约定。

15 未成年人业主可否参加业主大会？

答：未成年人作为业主，显然是有权利参加与自己本身利益相关的民事活动，如享有房屋所有权、收益权等权利，但不具备从事小区公共管理的权利。

依据《民法典》第十九条、第二十条的规定，限制民事行为能力和无民事行为能力的未成年人，可以独立实施纯获利益的民事法律行为，实施其他民事法律行为应由其法定代理人代理或同意；《业主大会和业主委员会指导规则》第二十五条第三款规定，业主为无民事行为能力人或者限制民事行为能力人的，由其法定监护人行使投票权。因此，未成年人业主不能参加业主大会，仅可以由其监护人代理行使投票权，且不能当选业主委员会委员。

16 业主可以委托他人参加业主大会并投票吗？

答：可以。依据《民法典》第一百六十一条第一款、第一百六十五条及《业主大会和业主委员会指导规则》第二十六条第一款的规定，业主因故不能参加业主大会会议的，可以书面委托代理人参加业主大会会议。

委托他人投票的，应出具书面委托书。委托书应载明业主姓名、房号、房屋建筑面积以及代理人的身份信息、代理期限等，还应载明具体委托事项，如投票权数、表决事项、提出建议和意见等。代理人参加业主大会时，应出示委托书以及委托人和受托人的身份证明。

17 楼栋、单元可以推选代表参加业主大会吗？

答：依据《业主大会和业主委员会指导规则》第二十七条、第二十八条规定，物业管理区域内业主人数较多的，可以幢、单元、楼层为单位，推选一名业主代表参加业主大会会议，并以书面委托的方式，约定被推选的业主代表在一定期限内代其行使共同管理权。推选及表决办法、委托内容、期限、权限和程序，应当在《业主大会议事规则》中作出明确规定。

18 未参与投票表决的业主，其投票权数可以计入已表决的多数票吗？

答：依据《业主大会和业主委员会指导规则》第二十六条规定，业主因故不能参加业主大会会议的，可以书面委托代理人参加业主大会会议。

既不参加又未委托他人参加业主大会会议的业主，系对自己权利的放弃。未参与投票表决的业主，其投票权数是否可以计入已表决的多数票，即能否视为多数同意票，由《管理规约》或者《业主大会议事规则》规定。

19 业主大会决议对没有参加投票或投弃权票、反对票的业主有约束力吗？

答：依据《民法典》第二百八十条第一款、《物业管理条例》第十二条第四款及《湖北省物业服务和管理条例》第二十四条第二款的规定，业主大会或者业主委员会的决定，对全体业主具有约束力。没有参加业主大会，或者参加业主大会会议但投弃权票或反对票，不能成为否定业主大会决议的理由。

若认为业主大会决议侵害了自己的合法权益，可依据《民法典》第二百八十条第二款、《物业管理条例》第十二条第五款及《最高人民法院关于审理建筑物区分所有权纠纷案件适用法律若干问题的解释》第十二条的规定，在知道或者应当知道业主大会作出决定之日起一年内依法向人民法院起诉要求撤销该决议。

20 夫妻一方行使投票表决权后，另一方可否以未经其同意为由主张该投票行为无效？

答：依据《最高人民法院关于审理建筑物区分所有权纠纷案件适用法律若干问题的解释》第九条、《业主大会和业主委员会指导规则》第二十五条第二款的规定，一个专有部分按一人计算，一个专有部分有两个以上所有权人的，应当推选一人行使表决权，但共有人所代表的业主人数为一人。因此，夫妻双方虽然都是房屋共有权人，但在参加业主大会时仅有一票表决权。

我国的法律和司法解释对于夫妻共同财产，赋予夫妻双方平等的权利。《民法典》第一千零二十六条第二款规定，夫妻对共同财产，有平等的处理权。这种平等的处理权包括两个方面，一是指因日常生活需要而处理夫妻共同财产的，任何一方均有权决定；二是指夫妻一方非因日常生活需要对夫妻共同财产做重要处理决定，夫妻双方应当平等协商，取得一致意见。他人有理由相信其为夫妻双方共同意思表示的，另一方不得以不同意或不知道为由对抗善意第三人。

因此，夫妻一方行使投票表决权的行为，应认定为是夫妻共同的意思表示，其表决权的行使合法有效。

21 业主大会决议对房屋继受人、承租人是否具有约束力？

答：通俗地讲房屋继受人就是新业主，包括基于继承、赠予、买卖、互换、合伙分割或合并等方式从原业主处取得房屋所有权的人。依据《民法典》第二百八十条第一款规定，业主大会的决议，对所有业主均具有法律约束力。

《最高人民法院关于审理建筑物区分所有权纠纷案件适用法律若干问题的解释》第十六条第二款规定，专有部分的承租人、借用人等物业使用人，根据法律、法规、管理规约、业主大会或者业主委员会依法作出的决定，以及其与业主的约定，享有相应权利，承担相应义务。

因此，继受人作为业主，承租人作为物业使用人，在享受权利的同时，也应当承担相应义务，所以，应受到业主大会决议的约束。

22 业主大会选聘物业服务企业有怎样的规定？

答：依据《湖北省物业服务和管理条例》第二十四条第一款、第四十七条第一款规定，审议业主委员会提交的物业服务合同草案，选聘、续聘和解聘物业服务企业或者决定自行管理物业，由业主大会讨论决定。

业主大会成立后，业主委员会应当与业主大会决定选聘的物业服务企业签订物业服务合同。鼓励业主大会采用招标投标方式选聘物业服务企业。

23 擅自使用业主大会或业主委员会的印章该怎样处理？

答：依据《湖北省物业服务和管理条例》第二十八条第二款规定，业主大会印章根据业主大会决定使用，业主委员会印章经半数以上委员签字同意方可使用。

《业主大会和业主委员会指导规则》第五十五条规定，违反《业主大会议事规则》或者未经业主大会会议和业主委员会会议的决定，擅自使用业主大会印章、业主委员会印章的，物业所在地的街道办事处、乡镇人民政府应当责令限期改正，并通告全体业主；造成经济损失或者不良影响的，应当依法追究责任人的法律责任。

24 业主大会、业主委员会作出的决定违反法律法规，该怎么办？

答：依据《物业管理条例》第十九条、《业主大会和业主委员会指导规则》第五十九条规定，业主大会、业主委员会应当依法履行职责，不得作出与物业管理无关的决定，不得从事与物业管理无关的活动。业主大会、业主委员会作出的决定违反法律、法规的，物业所在地的区、县人民政府房地产行政主管部门或者街道办事处、乡镇人民政府，应当责令限期改正或者撤销其决定，并通告全体业主。

如果认为业主大会或者业主委员会作出的决定侵害了自己的合法权益，受侵害的业主可以依据《民法典》第二百八十条第二款、《物业管理条例》第十二条第五款的规定，请求人民法院予以撤销。

25 业主大会有无诉讼主体资格？可以当原告或被告吗？

答：司法解释与实践中已经认可了业主委员会的诉讼主体地位，而业主大会的法律地位并不明确，特别是诉讼主体地位。

业主大会在一定条件下，可以作为被告。《民法典》第二百八十条第二款规定，业主大会或者业主委员会作出的决定侵害业主合法权益的，受侵害的业主可以请求人民法院予以撤销。这一条明确规定了业主大会可以作为民事诉讼法意义上的被告，业主可以对业主大会的决定行使撤销权。司法实践中，业主以违反法定程序为由请求撤销业主大会所做决定的，人民法院也进行了受理，并对业主大会所做决定是否符合法定程序进行审查。

虽然《民法典》第二百八十六条第二款规定了业主大会在业主的合法

权益受到侵害时可以作为原告提起侵权之诉，但是，业主大会作为原告进行诉讼的情况较少，一是业主大会不是常设机构，难以顺利行使诉讼中涉及的复杂的权利与义务；二是部分省（市）的高级人民法院明确业主委员会可以在超过半数以上业主授权后，代表业主大会进行诉讼。所以，大部分情况下是以业主委员会代表业主进行诉讼。

26 业主大会、业主委员会与居民委员会是什么样的关系？作出的决议必须告知居委会吗？

答：依据《民法典》第二百七十七条第二款规定，居民委员会应当对设立业主大会和选举业主委员会给予指导和协助。

《物业管理条例》第二十条、《业主大会和业主委员会指导规则》第五十四条规定，在物业区域内，业主大会、业主委员会应当积极配合居民委员会依法履行自治管理职责，与居民委员会相互协作并配合公安机关共同做好维护物业区域内的社会治安工作，支持居民委员会开展工作，并接受其指导和监督。同时，在召开业主委员会会议前，应当告知物业所在地的居民委员会，并听取居民委员会的建议。业主大会、业主委员会作出决定后，应当告知相关的居民委员会。

四、业主委员会

1 为什么要成立业主委员会？

答： 依据《物业管理条例》规定，业主委员会是业主大会的执行机构，业主委员会代表全体业主执行业主大会作出的决议，维护全体业主的利益，是全体业主实现共有物业管理权的业主自治组织。业主委员会要代表全体业主和物业使用人行使权利，依据《管理规约》和《业主大会议事规则》来有效管理和协调小区事务；代表全体业主签订物业服务合同，并监督物业服务企业的运作；代表全体业主处理与房屋行政管理部门、居民委员会、派出所、各类专业服务公司、各个专业管理部门的关系。在众多的物业管理法律关系主体当中，业主委员会处于重要地位。

2 怎样成立首届业主委员会？

答： 召开首次业主大会选举产生首届业主委员会，一般按照下列程序进行：

（1）由建设单位或业主代表提交符合召开首次业主大会条件的证明，并递交申请成立首次业主大会的书面报告。

（2）申请获得批准后，在街道办事处、居民委员会的指导和协助下，组织成立筹备组，接受业主委员会委员候选人报名，开展首次业主大会会议的筹备工作。

（3）召开首次业主大会会议并选举产生业主委员会委员，并在七日内召开首次业主委员会会议，推选出主任、副主任，按规定进行公示。

（4）向乡镇人民政府、街道办事处等主管部门备案，持备案证明申请刻制印章并对印章进行备案。

③ 成立业主委员会主要有哪些障碍？

答：业主委员会是小区业主的自治管理组织，虽然说成立业主委员会是法律赋予业主的权利，但是筹备、成立、开展工作的障碍很多，可以说：在矛盾中诞生、在夹缝中生存、在迷茫中抗争。业主委员会成立过程中，主要有以下几个方面障碍：

（1）业主不配合，不积极参与召开业主大会会议，缺少参选者，缺少热心公益事业、责任心强、具有一定组织能力的业主。

（2）物业服务企业不配合。一般物业服务企业都认为成立业主委员会就是为了撤换他们，或认为业主委员会就是和他们对着干的。

（3）建设单位不配合。原因一个是怕业主委员会向他们要资产，二是怕更换它选聘的前期物业服务企业。

（4）发起者和参与者对法律法规不理解，程序混乱。不能做到公平公正公开，业主怀疑有私心等。

④ 业主委员会有哪些具体的职责？

答：依据《物业管理条例》第十五条、《湖北省物业服务和管理条例》第二十九条的规定，业主委员会应当履行下列职责：

（1）执行业主大会的决定和决议。

（2）召集业主大会会议，定期向业主大会报告工作，并在物业区域内显著位置公布书面报告，接受业主询问。

（3）根据业主大会决定，代表业主与业主大会选聘或者续聘的物业服务企业签订物业服务合同。

（4）及时了解业主、物业使用人的意见和建议，监督物业服务企业履行物业服务合同，协调处理物业服务活动中的相关问题，维护业主合法权益。

（5）督促业主、物业使用人遵守业主公约或者管理规约，调解因物业使用、维护和管理产生的纠纷。

（6）组织、监督住宅专项维修资金和物业保修金的筹集、使用。

（7）根据业主大会决定或者授权，决定共用部位、共用设施设备的经营方式和所得收益的管理、分配、使用，并公布经营所得收益和支出情况。

（8）配合街道办事处、乡镇人民政府、居（村）民委员会、公安机关等做好物业区域内的社会治安、社区建设和公益宣传等工作。

（9）法律、法规和业主公约或者管理规约规定的其他职责。

业主委员会会议应当有过半数的委员出席，作出的决定应当经全体委员过半数同意。

5 业主委员会会议一般讨论决定哪些事项？

答：依据《物业管理条例》《业主大会和业主委员会指导规则》相关规定，业主委员会可以就下列事项作出决定，应经全体委员过半数签字同意后通过：

（1）提请业主大会决定专项维修资金的筹集、使用和管理。

（2）提请业主大会决定调整物业服务费。

（3）提请业主大会决定物业服务企业选聘方式。

（4）提请业主大会批准物业服务合同。

（5）召集业主大会临时会议。

（6）终止业主委员会委员职务以及将业主委员会候补委员递补为业主委员会委员。

（7）中止业主委员会委员职务并提请业主大会罢免业主委员会委员职务。

（8）涉及业主重大利益的其他决定。

6 业主委员会应建立哪些工作制度？

答：业主委员会应建立以下六类主要工作制度：

（1）定期接待制度。听取业主和使用人对物业管理和业主委员会日常工作的意见和建议，接受业主和使用人的咨询、投诉和监督。

（2）工作记录制度。包括做好业主大会会议、业主委员会会议，物业服务合同协商签订事宜，以及物业管理活动中各项重要事项的记录，并妥善保管。

（3）信息公开制度。按照规定，业主委员会应及时公布业主大会和业主委员会的决定、物业服务企业选聘、物业服务合同等物业管理中的各项决定和重大事项；定期公布专项维修资金和公共收益收支；所保管的物业管理信息随时接受业主的查询。

（4）物业管理矛盾协调工作会议制度。这些制度用来协调处理业主之间、业主与物业服务企业之间的矛盾和纠纷。

（5）印章管理制度。业主大会、业主委会应当建立健全印章管理制度，业主大会和业主委员会印章由确定的专人保管，并按印章管理制度使用。业主大会对外行使权利使用业主大会印章，应当由业主大会作出决定；处理业主大会内部公共事务需使用业主委员会印章的，由业主委员会决定。违反印章使用规定，选成经济损失或不良影响的，由责任人承担相应的责任。

（6）档案管理制度。业主委员会应当建立档案管理制度，编号造册并指定专人管理。这些档案包括：①各类会议记录、纪要；②业主大会、业主委员会作出的决议、决定等书面材料；③各届业主委员会产生、备案的材料；④业主清册及联系方式；⑤订立的物业服务合同；⑥有关法律、法规和业务往来文件；⑦业主和使用人的书面意见、建议书；⑧维修资金和公共收益收支情况清册；⑨其他相关材料。

7 业主委员会需要保存哪些档案资料？

答：依据《档案法》第七条、第十三条及《业主大会和业主委员会指导规则》第四十条的规定，业主委员会应当建立科学的档案管理制度，并指定专人进行管理，业主委员会的工作档案包括以下主要内容：

（1）业主大会、业主委员会的会议记录。

（2）业主大会、业主委员会的决定或决议。

（3）业主大会议事规则、管理规约和物业服务合同。

（4）业主委员会选举及备案资料。

（5）专项维修资金筹集及使用账目。

（6）业主及业主代表的名册。

（7）业主的意见和建议。

除工作档案外，还应妥善保管建设单位、物业服务企业向业主委员会移交的全部档案资料。

8 **业主委员会应怎样组织召开业主大会？**

答：召开非首次业主大会会议的准备程序有：

（1）业主委员会应当召开业主委员会会议，确定业主大会会议议题，业主委员会会议应当征求和听取物业所在地居民委员会的意见和建议，邀请居民委员会派员列席。

（2）业主委员会通过业主大会会议议题，确定召开业主大会时间、地点、方式以及表决事项等。与会人员签名并形成会议纪要，需要半数以上业主委员会委员签字同意。业主委员会应当在作出决定之日起三日内，将会议情况以及决定事项以书面形式在本物业区域内公告。

（3）业主大会会议召集人应当于会议召开十五日前将会议议题、时间、地点、方式以及表决事项等予以公告，并同时抄送全体业主。

9 **在什么情况下，业主委员会应当及时组织召开临时业主大会？**

答：业主大会会议分为定期会议和临时会议。依据《物业管理条例》第十三条、《业主大会和业主委员会指导规则》第二十一条规定，业主大会定期会议应当按照《业主大会议事规则》的规定由业主委员会组织召开。有下列情况之一的，业主委员会应当及时组织召开业主大会临时会议：

（1）经专有部分占建筑物总面积百分之二十以上且占总人数百分之二十以上业主提议的。

（2）发生重大事故或者紧急事件需要及时处理的。

（3）业主大会议事规则或者管理规约规定的其他情况。

10 业主委员会会议在什么情况下应当召开？由谁召集和主持？怎样作出决定？作出的决议是否要公示？

答：依据《湖北省物业服务和管理条例》第二十九条第二款，《业主大会和业主委员会指导规则》第三十七条、第三十八条、第三十九条第二款、第五十二条的规定，业主委员会会议的召开、召集、决议程序如下：

（1）业主委员会应当按照《业主大会议事规则》的规定及业主大会的决定召开会议。经三分之一以上业主委员会委员的提议，应当在七日内召开业主委员会会议。

（2）业主委员会会议由主任召集和主持，主任因故不能履行职责，可以委托副主任召集。业主委员会会议应有过半数的委员出席，作出的决定必须经全体委员半数以上同意。业主委员会委员不能委托代理人参加会议。

（3）应当召开业主委员会会议的，业主委员会主任、副主任无正当理由不召集业主委员会会议的，物业所在地的区、县房地产行政主管部门或者街道办事处、乡镇人民政府可以指定业主委员会其他委员召集业主委员会会议。

（4）业主委员会会议应当制作书面记录并存档，作出的决定，应当有参会委员的签字确认，并自作出决定之日起三日内在物业区域内公告。

11 业主委员会不履行组织召开会议的职责怎么办？

答：依据《业主大会和业主委员会指导规则》第五十一条、第五十二条规定，业主委员会未按《业主大会议事规则》的规定组织召开业主大会定期会议，或者发生应当召开业主大会临时会议的情况，业主委员会不履行组织召开会议职责的，物业所在地的区、县房地产行政主管部门或者街道办事处、乡镇人民政府可以责令业主委员会限期召开；逾期仍不召开的，可以由物业所在地的居民委员会在街道办事处、乡镇人民政府的指导和监督下组织召开。

按照《业主大会议事规则》的规定或者三分之一以上委员提议，应当召开业主委员会会议的，业主委员会主任、副主任无正当理由不召集业主委员会会议的，物业所在地的区、县房地产行政主管部门或者街道办事处、乡镇人民政府可以指定业主委员会其他委员召集业主委员会会议。

12 业主委员会召开会议前需要公告并听取业主和居民委员会的意见吗？

答：依据《物业管理条例》第二十条第三款及《业主大会和业主委员会指导规则》第三十九条第一款、第五十四条第一款的规定，业主委员会应当于会议召开七日前，在物业区域内公告业主委员会会议的内容和议程，听取业主的意见和建议。同时，还应当告知物业所在地的居民委员会，并听取居民委员会的建议。

13 业主委员会应当向业主公布哪些情况和资料？

答：《业主大会和业主委员会指导规则》第三十六条规定，业主委员会应当向业主公布下列情况和资料：

（1）管理规约、业主大会议事规则。

（2）业主大会和业主委员会的决定。

（3）物业服务合同。

（4）专项维修资金的筹集、使用情况。

（5）物业共有部分的使用和收益情况。

（6）占用业主共有的道路或者其他场地用于停放汽车车位的处分情况。

（7）业主大会和业主委员会工作经费的收支情况。

（8）其他应当向业主公开的情况和资料。

14 业主委员会一般应采取怎样的方式发布"公告""通知"？

答：依据《物业管理条例》和《业主大会和业主委员会指导规则》相关规定，召开业主大会的通知，大会形成的决议，业主委员会会议内容、议程、决议，均应向业主进行公示。业主委员会或者业主大会召集人如何"抄送"全体业主，一般做法如下：

（1）电话、短信通知。业主联系方式以入住时登记的方式为准，业主未入住的，以业主首次书面提供的方式为准。业主变更联系方式的，应当自变更之日起十五日内告知业主委员会和物业服务企业。

（2）在物业区域内的楼栋或者单元张贴，同时根据实际情况，还可以在物业项目服务场所、业主委员会办公场所、物业区域的主要出入口以及物业区域内的广场、文体服务设施等人流密集的地方张贴。

（3）除上述方式外，还可以选择微信、钉钉社群等社交媒体发布。

15 业主委员会和业主大会的经费来源有哪些？经费应怎样使用？可以要求物业服务企业承担吗？

答：依据《业主大会和业主委员会指导规则》第四十二条规定，业主大会、业主委员会工作经费由全体业主承担。工作经费可以由业主分摊，也可以从物业共有部分经营所得收益中列支。工作经费的收支情况，应当定期在物业区域内公告，接受业主监督。工作经费筹集、管理和使用的具体办法由业主大会决定。

物业服务企业应当配合业主大会、业主委员会开展工作，但要求物业服务企业承担业主委员会活动经费没有法律依据。

16 业主委员会委员人数一般是多少？任职期限是多久？

答：依据《湖北省物业服务和管理条例》第二十七条第一款、第二款,《业主大会和业主委员会指导规则》第三十一条、第三十二条第一款的规定,业主委员会由业主大会依法选举产生,由五至十一人单数委员组成,业主委员会委员具有同等表决权。业主委员会委员实行任期制,每届任期不超过五年,可连选连任。

17 业主委员会委员应具备哪些条件?

答:依据《物业管理条例》第十六条第二款、《湖北省物业服务和管理条例》第二十七条第三款及《业主大会和业主委员会指导规则》第三十一条的规定,业主委员会委员应当是物业区域内的业主,并符合下列条件:

(1)具有完全民事行为能力。

(2)遵守国家有关法律、法规。

(3)遵守业主大会议事规则、管理规约,模范履行业主义务。

(4)热心公益事业,责任心强,公正廉洁。

(5)具有一定的组织能力。

(6)具备必要的工作时间。

18 业主委员会可以有候补委员吗?

答:《物业管理条例》和《业主大会和业主委员会指导规则》并没有关于业主委员会候补委员的规定,但为了便于工作顺利开展,业主可以在管理规约、业主大会议事规则和业主委员会选举办法中进行约定。

关于业主委员会候补委员的规定,在地方立法中较为普遍,如《武汉市物业管理条例》第二十九条第三款规定,业主委员会可以设立候补委员,候补委员人数不得超过委员人数的百分之五十。候补委员可以列席业主委员会会议,但不具有表决权。业主委员会任期内出现缺员时,由候补委员按照得票数的顺序进行递补。

19 业主委员会委员可以领取报酬吗？

答：依据《物业管理条例》第十六条第二款规定，业主委员会委员应当由热心公益事业、责任心强、具有一定组织能力的业主担任。《物业管理条例》同时还对业主委员会委员的任职资格和工作职责做了规定，但对其工作是否应该享受报酬或补贴并没有规定。由此可见，业主委员会委员从事的小区公共事务管理工作是公益性的。

这种无偿的义务劳动，有很多弊端，如业主委员会委员工作积极性不高、工作责任心不够，甚至遇到困难就辞职等。为适应社会发展，更好地为业主服务，可以适当地给业主委员会委员一定的报酬，但给予报酬的行为，必须经过法定程序，即应经业主大会表决同意后才可以执行。对此，《湖北省物业服务和管理条例》第二十四条第一款第（九）项规定，业主委员会委员津贴的来源、支付标准，可以经过业主大会会议讨论决定。

20 业主委员会委员不得有哪些行为？

答：《湖北省物业服务和管理条例》第三十条规定，业主委员会委员不得有下列行为：

（1）拒绝或者放弃履行委员职责。

（2）挪用、侵占业主共有财产。

（3）利用职务之便接受减免物业服务费、停车费，以及索取、非法收受建设单位、物业服务企业或者有利害关系业主提供的利益、报酬。

（4）打击、报复、诽谤、陷害有关投诉、举报人。

（5）泄露业主信息或者将业主信息用于与物业服务无关的活动。

（6）其他损害业主共同利益或者可能影响其公正履行职责的行为。

业主委员会委员违反前款规定的，街道办事处、乡镇人民政府调查核实后，责令其暂停履行职责，由业主大会决定终止其委员职务。

21 长期拖欠物业服务费且拒不交纳的业主，可以成为业主委员会委员吗？

答：按时缴纳物业服务费用是业主的义务。《民法典》第二百八十六条第一款规定，业主应当遵守法律、法规以及管理规约。依据《物业管理条例》第七条、第四十二条的规定，业主应当根据物业服务合同的约定交纳物业服务费月，业主在物业管理活动中，应当履行按时交纳物业服务费的义务。

从业主委员会委员任职资格来说，欠缴物业费的业主不具备成为业主委员会委员候选人的资格。《业主大会和业主委员会指导规则》第三十一条明确规定，业主委员会由业主大会会议选举产生，由五至十一人单数组成。业主委员会委员应当是物业区域内的业主，并且遵守业主大会议事规则、管理规约，模范履行业主义务。

作为业主委员会委员不仅要遵守上述规定，更有责任模范履行业主义务，如有追究"拒付物业费等损害他人合法权益的行为"的职责。而欠缴物业费的业主，明显算不上"模范履行业主义务"，而且违反了国家相关法规。如果业主委员会委员，自己就在损害他人合法权益，他还有什么资格和权利去规范管理其他业主？因此，长期拖欠物业费的业主不宜成为业主委员会委员。

22 承租人可以受托参加业主大会，那么，承租人、借用人等非业主能否入选业主委员会？

答：不能。非业主受托参加业主大会并行使投票权，是基于民事委托法律关系，依据《民法典》第一百六十一条第一款、第一百六十五条规定，所产生的后果由被代理人业主承担。

依据《物业管理条例》第十六条第二款、《湖北省物业服务和管理条例》第二十七条第三款及《业主大会和业主委员会指导规则》第三十一条规定，业主委员会委员只能由业主担任并履行职责，不得由他人代理。因此，承租人、借用人等非业主不能入选业主委员会。

23 物业服务企业负责人以业主身份被选为业主委员会委员，该怎么处理？

答：物业服务企业工作人员同时也是业主的，作为业主依法享有物业管理活动中的各项权利，包括选举业主委员会委员，并享有被选举权；但作为物业服务企业负责人，当选业主委员会委员属于存在"其他损害业主共同利益或者可能影响其公正履行职责的行为"和"因其他原因不宜担任业主委员会委员"的情形。依据《湖北省物业服务和管理条例》第三十条、《业主大会和业主委员会指导规则》第四十四条规定，由街道办事处、乡镇人民政府调查核实后，责令其暂停履行职责，由业主大会决定终止其委员职务。

24 业主要求罢免业主委员会委员或改选，应该怎么做？能否向人民法院起诉？

答：依据《民法典》第二百七十八条的规定，罢免或改选业主委员会委员应由全体业主共同决定，属于业主自治范围内的事务。审判实践中，部分省（市）的高级人民法院作出了明确规定，业主与业主大会、业主委员会之间，因业主大会、业主委员会的召开、选举、表决等因内部管理行为发生纠纷的，不属于人民法院的受理范围。

业主可以依据管理规约、议事规则等规定向业主委员会、业主大会提出，也可以向房地产行政主管部门申请处理。

25 业主委员会委员出现空缺怎么办？辞职超过一半怎么办？

答：依据《湖北省物业服务和管理条例》第二十七条第三款、《业主大会和业主委员会指导规则》第四十六条规定，业主委员会任期内，委员出现空缺时，应当按照规定及时补足。业主委员会委员候补办法由业主大会决定或者在业主大会议事规则中规定。缺额人数超过委员总人数百分之五十时，应当召开业主大会临时会议，重新选举业主委员会。

26 业主委员会委员不履职，业主委员会陷入僵局怎么办？

答：业主委员会委员参与小区公共事务的管理是公益性的，更多体现的是奉献精神。因工作开展不顺利等因素，很容易丧失继续参与的积极性，甚至干脆没人参与管理，导致业主委员会陷入僵局，整体处于瘫痪状态。解决业主委员会僵局的最好方法是在成立业主大会、选举业主委员会时进行事先防范，通过业主大会议事规则、业主委员会工作规则，明确业主委员会的工作职责、进退机制等。

对于不履行职责的业主委员会委员，依据《业主大会和业主委员会指导规则》第四十四条规定，可以由业主委员会三分之一以上委员或者百分之二十以上持有投票权数的业主提议，业主大会或者业主委员会根据业主大会的授权，可以决定是否终止其委员资格。终止资格后，可通过召开业主大会对其进行更换，重新推选能够真正代表业主利益的业主委员会委员。

27 哪些情况下应当终止业主委员会委员资格？

答：业主委员会委员资格终止，分为自行终止和经责令暂停履行职责后由业主大会决定终止两种情况。

业主委员会委员有以下情形，依据《湖北省物业服务和管理条例》第三十一条规定，其委员职务自行终止：①以书面形式向业主大会、业主委员会或者居（村）民委员会提出辞职的；②不再具备业主身份的；③不再具备履行职责能力的；④任职期间被追究刑事责任的；⑤法律、法规和业主公约或者管理规约规定的其他情形。

业主委员会委员有下列行为，经街道办事处、乡镇人民政府调查核实后，依据《湖北省物业服务和管理条例》第三十条规定，责令其暂停履行职责，由业主大会决定终止其委员职务：①拒绝或者放弃履行委员职责；②挪用、侵占业主共有财产；③利用职务之便接受减免物业服务费、停车费，以及索取、非法收受建设单位、物业服务企业或者有利害关系业主提供的利益、报酬；④打击、报复、诽谤、陷害有关投诉、举报人；⑤泄露业主信息或者将业主信息用于与物业服务无关的活动；⑥其他损害业主共同利益或者可能影响其公正履行职责的行为。

28 业主委员会主任、副主任如何产生？是业主大会得票最高的人当选主任吗？

答： 业主大会仅选出业主委员会委员，并不直接选举产生业主委员会主任、副主任。依据《物业管理条例》第十六条第三款、《湖北省物业服务和管理条例》第二十七条第二款及《业主大会和业主委员会指导规则》第三十二条、第三十八条规定，业主委员会应当自选举之日起七日内召开首次会议，从业主大会选举产生的业主委员会委员中，推选业主委员会主任和副主任。业主委员会主任、副主任、委员具有同等表决权，只是分工不同，主任负责召集和主持业主委员会会议，主任因故不能履行职责，可以委托副主任召集。同时，业主委员会委员不能委托代理人参加会议。

29 业主委员会选举产生后怎样办理备案手续？怎么申请刻制公章？

答： 依据《物业管理条例》第十六条第一款、《湖北省物业服务和管理条例》第二十八条及《业主大会和业主委员会指导规则》第三十三条、第三十四条规定，业主委员会应当自选举产生之日起三十日内，持下列文件向物业所在地的区、县房地产行政主管部门和街道办事处、乡镇人民政府办理备案手续：①业主大会成立和业主委员会选举的情况；②管理规约；③业主大会议事规则；④业主大会决定的其他重大事项。

业主委员会办理备案手续后，可持备案证明向公安机关申请刻制业主大会印章和业主委员会印章。业主委员会任期内，备案内容发生变更的，业主委员会应当自变更之日起三十日内将变更内容书面报告备案部门。

30 应怎样管理和使用业主委员会和业主大会的公章？

答：《业主大会和业主委员会指导规则》第四十一条规定，业主委员会应当建立印章管理规定，并指定专人保管印章。使用业主大会印章，应当根据业主大会议事规则的规定或者业主大会会议的决定；使用业主委员会印章，应当根据业主委员会会议的决定。

31 业主委员会应当在期满前多久换届？不换届怎么办？

答：依据《湖北省物业服务和管理条例》第三十二条及《业主大会和业主委员会指导规则》第四十七条、第五十七条的规定，业主委员会应当在任期届满六一日前，组织召开业主大会会议，进行换届选举，并报告物业所在地的区、县房地产行政主管部门和街道办事处、乡镇人民政府。

业主委员会在规定时间内不组织换届选举的，物业所在地的区、县房地产行政主管部门或者街道办事处、乡镇人民政府应当责令其限期组织换届选举；逾期仍不组织的，可以由物业所在地的居民委员会在街道办事处、乡镇人民政府的指导和监督下，组织换届选举工作。当然，逾期未完成的，街道办事处、乡镇人民政府应当组织召开业主大会会议完成换届选举。

32 业主委员会应该怎样换届？具体流程有哪些？

答：根据《物业管理条例》及相关规定，业主委员会换届具体流程，大致如下：

（1）业主委员会或十名以上业主联名，在任期届满六十日前，以书面形式向街道办事处、乡镇人民政府提交换届申请。

（2）发布成立业主委员会换届选举筹备组的通知，确定筹备组成员，组织业主委员会候选人报名，公布正式名单。

（3）在业主大会会议召开十五日前，将召开业主大会会议的通知告知全体业主。

（4）召开业主大会，选举、确定业主委员会委员，公示选举结果。

（5）新一届业主委员会产生后三日内召开会议，推选主任、副主任。在新一届业主委员会产生后十日内，与原业主委员会办理工作交接，自换届选举产生之日起三十日内向街道办备案。

33 业主委员会未能成功换届，原业主委员会期限已届满，该怎么办？

答：依据《业主大会和业主委员会指导规则》第五十八条规定，因客观原因未能选举产生业主委员会或者业主委员会委员人数不足总数的二分之一的，新一届业主委员会产生之前，可以由物业所在地的居民委员会在街道办事处、乡镇人民政府的指导和监督下，代行业主委员会的职责。

34 业主委员会的档案资料、印章及业主大会的其他财物，应怎样办理交接和移交？拒不移交该怎么办？

答：依据《湖北省物业服务和管理条例》第三十三条，《业主大会和业主委员会指导规则》第四十五条、第四十八条、第五十六条规定，业主委员会工作交接分为委员资格终止和任职期限届满两种情况。

业主委员会委员资格被终止的，应当自终止之日起三日内将其保管的档案资料、印章及其他属于全体业主所有的财物移交业主委员会。业主委员会任期届满的，应当自任期届满之日起十日内，将其保管的档案资料、印章及其他属于业主大会所有的财物移交新一届业主委员会。

拒不移交的，其他业主委员会委员或新一届业主委员会，可相应请求物业所在地的公安机关协助。街道办事处、乡镇人民政府应当督促其移交，公安机关应当依法协助。

35 业主委员会擅自与物业服务企业签订的物业服务合同有效吗？应该怎样选聘和解聘物业服务企业？

答：业主委员会擅自与物业服务企业签订的物业服务合同应属于无

效合同。依据《民法典》第二百七十八条第一款第四项、《物业管理条例》第十一条第四项、《业主大会和业主委员会指导规则》第十七条第五项的规定，选聘和解聘物业服务企业或者其他管理人应由业主大会决定。

业主委员会是业主大会的执行机构，依据《物业管理条例》第十五条、《业主大会和业主委员会指导规则》第三十五条的规定，应依据业主大会的决定，代表业主与业主大会选聘的物业服务企业签订物业服务合同。同时，及时了解业主、物业使用人的意见和建议，监督和协助物业服务企业履行物业服务合同。

36 业主委员会换届后解除原业主委员会订立的物业服务合同，应当承担违约责任吗？

答：业主委员会无权自行决定解除原业主委员会签订的物业服务合同，擅自解除应当承担违约责任。

《民法典》第二百七十八条、《物业管理条例》第十一条规定，选聘和解聘物业服务企业属于业主大会的职责范围，应当由专有部分面积占比三分之二以上的业主且人数占比三分之二以上的业主参与表决，并且经参与表决专有部分面积过半数的业主且参与表决人数过半数的业主同意。在无业主大会决定或授权的情况下，业主委员会无权决定解聘物业服务企业。物业服务合同具有延续性，在期限届满之前，应当继续履行。而且，换届后的业主委员会和换届前的业主委员会是同一主体，合同双方当事人并没有发生变化。单方面毁约，依据《民法典》第五百七十七条规定，应当承担继续履行、采取补救措施或者赔偿损失等违约责任。

37 业主委员会是否具备诉讼主体资格？可否作为原告或被告？

答：承认业主委员会的诉讼主体资格，明确其可以作为原、被告参加诉讼，是目前司法实践中的主流观点。关于业主委员会可以依法主张权利和承担义务的规定散见于《民法典》物权编（如第二百八十六条）、《物业管理条例》（如第十五条、第三十五条、第三十六条、第三十八条）以及《最高人民法院关于审理建筑物区分所有权纠纷案件适用法律若干问题的解释》（如第十二条、第十三条），上述规定，明确了业主委员会作为"其他组织"可以行使诉权。

明确业主委员会可以作为原告的规定是《最高人民法院关于金湖新村业主委员会是否具备民事诉讼主体资格请示一案的复函》[①]。复函规定，依据《民事诉讼法》第四十九条、最高人民法院《关于适用〈中华人民共和国民事诉讼法〉若干问题的意见》第四十条的规定，金湖新村业主委员会符合"其他组织"条件，对房地产开发单位未向业主委员会移交住宅区规划图等资料、未提供配套公用设施、公用设施专项费、公共部位维护费及物业管理用房、商业用房的，可以自己名义提起诉讼。

明确业主委员会可以作为被告的规定是《最高人民法院关于春雨花园业主委员会是否具有民事诉讼主体资格的复函》。复函规定，依据《物业管理条例》规定，业主委员会是业主大会的执行机构，根据业主大会的授权对外代表业主进行民事活动，所产生的法律后果由全体业主承担。业主委员会与他人发生民事争议的，可以作为被告参加诉讼。

业主委员会的诉讼主体资格有一定局限性，尤其是在作为被告的时候。《物业管理条例》第十九条第一款规定，业主大会、业主委员会应当依法履行职责，不得作出与物业管理无关的决定，不得从事与物业管理无关的活动。因此，其起诉或应诉的事项应在其权限范围内进行。

38 业主委员会提起诉讼是否必须经过业主大会决议通过？

答：基于具体的法律规定，业主委员会有权提起诉讼，无须业主大会另行授权。例如，对物业区域内危害公共秩序安全、侵犯业主利益的行为，依据《民法典》第二百八十六条第二款的规定，业主委员会为维护全体业主的共同利益，对任意弃置垃圾、排放污染物或者噪声、违反规定饲养动物、违章搭建、侵占通道、拒付物业费等损害他人合法权益的行为，

---

① 复函中引用的法律条文和司法解释内容已被修改或失效，但复函仍具有法律效力。

有权依照法律、法规以及管理规约，请求行为人停止侵害、排除妨碍、消除危险、恢复原状、赔偿损失。实践中，对于物业服务企业将全部物业服务业务一并委托他人签订的委托合同，物业服务合同中免除物业服务企业责任、加重业主委员会或者业主责任、排除其主要权利的条款，业主委员会可以请求确认无效；物业服务合同的权利义务终止后，物业服务企业拒不退出并办理移交手续的，业主委员会可以提起诉讼，要求物业服务企业退出物业服务区域、移交物业服务用房和相关设施、资料、代管的专项维修资金等。

已经由业主大会赋予业主委员会的职责范围，业主委员会可以提起诉讼，无须业主大会另行授权。业主大会代表业主行使共有部分的共有权以及共同管理的权利，维护全体业主的合法权益。共有部分的管理事项包括选聘与解聘物业服务企业、改建和重建建筑物等重大事项，也包括一般性的管理事务。一般性的管理事务，如经业主大会决议利用共有部分进行经营性活动的前提下，具体的经营性事务，业主大会可以授权业主委员会实施，从事经营性活动与外部主体产生的纠纷，业主委员会可以提起诉讼。

属于有关共有和共同管理权利的重大事项，提起诉讼必须经过业主大会决议。《民法典》第二百七十八条、《最高人民法院关于审理建筑物区分所有权纠纷案件适用法律若干问题的解释》第七条规定的应当由业主共同决定的有关共有和共同管理权利的重大事项，提起相关诉讼必须经过业主大会决议，由全体业主共同决定。

39 业主委员会是否具有知情权之诉的原告主体资格？

答：业主知情权基于业主的共同管理权，是个体业主参与共同管理决策、监督具体管理情况的必要手段，因此单个业主作为知情权的实际权利主体，可以提起业主知情权之诉。业主大会、业主委员会并非业主知情权的权利主体，不能提起业主知情权之诉。但如果业主委员会与物业服务企业之间存在委托经营等协议，或在物业服务合同中约定物业服务企业应当披露相关信息或公布相关文件，业主委员会可以要求物业服务企业履行合同约定之义务，但其请求权基础是基于合同的约定，并非基于业主知情权。

物业服务篇

五、物业的承接与验收

1 购房时经常听到的"五证""两书""一表"分别是指什么？

答："五证""两书""一表"是建设单位在预售商品房和交付房屋时应具备或应办理的各种手续。"五证"是指"建设用地规划许可证""建设工程规划许可证""国有土地使用证""建筑工程施工许可证""商品房销售（预售）许可证"。其中，"建设用地规划许可证"是建设单位向土地管理部门申请征用划拨土地或者出让土地前，经城市规划行政主管部门确认，该项目位置范围符合城市规划的法律凭证。"建设工程规划许可证"是有关建设工程符合城市规划要求的法律凭证。"国有土地使用证"是经土地使用者申请，经城市各级人民政府颁布的国有土地使用权的法律凭证。该证主要载明土地使用者名称、土地坐落、用途、土地使用面积、使用年限和四至范围。"建筑工程施工许可证"是建设单位进行工程施工的法律凭证，也是房屋权属登记的主要依据之一，没有开工证的建筑属违章建筑，不受法律保护。"商品房销售（预售）许可证"是市、县人民政府房地产管理部门允许房地产开发企业销售商品房的批准性文件。

"两书"是指《住宅质量保证书》《住宅使用说明书》。其中，《住宅质量保证书》是建设单位对销售的商品住宅承担质量责任的法律文件。《住宅使用说明书》是对住宅的结构、性能和各部位（部件）的类型、性能、标准等作出说明，并提出使用注意事项。"两书"可以作为商品房买卖合同的补充约定，并且是建设单位在商品房交付使用时，向购房人提供的对商品住宅承担质量责任的法律文件和保证文件。

"一表"是指《竣工验收备案表》。《竣工验收备案表》是收楼环节中最应该注意的文件，按照有关规定，表上的每一项都必须报有关主管部门备案，缺少任何一项的话，这个楼盘就是"黑楼"，是不能入住的。

根据商品房销售管理规定，"五证、两书、一表"是建设单位销售和交付房屋的重要文件。"房地产五证"中最重要的是"国有土地使用证"和"商品房销售（预售）许可证"，两者表明所购房屋属合法交易范畴。建设单位未取得"建设用地规划许可证"和"建设工程规划许可证"是拿不到"国有土地使用证"的，未取得上述两个"规划许可证"和"施工许可证"是拿不到"商品房销售（预售）许可证"的。建设单位取得了"商品房销售（预售）许可证"就可以证明该项目在规划、工程、土地使用等方面通过了政府的批准，就具备了将开发的商品房进入市场交易的资格。一般购房人可能记不全"五证"的名称和发证机关，在购房时只需要看一下"国有土地使用证"和"商品房销售（预售）许可证"这两个证件即可。

2 《住宅质量保证书》有哪些具体内容？

答：依据原《商品住宅实行住宅质量保证书和住宅使用说明书制度的规定》，《住宅质量保证书》是建设单位对销售的商品住宅承担质量责任的法律文件。建设单位应按《住宅质量保证书》的约定，承担保修责任。商品住宅售出后，委托物业服务企业等单位维修的，应在《住宅质量保证书》中明示所委托的单位。

《住宅质量保证书》应当包括以下内容：工程质量监督部门核验的质量等级；地基基础和主体结构在合理使用寿命年限内承担保修；正常使用情况下各部位、部件保修内容与保修期；用户报修的单位，答复和处理的时限。其中，正常使用情况下各部位、部件保修内容与保修期规定如下：

①屋面防水五年；②墙面、厨房和卫生间地面、地下室、管道渗漏一年；③地面空鼓开裂、大面积起沙一年；④门窗翘裂、五金件损坏一年；⑤管道堵塞两个月；⑥供热、供冷系统和设备两个采暖期或供冷期；⑦卫生洁具一年；⑧灯具、电器开关六个月；⑨其他部位、部件的保修期限，由建设单位与用户自行约定。

3 《住宅使用说明书》有哪些具体内容？

答：《住宅使用说明书》是指建设单位在交付住宅时提供给业主的，告知住宅安全、合理、方便使用及相关事项的文本。依据《商品住宅实行住宅质量保证书和住宅使用说明书制度的规定》第八条规定，《住宅使用说明书》应当对住宅的结构、性能和各部位（部件）的类型、性能、标准等作出说明，并提出使用注意事项。

《住宅使用说明书》一般应当包含以下内容：①开发单位、设计单位、施工单位，委托监理的应注明监理单位；②结构类型；③装修、装饰注意事项；④上水、下水、电、燃气、热力、通讯、消防等设施配置的说明；⑤有关设备、设施安装预留位置的说明和安装注意事项；⑥门、窗类型，使用注意事项；⑦配电负荷；⑧承重墙、保温墙、防水层、阳台等部位注意事项的说明；⑨其他需说明的问题。

根据规定，《住宅质量保证书》和《住宅使用说明书》均应作为住宅（每套）转让合同的附件。如在房屋使用中出现问题，这"两书"将成为解决建设单位与业主之间纠纷的重要依据。

4 房屋交付时应具备哪些条件？

答：依据《河北省物业服务和管理条例》第四十三条规定，建设单位应当按照国家规定和房屋买卖合同、前期物业服务合同的约定，向业主和前期物业服务企业交付权属明确、资料完整、质量合格、功能完备、配套齐全的物业。交付的物业应当具备以下条件：

（1）建设项目竣工验收合格，取得城乡规划、消防、环境保护等行政主管部门出具的认可或者准许使用文件，并经建设行政主管部门备案。

（2）供水、排水、供电、供气、供热、通信、公共照明、有线电视等市政公用设施设备按照规划设计要求建成，供水、供电、供气等计量装置已按照专有部分一户一终端结算表、共有部分独立计量表配置。

（3）教育、邮政、医疗卫生、文化体育、环境卫生、社区服务等公共服务设施已按照规划设计要求建成。

（4）道路、车位、绿地和物业服务用房等公共配套设施按照规划设计要求建成，并满足使用功能要求。

（5）电梯、二次供水、高压供电、消防设施、压力容器、监控系统等共用设施设备取得使用合格证书。

（6）同一住宅建设项目分期建设的，已建成的住宅周边场地与施工工地之间设置符合安全要求的隔离设施。

（7）物业使用、维护和管理的相关技术资料完整齐全。

（8）法律、法规规定的其他条件。

建设单位将未达到交付条件的新建物业交付给买受人的，应当承担相应的责任，并承担前期物业服务费用。

5 **售后返租的房产，产权属于谁？这种销售方式是否合法？**

答：售后返租，是指建设单位将商品房出售给投资者时，与投资者签订返租协议，并以承租期间的租金冲抵部分房款或偿付一定租金。产权属于购买房产的业主。

我国对于售后返租采取的是否定和限制的态度。《商品房销售管理办法》第十一条第二款规定，建设单位不得采取售后包租或者变相售后包租的方式销售未竣工商品房。《最高人民法院关于审理非法集资刑事案件具体应用法律若干问题的解释》第二条规定，不具有房产销售的真实内容或者不以房产销售为主要目的，以返本销售、售后返租、约定回购、销售房产份额等方式非法吸收资金的，将被以非法吸收公众存款罪定罪处罚。

售后返租的销售方式，在商铺销售领域较为常见。虽然有关部门三令五申禁止商品房以"售后返租"的方式销售，但很多房地产开发、销售企业依然在打擦边球，如返租合同不直接与房地产开发企业签订，而是与其投资或控制的关联公司签订。一旦项目后期经营不善，资金链断裂，无法兑现对投资者的承诺，极易引起群体性纠纷。

6 商品房土地使用年限四十年和七十年有怎样的区别？期满后怎么办？

答：按建筑使用类型区分，包括住宅建筑、商业建筑、工业建筑。一般民用住宅建筑权属年限为七十年，商用房屋建筑权属年限为四十年。依据《城镇国有土地使用权出让和转让暂行条例》第十二条规定，通常所说的房屋土地使用权类型及最高使用年限，大致分为居住用地七十年，工业、教育、科技、文化、卫生、体育、综合或者其他用地五十年，商业、旅游、娱乐用地四十年。

《民法典》第三百四十九条、第三百五十九条规定，建设用地使用权自登记时设立。登记机构应当向建设用地使用权人发放权属证书。住宅建设用地使用权期间届满的，自动续期。续期费用的缴纳或者减免，依照法律、行政法规的规定办理。非住宅建设用地使用权期间届满后的续期，依照法律规定办理。该土地上的房屋及其他不动产的归属，有约定的，按照约定；没有约定或者约定不明确的，依照法律、行政法规的规定办理。

7 什么是容积率？容积率的上限是多少？可以随便调整吗？

答：容积率是指一个小区总的建筑面积与规划建设用地面积的比率，又称建筑面积毛密度。容积率的值是指项目用地范围内地上总建筑面积与总用地面积的比值，建筑面积一般按照《建筑工程建筑面积计算规范》的规定计算，但注明不计算面积的附属建设物除外，通常是以地块面积为1，地块内地上建筑物的总建筑面积对地块面积的倍数来表示。比值越小，意味着小区容纳的建筑总量越小，居住生活空间就越大。

依据《建设用地容积率管理办法》第四条、第五条规定，以出让方式取得国有土地使用权的小区，在国有土地使用权出让前，容积率就已经确定，并作为国有土地使用权出让合同的组成部分。以划拨方式取得国有土地使用权的小区，在申请用地前，办理建设用地规划许可证时确定容积率。任何单位和个人都应当遵守经依法批准的控制性详细规划确定的容积率指标，不得随意调整。确需调整的，应当按法律规定进行，不得以政府会议纪要等形式代替规定程序调整容积率。因此，法律没有关于容积率的上限的禁止性规定，不同的房屋类型容积率标准不同，但确定后不得随意调整。

建筑面积一般按照《建筑工程建筑面积计算规范》的规定计算，存在以下特殊情况：①建筑底层架空作为通道、公共停车、布置绿化小品、居民休闲、配套设施等公共用途的，架空层层高宜在 2.8 米至 3.6 米之间，其建筑面积不计入容积率。②建筑物顶部有围护结构的楼梯间、水箱间、电梯机房、结构（设备管道）转换层、底层车库、杂物间等。当层高在 2.2 米及以上的按全面积计入容积率，若层高不足 2.2 米的按面积的二分之一计入容积率。③建筑物的阳台，不论是凹阳台、挑阳台、不封闭阳台均按其水平投影面积的一半计算，进深超过 1.8 米的各类阳台、封闭阳台均按全面积计入容积率。④半地下室凡顶板标高超出室外地坪标高 1.0 米以上的建筑部分应计入地上建筑面积计算值；不足 1.0 米的，不计入容积率。

⑧ 小区绿化标准在法律上有规定吗？绿化面积不达标，建设单位可否交纳绿化补偿费，进行异地绿化了事？

答：依据《住宅建筑规范》有关规定，对小区绿化环境的选择有四点标准：一是小区要封闭管理，保证小区绿化环境是为所在小区居民服务的，增进居民的领域感，保证小区环境的安全与安静。二是要有足够的绿化面积，新区住宅建设的绿地率不应低于 30%，旧区不低于 25%，绿地指标组团不低于 0.5 平方米/人，整个小区绿化不小于 1 平方米/人；同时绿地还要有充足的日照时间，满足居民区活动的要求，成片的绿地应满足三分之一以上的面积在日照覆盖范围之内。三是绿地应接近居民住宅，以利观赏使用。四是绿地空间应包含一定数量的活动场地（如儿童游戏场），并布置座椅、铺装地石等设施，以满足居民休息、散步、运动、健身的需要。《武汉市城市绿化条例》第十八条、第十九条做了更详细的规定，住宅小区项目配套绿地率应当达到下列标准：新区建设的住宅项目不低于30%，其中人均公共绿地面积，规划人口居住区（含小区与组团）不低于1.5平方米、小区（含组团）不低于1平方米、组团不低于0.5平方米；旧区改建的住宅项目、保障性住房项目不低于25%，其中人均公共绿地面积，规划人口居住区（含小区与组团）不低于1.05平方米、小区（含组团）不低于0.7平方米、组团不低于0.35平方米。因条件限制无法达到规定标准的，经园林主管部门审核并报本级人民政府批准后，可以适当降低比例，但不得低于规定标准的70%。建设单位按照所缺配套绿地面积缴纳绿化补偿费，绿化补偿费包括同类地段土地基准地价、征收补偿费用和绿化建设直接费用，专项用于绿地的建设和管理。

小区绿化面积不足，未达到规定的标准，属于建设单位违约。实践中，有的小区绿化未达到标准，建设单位为通过绿化验收，临时在停车场和休闲广场的水泥地上修建花园、树池，放入泥土种花、种树，通过验收后拆除。依据《湖北省城市绿化实施办法》第十二条规定，因特殊原因无法达到规定绿化面积标准的，由负责城市绿化管理的部门按所缺面积绿化的造价收取绿化补偿费，用于异地绿化。但这仅仅是政府从行政管理方面对于建设单位的处理，除承担交纳绿化补偿费等行政责任外，还应当依据法律规定和商品房买卖合同的约定，对小区业主承担民事责任。

9 小区配套设施包括哪些？

答：小区配套设施，与居住的便利性以及舒适度有直接关联，《最高人民法院关于审理商品房买卖合同纠纷案件适用法律若干问题的解释》第三条将其表述为"房屋相关设施"。通常包括以下两类：

（1）与基本居住有关的各种公用管线以及设施，如水电网气设施，小区景观、道路、停车场等等。这些设施保障基本居住需求的满足，属于小区内的私有配套，是小区共有共用的私产。

（2）与家庭生活需求有关的各种公共设施，包括教育、医疗卫生、文化体育、商业服务、金融、邮电、社区服务、行政管理等设施，这些是小区范围外的周边公共配套，多为政府统一规划建设，是对基本居住需求之上的更高生活需求的满足。

10 物业服务用房所有权归建设单位、物业服务企业，还是归业主所有？

答：物业服务用房是小区必备的配套设施之一，建设单位在出售物业时，已经把物业服务用房等公共设施的成本经过核算分摊到每个业主身上了。依据《物业管理条例》第三十条、第三十七条、第三十八条第一款规定，物业服务用房的所有权依法属于业主。建设单位应当按照规定在物业管理区域内配置必要的物业服务用房。未经业主大会同意，物业服务企业不得改变物业服务用房的用途。物业服务合同终止时，物业服务企业应当将物业服务用房交还给业主委员会。

实践中，建设单位随意支配物业服务用房的情况屡见不鲜，有的被物业服务企业私自占用或改变用途用于经营。这些擅自处分的行为是违法的，业主应当积极维权，维护全体业主的合法权益。

11 建设单位配置的物业服务用房面积如何确定？未按规定配置怎么办？

答：依据《湖北省物业服务和管理条例》第十二条第一款、第十三条规定，新建住宅的，建设单位应当按照下列要求在物业区域内配置物业服务用房：①不低于总建筑面积千分之二，且最少不低于一百平方米；②应当具备通水、通电、通信、采光、通风等基本使用功能和办公条件，配置独立合格的水、电等计量装置。城乡规划行政主管部门在建设工程规划许可过程中，应当对物业服务用房的设计指标进行审查。房产行政主管部门在核发房屋销售许可时，应当对物业服务用房进行核查。

建设单位在物业区域内不按照规定配置必要的物业服务用房的，依据《物业管理条例》第六十一条规定，由县级以上地方人民政府房地产行政主管部门责令限期改正，给予警告，没收违法所得，并处十万元以上五十万元以下的罚款。

12 相邻楼栋之间，间距多少才合理？

答：《城市居住区规划设计标准》规定，住宅建筑与相邻建筑物、构筑物的间距应在综合考虑日照、采光、通风、管线埋设、视觉卫生、防灾等要求的基础上统筹确定，并应符合现行国家标准《建筑设计防火规范》的有关规定。一般情况下：①房屋前后间距：普通小区居住用房可以用楼高：楼间距=1：1.2比值计算。按照国家规定以冬至日照时间不低于一小时为标准。②房屋左右间距：多层（四至六层及以下）与多层建筑间距为六米，多层与高层（十二层及以上）为9米，高层与高层之间为13米。③楼间距的计算根据日照间距计算。所谓日照间距指前后两排南向房屋之间，为保证后非房屋在冬至日底层获得不低于一小时的满窗日照而保持的最小间隔距离。

13 高层住宅每栋楼应配备几部电梯？整栋只装一部电梯，合法吗？

答：不合法。依据《民用建筑设计通则》《住宅设计规范》《住宅建筑设计规范》的规定，十二层及十二层以上的高层住宅，每栋楼设置电梯不应少于两台，其中应设置一台可容纳担架的电梯。如果住宅由两个及两个以上的住宅单元组成，每单元只设置一部电梯时，从第十二层起应设置与相邻住宅单元联通的联系廊，且应确保所联通的住宅单元应有一台可容纳担架的电梯。联系廊可隔层设置，上下联系廊之间的间隔不应超过五层。联系廊的净宽不应小于1.1米，局部净高不应低于2米。

14 房屋交付后，业主发现建设单位出售的房屋采光存在严重缺陷，房间全是"小黑屋"，如何维权？

答：日照对人的生理和心理健康都非常重要，建设单位在商品房开发建设过程中，应按照审批的规划布局进行建设。不仅应当提供质量可靠的房屋，而且小区内的楼间距也应符合规定，不能影响房屋的采光。《住宅设计规范》规定，每套住宅应至少有一个居住空间能获得冬季日照。需要获得冬季日照的居住空间的窗洞开口宽度不应小 0.6 米，卧室、起居室（厅）、厨房应有直接天然采光。《最高人民法院关于审理商品房买卖合同纠纷案件适用法律若干问题的解释》第十条第一款规定，因房屋质量问题严重影响正常居住使用，买受人请求解除合同和赔偿损失的，应予支持。

15 业主基于建设单位的广告宣传购买房屋，但交付房屋时，发现根本没有广告宣传中的配套设施，建设单位称后来更改了规划并征得了规划部门的同意，业主可否追究建设单位的责任？

答：依据《商品房销售管理办法》的规定，建设单位及房地产中介服务机构发布商品房销售宣传广告，应当遵守《广告法》《房地产广告发布规定》等相关规定，广告内容必须真实、合法、科学、准确，不得欺骗、误导消费者。销售广告和宣传资料所明示的事项，当事人应当在商品房买卖合同中约定。

依据《民法典》第四百七十二条、第四百七十三条及《最高人民法院关于审理商品房买卖合同纠纷案件适用法律若干问题的解释》第三条的规定，商业广告和宣传的内容符合要约条件的，构成要约。商品房的销售广告和宣传资料为要约邀请，但是出卖人就商品房开发规划范围内的房屋及相关设施所作的说明和允诺具体确定，并对商品房买卖合同的订立以及房屋价格的确定有重大影响的，构成要约。该说明和允诺即使未载入商品房买卖合同，亦应当视为合同内容，当事人违反的，应当承担违约责任。

在商品房预售中，建设单位及房地产中介服务机构往往夸大宣传，甚至是虚假宣传，有些业主之所以选购该小区的房产就是因为建设单位宣传的某些服务设施，这些宣传对业主订立合同产生了重大影响。但交房入住后，发现所有这些宣传都是虚假的，显然侵害了业主的合法权益，建设单位抗辩说更改规划是征得了规划部门同意，不能成为其拒绝承担违约责任的理由，因为建设单位要更改规划，必须通知所有业主并征得业主同意才可免责。因此，业主仍可追究建设单位的违约责任。

16 **建设单位交付的房屋实际面积比约定面积小，业主应如何维权？**

答：商品房买卖合同一般都是建设单位提供的格式条款合同，在签订合同前，一定要详细斟酌，如果认为有异议，可以与建设单位签订补充协议增加相关条款。交付使用的房屋套内建筑面积或者建筑面积与商品房买卖合同约定面积不符，合同有约定的，按照约定处理；合同没有约定或者约定不明确的，依据《商品房销售管理办法》第二十条规定，按照以下原则处理：

（1）面积误差比绝对值在百分之三以内（含本数），按照合同约定的价格据实结算，买受人请求解除合同的，不予支持。

（2）面积误差比绝对值超出百分之三，买受人请求解除合同、返还已付购房款及利息的，应予支持。买受人同意继续履行合同，房屋实际面积大于合同约定面积的，面积误差比在百分之三以内（含本数）部分的房价款由买受人按照约定的价格补足，面积误差比超出百分之三部分的房价款由出卖人承担，所有权归买受人；房屋实际面积小于合同约定面积的，面积误差比在百分之三以内（含本数）部分的房价款及利息由出卖人返还买受人，面积误差比超过百分之三部分的房价款由出卖人双倍返还买受人。

17 **交房时，业主不预交物业服务费，建设单位能否以此为由拒绝向业主交房？**

答：商品房买卖合同和物业服务合同是不同的法律关系，在购房人履行完购房合同约定的义务情况下，建设单位无任何事实与法律依据以不预交物业服务费为由拒绝交付房屋。《民法典》第五百七十七条规定，当事人一方不履行合同义务或者履行合同义务不符合约定的，应当承担继续履行、采取补救措施或者赔偿损失等违约责任。建设单位拒绝交付房屋依法应承担相应的法律后果，业主可要求其继续履行合同，并承担违约责任。

当然，作为购房者的业主，也有义务按照前期物业服务合同的约定及时缴纳相应的物业服务费。

18 建设单位未按时办理房产证，业主能否就造成损失要求赔偿？

答： 业主与建设单位签订的房屋买卖合同，一经签订即具备法律效力，办理房产证是开发商的主要义务之一。实践中，办不到房产证的原因很多，如土地手续不齐全，建设手续不齐全等。

《商品房销售管理办法》第三十四条第二款、第三款规定，建设单位应当在商品房交付使用之日起六十日内，将需要由其提供的办理房屋权属登记的资料报送房屋所在地房地产行政主管部门。建设单位应当协助商品房买受人办理土地使用权变更和房屋所有权登记手续。

《城市房地产开发经营管理条例》第三十二条、《城市商品房预售管理办法》第十二条规定，预售商品房的购买人应当自商品房交付使用之日起九十日内，办理土地使用权变更和房屋所有权登记手续；现售商品房的购买人应当自销售合同签订之日起九十日内，办理土地使用权变更和房屋所有权登记手续。建设单位应当协助商品房购买人办理土地使用权变更和房屋所有权登记手续，并提供必要的证明文件。由于建设单位的原因，承购人未能在房屋交付使用之日起九十日内取得房屋权属证书的，除建设单位和承购人有特殊约定外，建设单位应当承担违约责任。

《民法典》第五百零九条第一款、第五百七十七条规定，当事人应当按照约定全面履行自己的义务。一方不履行合同义务或者履行合同义务不符合约定的，应当承担继续履行、采取补救措施或者赔偿损失等违约责任。《最高人民法院关于审理商品房买卖合同纠纷案件适用法律若干问题的解释》第十五条规定，商品房买卖合同约定或者《城市房地产开发经营管理条例》第三十二条规定的办理不动产登记的期限届满后超过一年，由于出卖人的原因，导致买受人无法办理不动产登记，买受人请求解除合同和赔偿损失的，应予支持。

19 商品房存在严重质量瑕疵影响居住，业主该怎么处理？可否要求退房并赔偿损失？

答： 建设单位应当按照国家规定和房屋买卖合同的约定，向业主交付权属明确、资料完整、质量合格、功能完备、配套齐全的物业。

依据《最高人民法院关于审理商品房买卖合同纠纷案件适用法律若干问题的解释》第九条、第十条规定，因房屋主体结构质量不合格不能交付使用，或者房屋交付使用后，房屋主体结构质量经核验确属不合格，买受人请求解除合同和赔偿损失的，应予支持。因房屋质量问题严重影响正常居住使用，买受人请求解除合同和赔偿损失的，应予支持。交付使用的房屋存在质量问题，在保修期内，出卖人应当承担修复责任；出卖人拒绝修复或者在合理期限内拖延修复的，买受人可以自行或者委托他人修复，修复费用及修复期间造成的其他损失由出卖人承担。《商品房销售管理办法》第三十五条规定，商品房交付使用后，买受人认为主体结构质量不合格的，可以依照有关规定委托工程质量检测机构重新核验。经核验，确属主体结构质量不合格的，买受人有权退房；给买受人造成损失的，建设单位应当依法承担赔偿责任。

业主在接收房屋时，应该对房屋进行必要的检验，对于比较明显或购房人已知的质量瑕疵，在接收时就应当提出。对于隐蔽的质量瑕疵，购房人发现后，应向建设单位提出，建设单位应当承担责任。对于质量瑕疵较轻，没有严重影响居住使用的，建设单位应当负责维修，或者减少房屋价款。对于质量问题比较严重，无法正常居住的，购房人有权要求解除合同并赔偿损失。

20 楼盘开发方案调整，影响已经入住的业主，能否获得赔偿？

答：房地产开发项目一般周期较长，在实施过程中，可能出现各种原因或客观条件导致原规划方案不能顺利进行或不利于开发，故法律并未完全禁止建设单位对规划进行调整。依据《城乡规划法》第四十三条规定，建设单位应当按照规划条件进行建设；确需变更的，必须向城市、县人民政府城乡规划主管部门提出申请。变更内容不符合控制性详细规划的，城乡规划主管部门不得批准。城市、县人民政府城乡规划主管部门应当及时将依法变更后的规划条件通报同级土地主管部门并公示。建设单位应当及时将依法变更后的规划条件报有关人民政府土地主管部门备案。

建设单位对小区规划的变更主要包括以下几个方面：商品房规划用途、面积、容积率、绿地率、基础设施、公共服务及其他配套设施的变更。《商品房销售管理办法》第二十四条规定，建设单位应当按照批准的规划、设计建设商品房。商品房销售后，建设单位不得擅自变更规划、设计。经规划部门批准的规划变更、设计单位同意的设计变更导致商品房的结构型式、户型、空间尺寸、朝向变化，以及出现合同当事人约定的其他影响商品房质量或者使用功能情形的，建设单位应当在变更确立之日起十日内，书面通知买受人。买受人有权在通知到达之日起十五日内做出是否退房的书面答复。买受人在通知到达之日起十五日内未作书面答复的，视同接受规划、设计变更以及由此引起的房价款的变更。建设单位未在规定时限内通知买受人的，买受人有权退房；买受人退房的，由建设单位承担违约责任。

从规划调整的申请、审批，相关的法律规定来看，建设单位取得业主同意并非是必要的申请规划调整的法定条件，规划部门依据法律规定对建设单位的变更申请进行审批。审批通过后，规划的变更导致了房屋结构型式、户型、空间尺寸、朝向变化，或出现了其他影响商品房质量或者使用功能情形的，影响到已经入住的业主，买受人可以依法追究建设单位的违约责任，甚至是解除买卖合同。

21 建设单位将商用土地用于建设住宅，违规建房销售，业主是否可以请求双倍赔偿？

答：房地产开发必须严格执行城市规划，实行全面规划、合理布局、综合开发、配套建设。以出让方式取得土地使用权进行房地产开发的，必须按照土地使用权出让合同约定的土地用途、动工开发期限开发土地。依据《城镇国有土地使用权出让和转让暂行条例》第十二条规定，居民住宅用地的使用期限为七十年，商业性用地为四十年。建设单位应该严格按照规划许可证审批的土地用途开发利用土地。擅自变更土地使用用途，将商业性用地改为居民住宅用地进行开发建设的，建设单位无法取得商品房预售许可证。

依据《城市房地产管理法》第四十五条第一款、《城市商品房预售管理办法》第六条的规定，未取得商品房预售许可证明，不得进行商品房预售。《最高人民法院关于审理商品房买卖合同纠纷案件适用法律若干问题的解释》第二条规定，出卖人未取得商品房预售许可证明，与买受人订立的商品房预售合同，应当认定无效。因此，作为买受人的业主，可以请求返还已付购房款及利息、赔偿损失；若建设单位故意隐瞒没有取得商品房预售许可证明的事实或者提供虚假商品房预售许可证明的行为构成欺诈的，买受人可以要求双倍赔偿①。

22 商品房买卖合同解除后，业主的装修损失是否能得到补偿？

答：《民法典》第五百六十六条第一款规定，合同解除后，尚未履行的，终止履行；已经履行的，根据履行情况和合同性质，当事人可以请求恢复原状、采取其他补救措施，并有权要求赔偿损失。因此，购房合同解除后，买卖双方应该恢复到合同签订前的状态。业主将其房屋退还给建设

---

① 修改前的《最高人民法院关于审理商品房买卖合同纠纷案件适用法律若干问题的解释》第九条规定，买受人可以请求返还已付购房款及利息、赔偿损失，并可以请求出卖人承担不超过已付购房款一倍的赔偿责任。

单位，建设单位将业主支付的房款退还给业主。对于房子装修的部分，能够恢复原状的应该恢复到原状，不能恢复的部分建设单位可以将其折价支付给购房者。这是本着《民法典》第六条"公平原则"对双方责任的划分，更好地平衡双方当事人的利益。但如果一方或者双方存在过错的话，有过错的一方应当赔偿对方因此所受的损失，双方都有过错的应当各自承担相应的责任。

23 房屋按揭贷款未获得银行批准，建设单位是否应向业主返还首付款？

答：依据《最高人民法院关于审理商品房买卖合同纠纷案件适用法律若干问题的解释》第十九条、第二十条、第二十一条第二款规定，商品房买卖合同约定，买受人以担保贷款方式付款，因当事人一方原因未能订立商品房担保贷款合同并导致商品房买卖合同不能继续履行的，对方当事人可以请求解除合同和赔偿损失。因不可归责于当事人双方的事由未能订立商品房担保贷款合同并导致商品房买卖合同不能继续履行的，当事人可以请求解除合同，出卖人应当将收受的购房款本金及其利息或者定金返还买受人。因商品房买卖合同被确认无效或者被撤销、解除，致使商品房担保贷款合同的目的无法实现，当事人请求解除商品房担保贷款合同的，应予支持。商品房买卖合同被确认无效或者被撤销、解除后，商品房担保贷款合同也被解除的，出卖人应当将收受的购房贷款和购房款的本金及利息分别返还担保权人和买受人。

住房相对其他商品而言价格较高，业主通常会选择银行按揭贷款的方式解决资金困难，购买商品房屋。建设单位在商品房的销售宣传中也经常会承诺成功按揭，但由于按揭贷款合同的双方当事人为银行和业主，购房者的按揭贷款是否被批准，决定权在银行，按揭贷款没有批准导致买卖合同无法继续履行的情况经常发生。如果因为建设单位的原因导致贷款合同没有能够订立并导致商品房买卖合同不能继续履行的，那么购房者可以要求解除购房合同，并返还首付款和赔偿损失。如果建设单位承诺办理贷款，一定要写入合同或要求开发商作出书面承诺，为日后纠纷处理留下证据。

24 在正常使用下，房屋建筑工程的最低保修期限是如何规定的？

答：依据《建设工程质量管理条例》第四十条、《房屋建筑工程质量保修办法》第二条的规定，在正常使用条件下，建设工程的最低保修期限为：

（1）基础设施工程、房屋建筑的地基基础工程和主体结构工程，为设计文件规定的该工程的合理使用年限。

（2）屋面防水工程、有防水要求的卫生间、房间和外墙面的防渗漏，为五年。

（3）供热与供冷系统，为两个采暖期、供冷期。

（4）电气管线、给排水管道、设备安装和装修工程，为两年。

其他项目的保修期限由发包方与承包方约定。建设工程的保修期，自竣工验收合格之日起计算。

25 物业在使用过程中出现质量问题，其保修责任由谁来承担？

答：《物业管理条例》第三十一条规定，建设单位应当按照国家规定的保修期限和保修范围，承担物业的保修责任。《建筑法》第六十二条、第七十五条规定，建筑工程实行质量保修制度。建筑工程的保修范围应当包括地基基础工程、主体结构工程、屋面防水工程和其他土建工程，以及电气管线、上下水管线的安装工程，供热、供冷系统工程等项目；保修的期限应当按照保证建筑物合理寿命年限内正常使用，维护使用者合法权益的原则确定。具体的保修范围和最低保修期限由国务院规定。建筑施工企业违反本法规定，不履行保修义务或者拖延履行保修义务的，责令改正，可以处以罚款，并对在保修期内因屋顶、墙面渗漏、开裂等质量缺陷造成的损失，承担赔偿责任。

因此，建设单位是物业质量保修的第一责任人。如果物业的质量问题是由于勘察单位、设计单位、施工单位、工程监理单位的原因造成的，建设单位可以依法要求相关单位承担连带责任，保修费用由责任方承担。

26 如何划分业主与建设单位对物业的保修责任？

答：《商品房销售管理办法》第三十三条规定，建设单位应当对所售商品房承担质量保修责任。当事人应当在合同中就保修范围、保修期限、保修责任等内容做出约定。保修期从交付之日起计算。商品住宅的保修期限不得低于建设工程承包单位向建设单位出具的质量保修书约定保修期的存续期；存续期少于《商品住宅实行住宅质量保证书和住宅使用说明书制度的规定》中确定的最低保修期限的，保修期不得低于《商品住宅实行住宅质量保证书和住宅使用说明书制度的规定》中确定的最低保修期限。非住宅商品房的保修期限不得低于建设工程承包单位向建设单位出具的质量保修书约定保修期的存续期。在保修期限内发生的属于保修范围的质量问题，建设单位应当履行保修义务，并对造成的损失承担赔偿责任。因不可抗力或者使用不当造成的损坏，建设单位不承担责任。

依据《商品住宅实行住宅质量保证书和住宅使用说明书制度的规定》第三条、第四条、第六条的规定，建设单位在向用户交付销售的新建商品住宅时，必须提供《住宅质量保证书》和《住宅使用说明书》。住宅保修期从开发企业将竣工验收的住宅交付用户使用之日起计算，建设单位应当按《住宅质量保证书》的约定，承担保修责任。依据第十二条规定，因用户（业主或物业使用人）使用不当或擅自改动结构、设备位置和不当装修等造成的质量问题，建设单位不承担保修责任；因住户使用不当或擅自改动结构，造成房屋质量受损或其他用户损失，由责任人承担相应责任。

27 建设单位擅自处分物业的共用部位、共用设施设备，业主该怎么办？

答：依据《民法典》物权编、《物业管理条例》规定，物业的共用部位、共用设施设备属于全体业主。在前期物业管理中，如果建设单位擅自处分的是业主的专有部分物业，因专有部分物业的权利主体明晰，权利受到侵害的业主或非业主使用人很容易知道通过何种途径寻求法律救济以保护自己的合法权益。但是，如果建设单位擅自处分的是物业的共用部位、共用设施设备，由于这些部位、设施设备的所有权和使用权属于全体业主，而在前期物业管理阶段，业主委员会尚未成立且业主又是分散的，单个业主往往对这些擅自处分行为感到无能为力。如何保护全体业主对共用部位、共用设施设备的所有权或使用权，是一个非常值得关注的重要问题。

针对这种情况，单个业主可以采取以下几种办法来保护全体业主对物业共用部位、共用设施设备的所有权或使用权：一是要求建设单位停止处分物业的共用部位、共用设施设备；二是向房地产行政主管部门进行投诉，由房地产行政主管部门责令建设单位停止侵权；三是直接向人民法院提起民事诉讼。

六、前期物业服务

① 什么是前期物业服务？

答：前期物业服务是相对于业主大会成立后选聘的物业服务企业而言的，《物业管理条例》第二十一条规定，在业主、业主大会选聘物业服务企业之前，建设单位选聘物业服务企业的，应当签订书面的前期物业服务合同。前期物业管理和服务期间，由于业主大会尚未成立，无法选聘物业服务企业，但部分业主已经入住，不能没有物业管理和服务，所以只能由建设单位选聘。

前期物业服务合同存在于前期物业管理阶段，由于前期物业核实系房地产开发项目竣工综合验收要件之一，实践中，建设单位一般需将与物业服务企业签订的前期物业服务合同到房地产行政主管部门进行备案。建设行政主管部门需对前期物业管理进行核实，包括核实前期物业服务合同是否已作为售房合同附件、物业服务收费标准及物业服务用房配置等。

在前期物业服务合同期满或虽然期限未满但业主委员会签订的物业服务合同生效，前期物业服务合同终止。在前期物业服务合同期满后，但业主委员会未与新选聘的物业服务企业签订物业服务合同，前期物业服务企业继续为该小区提供物业服务，构成事实服务合同。但业主委员会请求物业服务企业退出物业服务区域、移交物业服务用房和相关设施，以及物业服务所必需的相关资料和由其代管专项维修资金的除外。

2 建设单位签订的前期物业服务合同对业主具有约束力吗？

答：依据《物业管理条例》第二十五条，建设单位与物业买受人签订的买卖合同应当包含前期物业服务合同约定的内容。实践中，建设单位依法与物业服务企业签订的前期物业服务合同，以及业主委员会与业主大会依法选聘的物业服务企业签订的物业服务合同，对全体业主具有约束力。业主以其并非合同当事人为由提出抗辩的，人民法院不予支持。

业主在签订商品房买卖合同及相关附件时，实际上已经确认了建设单位与物业服务企业签订的前期物业服务合同。有时并非业主"自愿"，但前期物业服务合同是为了小区业主整体利益而制定的，其利益归业主所有，且其制定有法律依据，因此其存在具有合法性。业主虽然不是物业服务合同形式上的签订者，但其买受物业后则实际概括承受了前期物业服务合同项下的权利义务，已经成为物业服务合同的实际当事人。

3 建设单位制定的临时管理规约是否属于"霸王条款"？

答：依据《物业管理条例》第二十二条、第二十三条规定，建设单位应当在销售物业之前，制定临时管理规约，对有关物业的使用、维护、管理，业主的共同利益，业主应当履行的义务，违反临时管理规约应当承担的责任等事项依法作出约定。建设单位制定的临时管理规约，不得侵害物业买受人的合法权益。建设单位应当在物业销售前将临时管理规约向物业买受人明示，并予以说明。物业买受人在与建设单位签订物业买卖合同时，应当对遵守临时管理规约予以书面承诺。

虽然临时管理规约是由建设单位单方面制定的，但是在物业还没有销售，没有为赈买物业的业主办理产权证之前，开发建设单位是唯一的产权人。因此，建设单位根据物业管理的需要制定临时管理规约，是符合法律规定的。临时管理规约具有过渡性，当物业出售给业主后，小区入住率等符合法定条件，召开首次业主大会、选举产生业主委员会，且业主制定正式的管理规约时，该临时规约就失去效力。

物业买受人与售房单位签订商品房买卖合同，应当包含前期物业服务合同约定的内容，业主的签字行为应视为对临时管理规约的认可，是合同行为，并非"霸王条款"。

4 临时管理规约一般具备哪些内容？

答：临时管理规约本身是为了保护全体业主的合法权益，也是业主之间权利义务的总约定。以住房和城乡建设部的《临时管理规约》示范文本为例，其内容主要包括：

（1）物业基本情况：物业名称、坐落位置、物业类型、建筑面积、物业管理和服务、区域四至（业主与建设单位对物业的所有权范围）。

（2）物业的使用：这是临时管理规约最为主要的部分，主要是规定了业主在使用物业中应注意的问题，要求公共部位在使用时不应有破坏、损害行为，如对水、电、暖设备不得自行拆除，不得侵占小区的公共部位等。在该部分中，为了维护建设物，区分所有权人的共同利益，大量规定了对业主的禁止性行为。

（3）物业的维护修养：规定了业主对专有部分的养护不得妨碍其他业主的合法权益，紧急情况的处理，建设单位的保修范围与业主保修的承接，维修基金的使用等。

（4）业主的共同利益：规定了物业服务企业对违反《临时管理规约》行为的批评、规劝、公示、制止等管理权利，业主交纳物业管理费的义务，公共收益的归属与使用等。

（5）违约责任：对于业主违反临时规约的行为，其他业主和物业服务企业可以向人民法院提出诉讼；建设单位未履行临时管理规约约定行为的，业主和物业服务企业也可以向行政主管部门投诉，向人民法院提出诉讼。

住房和城乡建设部的《临时管理规约》示范文本列举了七种禁止性的行为：

（1）不得损坏房屋承重结构、主体结构，破坏房屋外貌，擅自改变房屋设计用途。

（2）不得占用或损坏物业共用部位、共用设施设备及相关场地，擅自移动物业共用设施设备。

（3）不得违章搭建、私设摊点。

（4）不得在非指定位置倾倒或抛弃垃圾、杂物。

（5）不得违反有关规定堆放易燃、易爆、剧毒、放射性物品，排放有毒有害物质，发出超标噪声。

（6）不得擅自在共用部位和相关场所悬挂、张贴、涂改、刻画。

（7）不得利用物业从事危害公共利益和侵害他人合法权益的活动。

5 **物业服务企业在前期物业管理和服务期间应履行哪些工作职责？**

答：物业服务企业应当在前期物业管理和服务期间履行以下职责：

（1）参与工程的检查，对发现的工程质量问题和其他不利于物业使用和管理的问题，及时向建设单位或者相关专业管理部门提出整改建议，并协助专业管理部门督促落实。

（2）就共用设施设备的安装位置、管线走向等事项向建设单位提出建议，并参与共用设施设备的安装、调试等工作。

（3）建立物业共用部位、共用设施设备等工程信息资料，建立日常管理档案；掌握小区内各个管网线路的布置，以单体楼房为单位建立工程资料和日常管理档案，规范资产和财务管理制度。

（4）根据临时管理规约、前期物业服务合同的约定，向业主提供物业服务并引导业主遵守约定，维护物业公共利益和管理秩序。

（5）根据乡、镇、街道办事处的要求，配合做好召开业主大会、成立业主委员会工作。

6 **建设单位应当如何选聘前期物业服务企业？**

答：《物业管理条例》第二十四条规定，国家提倡建设单位按照房地产开发与物业管理相分离的原则，通过招投标的方式选聘物业服务企业。住宅物业的建设单位，应当通过招投标的方式选聘物业服务企业；投标人少于三个或者住宅规模较小的（如《湖北省物业服务和管理条例》第四十一条规定三万平米以下），经物业所在地的区、县人民政府房地产行政主管部门批准，可以采用协议方式选聘物业服务企业。

依据《前期物业管理招标投标管理暂行办法》的规定，若采用招投标方式选聘物业服务企业的，应按照以下程序办理：

（1）招标人应当根据物业管理项目的特点和需要，在招标前完成招标文件的编制。

（2）招标人应当在发布招标公告或者发出投标邀请书的十日前，提交以下材料报物业项目所在地的县级以上地方人民政府房地产行政主管部门备案：①与物业管理有关的物业项目开发建设的政府批件；②招标公告或者招标邀请书；③招标文件；④法律、法规规定的其他材料。

（3）招标人发布招标公告或发送招标邀请书。

（4）投标人在招标文件要求提交投标文件的截止时间前，将投标文件密封送达投标地点。

（5）招标人组建评标小组，其中专家成员从房地产管理局建立的专家库中抽取。

（6）招标人组织开标、评标，经评标小组评定、推荐，招标人确定中标人。

（7）招标人向中标人发送中标通知书，并报房地产管理局备案。房地产行政主管部门发现招标有违反法律、法规规定的，应当及时责令招标人改正。

无论采取哪种方式选聘，根据《湖北省物业服务和管理条例》第四十一条第一款规定，建设单位选聘前期物业服务企业应当接受街道办事处、乡镇人民政府监督。

7 未经房地产行政主管部门批准，建设单位未通过招投标方式与选聘的物业服务企业签订的前期物业服务合同是否有效？

答：依据《招标投标法》第三条规定，在中华人民共和国境内进行下列工程建设项目包括项目的勘察、设计、施工、监理以及与工程建设有关的重要设备、材料等的采购，必须进行招标：大型基础设施、公用事业等关系社会公共利益、公众安全的项目……前款所列项目的具体范围和规模标准，由国务院发展计划部门会同国务院有关部门制定，报国务院批准。法律或者国务院对必须进行招标的其他项目的范围有规定的，依照其规定。

《物业管理条例》第二十四条第二款、第五十六条规定，住宅物业的建设单位，应当通过招投标的方式选聘物业服务企业；投标人少于三个或者住宅规模较小的，经物业所在地的区、县人民政府房地产行政主管部门批准，可以采用协议方式选聘物业服务企业。违反本条例的规定，住宅物业的建设单位未通过招投标的方式选聘物业服务企业或者未经批准，擅自采用协议方式选聘物业服务企业的，由县级以上地方人民政府房地产行政主管部门责令限期改正，给予警告，可以并处十万元以下的罚款。

需要注意的是，《物业管理条例》第二十四条区分了住宅物业和非住宅物业两种情况，对非住宅物业是否以招投标方式选聘物业服务企业未作强制性要求、但对住宅物业前期物业管理实施招投标进行了强制性规定，这种规定属于效力性强制性规定。对于符合招投标条件而未依法以招投标方式选聘物业服务企业，依据《民法典》第一百五十三条规定，签订的物业服务合同因违反法律强制性规定而无效。

8 建设单位委托自己的子公司担任前期物业服务企业合法吗？

答：实践中，建设单位委托自己的子公司或关联公司为自己开发的小区提供前期物业管理服务的情况也比较常见。建设单位委托自己的子公司担任前期物业服务企业合法与否，关键要看聘用过程是否符合法律规定的招投标程序。

《公司法》第十四条第二款规定，公司可以设立子公司，子公司具有法人资格，依法独立承担民事责任。实际上，建设单位与其子公司是两个独立的法人主体，各自承担独立的民事责任。尽管如此，建设单位也不可以随意委托其子公司担任前期物业服务企业，《物业管理条例》第二十四条第二款、第五十六条规定，住宅物业的建设单位，应当通过招投标的方式选聘物业服务企业；投标人少于三个或者住宅规模较小的，经物业所在地的区、县人民政府房地产行政主管部门批准，可以采用协议方式选聘物业服务企业。违反本条例的规定，住宅物业的建设单位未通过招投标的方式选聘物业服务企业或者未经批准，擅自采用协议方式选聘物业服务企业的，由县级以上地方人民政府房地产行政主管部门责令限期改正，给予警告，可以并处十万元以下的罚款。也就是说，建设单位直接委托自己的子公司担任前期物业服务企业是不合法的，应当通过招投标程序选聘。如果其子公司符合招投标条件，并在公平竞争中胜出，那么其担任前期物业服务企业才是合法的。

9 前期物业服务开始和结束的时间分别在什么时候？

答：依据《物业管理条例》第二十六条规定，前期物业服务合同可以约定期限，但是，期限未满，业主委员会与物业服务企业签订的物业服务合同生效的，前期物业服务合同终止。

《物业管理条例》并没有对前期物业管理和服务的开始时间作出限制，物业服务企业何时开始介入小区进行前期物业服务，是建设单位和前期物业服务企业的意思自治范畴。实践中，物业服务企业介入前期物业的时间可以分为早、中、晚三类。早期介入是物业服务企业在项目方案设计、施工准备等可行性研究阶段，为物业方案设计、施工阶段准备；中期介入是在土木结构的建筑、进行设备安装和内部装修阶段等项目施工阶段；晚期介入是在工程结束、准备竣工和承接验收时介入。前期物业服务结束的时间，可以由物业服务合同约定，但依据《民法典》第一百五十八条、第九百四十条规定，前期物业服务合同实际上是附解除条件的合同，也即前期物业管理的终止日期为业主委员会或者业主与新物业服务人订立的物业服务合同生效之时。

10 **建设单位在前期物业管理活动中应当履行哪些义务？**

答：依据《物业管理条例》第二十一至第二十四条、第二十七条、第二十九至第三十一条的规定，建设单位在前期物业管理活动中应当履行以下义务：

（1）制定业主临时公约，并在物业销售前向买受人明示。

（2）按照法律规定和法定程序选聘前期物业服务企业。

（3）不得擅自处分物业共有部位、共用设施设备的所有权或使用权。

（4）按照规定在物业区域内配置必要的物业服务用房。

（5）向物业服务企业移交竣工总平面图，单体建筑、结构、设备竣工图，配套设施、地下管网工程竣工图等竣工验收资料，设施设备的安装、使用和维护保养等技术资料，物业质量保修文件和物业使用说明文件，物业管理所必需的其他资料。

（6）按照国家规定的保修期限和保修范围，承担物业的保修责任。

11 **实施承接查验的物业，应当具备什么样的条件？**

答：依据住房和城乡建设部制定的《物业承接查验办法》第九条、第十一条规定，建设单位应当按照国家有关规定和物业买卖合同的约定，移交权属明确、资料完整、质量合格、功能完备、配套齐全的物业。实施承接查验的物业，应当具备以下条件：

（1）建设工程竣工验收合格，取得规划、消防、环保等主管部门出具的认可或者准许使用文件，并经建设行政主管部门备案。

（2）供水、排水、供电、供气、供热、通信、公共照明、有线电视等市政公用设施设备按规划设计要求建成，供水、供电、供气、供热已安装独立计量表具。

（3）教育、邮政、医疗卫生、文化体育、环卫、社区服务等公共服务设施已按规划设计要求建成。

（4）道路、绿地和物业服务用房等公共配套设施按规划设计要求建成，并满足使用功能要求。

（5）电梯、二次供水、高压供电、消防设施、压力容器、电子监控系统等共用设施设备取得使用合格证书。

（6）物业使用、维护和管理的相关技术资料完整齐全。

（7）法律、法规规定的其他条件。

12 **物业服务企业应当如何开展交接查验工作？**

答：依据《物业承接查验办法》第十条、第十三条、第三十一条规定，建设单位应当在物业交付使用十五日前，与选聘的物业服务企业完成物业共用部位、共用设施设备的承接查验工作。物业承接查验可以邀请业主代表以及物业所在地房地产行政主管部门参加，可以聘请相关专业机构协助进行，物业承接查验的过程和结果可以公证。物业承接查验按照下列程序进行：

（1）确定物业承接查验方案。

（2）移交有关图纸资料。

（3）查验共用部位、共用设施设备。

（4）解决查验发现的问题。

（5）确认现场查验结果。

（6）签订物业承接查验协议。

（7）办理物业交接手续。

同时，依据《物业承接查验办法》第二十一条、第三十条规定，建设单位应当委派专业人员参与现场查验，与物业服务企业共同确认现场查验的结果，签订物业承接查验协议，并将物业承接查验备案情况书面告知业主。

13 **建设单位、前期物业服务企业如果不移交承接验收资料，应当如何处理？**

答：依据《物业管理条例》第二十九条、《物业承接查验办法》第十四条第一款规定，在办理物业承接验收手续时，建设单位应当向物业服务企业移交下列资料：

（1）竣工总平面图，单体建筑、结构、设备竣工图，配套设施、地下管网工程竣工图等竣工验收资料。

（2）共用设施设备清单，设施设备的安装、使用和维护保养等技术资料。

（3）物业质量保修文件和物业使用说明文件。

（4）供水、供电、供气、供热、通信、有线电视等准许使用文件。

（5）物业管理所必需的其他资料。

物业服务企业应当在前期物业服务合同终止时将上述资料移交给业主委员会。

由于这些资料是开展物业管理和服务，对物业进行维修和养护所必需的资料，如果一方拒绝移交，会给物业管理和服务工作的正常开展带来诸多障碍，进而影响业主的正常生活。对此，《物业管理条例》第五十八条规定了不履行该义务的处罚措施，对违反本条例的规定，不移交有关资料的，由县级以上地方人民政府房地产行政主管部门责令限期改正；逾期仍不移交有关资料的，对建设单位、物业服务企业予以通报，处一万元以上十万元以下的罚款。

14 **物业服务企业在承接查验时发现共用部位、共用设施设备存在质量问题应如何处理？**

答：物业承接查验是指在承接新建物业前，物业服务企业和建设单位按照国家有关规定和物业买卖合同的约定，共同对物业共有部位、共用设施设备进行检查和验收的活动。《物业管理条例》第二十八条规定，物业服务企业承接物业时，应当对物业共用部位、共用设施设备进行查验。

对在承接查验时发现共用部位、共用设施设备存在的质量问题，《物业承接查验办法》第二十条、第三十二条、第三十三条做了内容具体、明确、具有很强操作性的规定。现场查验中，物业服务企业应当将物业共用部位、共用设施设备的数量和质量不符合约定或者规定的情形，书面通知建设单位，建设单位应当及时解决并组织物业服务企业复验。物业交接后，建设单位未能按照物业承接查验协议的约定，及时解决物业共用部位、共用设施设备存在的问题，导致业主人身、财产安全受到损害的，应当依法承担相应的法律责任。物业交接后，发现隐蔽工程质量问题，影响房屋结构安全和正常使用的，建设单位应当负责修复；给业主造成经济损失的，建设单位应当依法承担赔偿责任。

15 **前期物业服务企业在物业承接查验完成后，怎样办理备案手续？**

答：依据《湖北省物业服务和管理条例》第四十五条、《物业承接查验办法》第二十九条规定，前期物业服务企业应当自物业承接查验完成之日起三十日内，持下列文件向物业所在地的区、县（市）房地产行政主管部门办理备案手续：

（1）前期物业服务合同、临时管理规约。

（2）物业承接查验协议。

（3）建设单位移交资料清单。

（4）查验、交接记录。

（5）其他与承接查验有关的资料。

16 **建设单位是否有权更换前期物业服务企业？**

答：前期物业服务企业由建设单位按照法定程序选聘，目的在于解决业主共同意志缺失情况下的物业服务企业选聘问题，《物业管理条例》第二十一条规定，在业主、业主大会选聘物业服务企业之前，建设单位选聘物业服务企业的，应当签订书面的前期物业服务合同。

虽然前期物业服务合同的签订方是建设单位和物业服务企业，但业主在购买房屋后，概括承受了前期物业服务合同的权利义务。履行前期物业服务合同的主体，实际上是物业服务企业和业主。依据《民法典》第二百七十八条规定，选聘和解聘物业服务企业或者其他管理人属于业主共同决定的事项，应当由专有部分面积占比三分之二以上的业主且人数占比三分之二以上的业主参与表决，并且经参与表决专有部分面积过半数的业主且参与表决人数过半数的业主同意。同时，《湖北省物业服务和管理条例》第四十一条第二款规定，业主购买住宅物业后，建设单位更换前期物业服务企业的，应按法定程序征得业主同意。因此，未经法定程序，建设单位无权更换前期物业服务企业。

17 前期物业服务合同到期，小区还没有成立业主委员会怎么办？

答：依据《物业管理条例》第二十一条的规定，前期物业服务合同是在业主、业主大会选聘物业服务企业之前，建设单位选聘物业服务企业，约定由物业服务企业对小区进行统一管理，并根据物业服务等级标准约定服务收费标准，签订的书面合同。前期物业服务合同到期后，业主和物业服务企业之间的权利义务也就终止，物业服务企业可以不再提供物业管理和服务。如果小区业主都已经入住，为了更好地维护广大业主的合法权益，应依据《物业管理条例》的规定，尽快召开首次业主大会，选举业主委员会，由业主大会选聘物业服务企业对小区进行管理服务。

在业主大会没有成立，尚未选聘新的物业服务企业之前，前期物业服务企业继续提供物业服务的，业主仍应按照前期物业服务合同的约定支付物业服务费用。当然，依据《物业管理条例》第十条规定，小区只有一个业主的，或者业主人数较少且经全体业主一致同意，决定不成立业主大会的，由业主共同履行业主大会、业主委员会职责。这种情况下，全体业主可以直接聘请新的物业服务企业。

18 前期物业服务合同终止或前期物业服务企业遭解聘后，拒绝退出怎么办？

答：业主大会成立后，可以按照法定程序解聘前期物业服务企业，重新选聘新的物业服务企业为小区业主提供物业服务。前期物业服务合同终止或前期物业服务企业遭解聘后，应当及时退出并办理相关移交手续。如果前期物业服务企业不遵守法律的规定，拒不退出物业服务区域，不移交物业服务用房和相关资料，业主委员会可以采取以下措施：

（1）向房屋所在地的县级以上地方人民政府房产行政主管部门投诉，要求房地产行政主管部门予以查处。《物业管理条例》第五十八条规定，前期物业服务企业不移交有关资料的，由县级以上地方人民政府房地产行政主管部门责令限期改正；逾期仍不移交有关资料的，对建设单位、物业服务企业予以通报，处一万元以上十万元以下的罚款。

（2）向有管辖权的人民法院提起民事诉讼，请求责令前期物业服务企业退出并限期移交物业服务用房和《物业管理条例》第二十九条规定的相关资料等。依据《民法典》第九百四十九条规定，物业服务合同终止的，前期物业服务企业应当在约定期限或者合理期限内退出物业服务区域，将物业服务用房、相关设施、物业服务所必需的相关资料等交还给业主委员会、决定自行管理的业主或者其指定的人，配合新物业服务人做好交接工作，并如实告知物业的使用和管理状况。若前期物业服务企业拒不退出，给造成业主损失的，还应当赔偿损失。

19 建设单位在销售商品房时，作出的免一定年限物业服务费的承诺，对前期物业服务企业有约束力吗？

答：物业服务具有整体性，服务内容为小区公共区域的维护管理和公共秩序的维持，全体业主均是受益者，均应支付物业服务费。这不仅是基于与物业服务企业的约定，也基于对共有部分应承担的义务。同样享受到物业服务，物业服务企业免除部分业主的物业服务费，对于其他业主是不公平的。另外，物业服务企业免除个别业主的物业服务费，可能造成服务经费相对不充足，对物业服务质量造成不利影响，侵害全体业主的利益。因此，建设单位在销售商品房时免一定年限物业服务费的承诺，只对其本身具有法律约束力，对建设单位以外的物业服务企业并不具有法律约束力。

建设单位对部分业主免物业费的承诺，必须同时具备以下两个条件时才可能有效：①建设单位与前期物业服务企业签订了前期物业服务合同，在合同中约定了物业管理的服务内容、方式、范围以及违约责任，并且明确约定了由建设单位向前期物业服务企业交纳购买其房屋的部分或全部买受人的物业服务费或业主入住后的若干时间段内的物业服务费，或者是前期物业服务企业做出免除业主交纳物业服务费的承诺。②在商品房预售合同中，建设单位承诺业主的前期物业服务费以及入住后若干时间段内的物业服务费全部由建设单位代为交纳，并就建设单位违反此项承诺的违约责任做出了明确约定，而且必须将前期物业服务合同作为商品房预售合同的附件。

在这两个条件下，建设单位承诺其承担业主入住之后的部分物业服务费，并且物业服务企业也对签订的物业服务合同的内容表示同意，该承诺才有效。实际上，物业服务费并没有被免收，而是建设单位代为交纳了。

20 业主以前期物业服务合同约定的物业服务费标准超出政府指导价为由要求降低，应如何处理？

答：依据《物业服务收费管理办法》第五条、第六条、第七条的规定，物业服务收费应当遵循合理、公开以及费用与服务水平相适应的原则。物业服务收费应当区分不同物业的性质和特点分别实行政府指导价和市场调节价。具体定价形式由省、自治区、直辖市人民政府价格主管部门会同房地产行政主管部门确定。物业服务收费实行政府指导价的，有定价权限的人民政府价格主管部门应当会同房地产行政主管部门根据物业管理服务等级标准等因素，制定相应的基准价及其浮动幅度，并定期公布。具体收费标准由业主与物业服务企业根据规定的基准价和浮动幅度在物业服务合同中约定。实行市场调节价的物业服务收费，由业主与物业服务企业在物业服务合同中约定。

《湖北省物业服务和管理条例》第四十二条第一款规定，前期物业服务收费标准纳入政府定价目录管理。《湖北省物业服务收费管理办法》第四条规定，住宅前期物业服务收费实行政府定价管理，收费标准由价格主管部门会同同级房产主管部门，综合考虑物业服务内容、服务标准、服务成本和业主承受能力等因素，按照规定的定价权限和程序制定，并向社会公布。物业服务成本按照物业服务定价成本监审办法审核确定。建设单位应当依法公开选聘前期物业服务主体，在政府制定的收费标准内与之约定具体收费标准，签订前期物业服务合同，并按规定向价格主管部门报送物业服务及收费标准等资料。但应当依法成立业主大会的住宅区，其物业服务收费不作为前期物业实行政府定价管理。

《价格法》第十二条、第三十九条、第四十一条规定，经营者进行价格活动，应当遵守法律、法规，执行依法制定的政府指导价、政府定价和法定的价格干预措施、紧急措施。经营者不执行政府指导价、政府定价以及法定的价格干预措施、紧急措施的，责令改正，没收违法所得，可以并处违法所得五倍以下的罚款；没有违法所得的，可以处以罚款；情节严重的，责令停业整顿。经营者因价格违法行为致使消费者或者其他经营者多付价款的，应当退还多付部分；造成损害的，应当依法承担赔偿责任。

因此，普通住宅前期物业服务合同约定物业服务收费标准超出政府指导价的，物业服务企业起诉业主索要物业服务费，对超出政府指导价部分，法院不予支持。对于前期物业服务企业的价格违法行为，业主可以向价格主管部门举报，由价格主管部门给予行政处罚。

21 前期物业服务企业与建设单位签订前期物业服务合同后，又与业主分别签订了物业服务合同，其效力如何？应以哪一份合同为准？

答：前期物业服务合同的缔约主体系建设单位与物业服务企业，前期物业服务合同对业主产生约束力基于法定。由于物业服务的公共性、整体性，依据《物业管理条例》的规定，业主大会成立后由业主大会选聘物业服务企业，由业主委员会与选聘的物业服务企业签订物业服务合同，在业主大会成立之前由建设单位选聘物业服务企业提供前期物业服务，单个业主无权就共有物业签订物业服务合同。法律并未要求物业服务企业需要与每位业主分别签订前期物业服务合同，单个业主也并非前期物业服务合同的签订主体。因此，应当以建设单位与前期物业服务企业签订的合同为准。《物业服务收费管理办法》第十条规定，建设单位与物业买受人签订的买卖合同，应当约定物业管理和服务的内容、服务标准、收费标准、计费方式及计费起始时间等内容，涉及物业买受人共同利益的约定应当一致。

那么，前期物业服务企业与建设单位签订前期物业服务合同后，又与业主分别签订了物业服务合同，其效力如何？要分情况看待：第一种情况，与业主分别签订合同的条款内容与前期物业服务合同内容一致此时应视为对前期物业服务合同的确认，是有效的，一般不会产生纠纷。第二种情况，部分业主与物业服务企业签订的物业服务合同与前期物业服务合同条款基本一致，但收费标准高于前期物业服务合同的约定。此种情形属于业主对其权利的自行处分范畴，且不存在损害第三人合法权益的情形，此时部分业主分别与物业服务企业签订的物业服务合同也应属有效。第三种情况，部分业主与物业服务企业签订的物业服务合同与前期物业服务合同条款基本一致，但收费标准低于前期物业服务合同的约定，该约定应属无效，应以前期物业服务合同约定的物业收费标准为准。因为物业服务企业无论是前期物业服务还是后期物业服务，均是对物业小区的公共管理事务、共用面积公共部位承担物业管理和服务义务，管理费用的来源是由小区的业主按照拥有的物业建筑面积的比例共同分担，如果物业服务企业与部分业主单独约定，低于适用于全体业主的前期物业服务合同收费标准，必定导致其他业主要承担超过其所应当承担的物业建筑面积比例的物业服务费，这种约定势必侵害到合同之外的第三人的合法权益，应当认定为无效。

22 前期物业服务企业拒绝退出，继续提供物业服务，业主能否拒交物业服务费？

答：前期物业服务企业拒绝退出，与业主大会没有成立，前期物业服务企业继续提供物业服务的情形不同，前期物业服务企业在服务合同终止后，继续为业主提供物业服务，其所实施的该民事行为无法律依据，违反了民事活动应当遵循的自愿原则。

依据《民法典》第九百四十九条规定，物业服务合同终止的，原物业服务人应当在约定期限或者合理期限内退出物业服务区域，将物业服务用房、相关设施、物业服务所必需的相关资料等交还给业主委员会、决定自行管理的业主或者其指定的人，配合新物业服务人员做好交接工作，并如实告知物业的使用和管理状况。原物业服务人员违反前款规定的，不得请求业主支付物业服务合同终止后的物业费；造成业主损失的，应当赔偿损失。

物业服务企业拒绝退出、移交，并以存在事实上的物业服务关系为由，请求业主支付物业服务合同权利义务终止后的物业费的，人民法院不予支持。因此，前期物业服务企业在合同终止或被解聘后拒绝退出，继续提供物业服务的，业主可以依法拒交物业服务费。

23 前期物业服务期间的纠纷类型一般都有哪些？

答：物业管理纠纷，是指在物业服务企业接受委托为小区提供物业管理和服务过程中产生的各类纠纷，根据委托时间和主体的不同，物业管理纠纷可以分为前期物业管理纠纷和普通物业管理纠纷。根据发生纠纷的内容，前期物业管理期间的纠纷主要有以下几种类型：

（1）物业服务费纠纷。这是最常见的纠纷类型之一，有业主单方欠缴、因物业服务质量问题而拒交、因收费标准问题而拒交、因承担建设单位委托的维修义务服务不及时致使业主拒交等多种原因。

（2）排除妨害纠纷。该种纠纷多因共有部分或公共设施的使用引发。

如小区业主在规划绿地内私搭乱建等，物业服务企业也可能会未经业主同意的情况下将公共的区域擅自用作他途，引发了排除妨碍类型的纠纷。

（3）侵权责任纠纷。物业服务企业的工作人员在履行职务过程中，可能发生对业主人身或者财产权益的侵害产生的纠纷。

（4）物业服务质量纠纷。业主认为前期物业服务企业提供的物业管理服务达不到约定的服务质量标准，或者业主与物业服务企业之间对质量标准存在争议。

（5）共用部位、共用设施管理、使用、维护纠纷。对于小区内的共用部位、共用设施，可能会出现个别业主擅自使用、改造、破坏的情况，也可能存在物业服务企业擅自经营使用、改造，甚至破坏的情况，由比对小区全体业主的利益造成侵害，因此而产生纠纷。

（6）代收代交费用纠纷。例如业主入住前，前期物业服务企业垫付的水、电、气费，一般会在业主入住后收取。

（7）专项维修资金使用纠纷。因业主委员会未成立，业主怀疑前期物业服务企业使用专项维修资金不公开、不透明，缺乏业主监督等。

（8）业主大会成立纠纷。实践中，入住业主达到一定比例，符合召开首次业主大会的条件，但前期物业服务企业不配合，甚至阻挠。

七、物业管理与服务

① 什么是物业管理？物业管理的法律性质是怎样的？

答：物业服务常被称为物业管理。这里的"管理"，并非政府行使的带有强制性的行政管理权，而是一种基于业主大会或授权业主委员会选聘物业服企业进行管理而提供的公共服务。《物业管理条例》第二条对"物业管理"进行了定义，本条例所称物业管理，是指业主通过选聘物业服务企业，由业主和物业服务企业按照物业服务合同约定，对房屋及配套的设施设备和相关场地进行维修、养护、管理，维护物业区域内的环境卫生和相关秩序的活动。这属于狭义的"物业管理"，没有聘请物业服务企业，由业主自行进行管理的物业区域，以及在业主、业主大会选聘物业服务企业之前，建设单位选聘物业服务企业从事前期物业管理的，也属于物业管理的范畴。

广义的物业管理，泛指业主及其他相关主体对物业区域内各类物业依法合理利用并对物业共同利益、公共秩序进行维护管理的行为。

那么，物业服务企业与业主到底是服务关系还是管理关系呢？2007 年国务院修改《物业管理条例》，将"物业管理企业"更改为"物业服务企业"，将"物业管理合同"更改为"物业服务合同"，将"业主公约"更改为"管理规约"，将"业主临时公约"更改为"临时管理规约"。《民法典》第二百八十五条第一款规定，物业服务企业或者其他管理人根据业主的委托，依照本法第三编有关物业服务合同的规定管理建筑区划内的建筑物及其附属设施，接受业主的监督，并及时答复业主对物业服务情况提出的询问。从法律上明确了物业服务企业为业主服务的角色定位，摆正了物业服务企业与业主之间的关系。

因此，物业服务企业所拥有的物业管理权并非是自己所固有的，而是从业主那里让渡而来，物业服务企业必须通过与业主订立物业服务合同的途径，才能获得对他人物业进行管理的资格。从本质上讲，物业管理是业主委托的契约行为，物业管理关系是在物业服务企业与业主之间形成的一种平等的、服务性质的法律关系。

② 物业管理的模式有哪些？

答：依据《民法典》第二百八十四条规定，业主可以自行管理建筑物及其附属设施，也可以委托物业服务企业或者其他管理人进行管理。因此，物业管理模式可分为业主自行管理模式和委托物业服务企业或其他管理人管理两种模式。

业主自行管理模式，系通过业主选举或聘任业主委员会负责，按照物业管理法规和业主的具体要求由业主自己进行物业管理。《湖北省物业服务和管理条例》第五十条规定，业主可以采取业主直接管理、业主委员会负责管理、成立其他管理机构管理等形式对物业实施自行管理，并对下列事项作出决定：①自行管理的执行机构、管理人；②自行管理的内容、标准、费用和期限；③聘请专业经营单位的方案；④其他有关自行管理的内容。这种管理模式较为少见，一般发生在建筑规模较小的物业区域。

委托物业服务企业或其他管理人管理模式较为普遍，《物业管理条例》第三十四条规定，业主委员会应当与业主大会选聘的物业服务企业订立书面的物业服务合同。物业服务合同应当对物业管理事项、服务质量、服务费用、双方的权利义务、专项维修资金的管理与使用、物业服务用房、合同期限、违约责任等内容进行约定。第四十三条规定，物业服务企业可以根据业主的委托提供物业服务合同约定以外的服务项目，服务报酬由双方约定。《民法典》第二百八十五条第一款规定，物业服务企业或者其他管理人根据业主的委托，依照本法第三编有关物业服务合同的规定管理建筑区划内的建筑物及其附属设施，接受业主的监督，并及时答复业主对物业服务情况提出的询问。

③ 物业区域如何划分？

答： 物业区域的划分属于行政管理的范畴，考虑到现实中各类物业的复杂性，《民法典》物权编和《物业管理条例》仅提到"建筑区划"和"物业服务区域"，没有对物业区域划分的标准作出统一规定。《物业管理条例》也只是原则性要求在划分区域时，考虑物业的共用设施设备、建筑物规模、社区建设等因素，具体办法交由省、自治区、直辖市制定。

《湖北省物业服务和管理条例》第二章物业区域的规划与建设对物业区域划分做了详细的规定，根据第八至第十一条、第十七条的规定，物业区域划分可分为三种情况：新建物业项目、已建成并交付使用但尚未划分物业区域的小区、老旧住宅小区。

（1）新建物业项目应当根据建设项目用地规划许可证确定的红线图，结合物业的共用设施设备、社区建设等因素划分物业区域。建设单位应当在取得房屋预售许可或者现房销售前，向房产行政主管部门提出划分物业区域的备案申请。房产行政主管部门应当征求城乡规划行政主管部门、街道办事处、乡镇人民政府、居（村）民委员会等单位的意见。划分时，应根据建设用地规划许可证和经规划部门批准的规划详图确认是否具有共有或共用关系，物业配套设施设备共用的，应当划分为一个物业区域；没有共有或共用关系的可划为不同物业区域。对于规模过大的物业项目，划分为一个物业区域不便于管理或者已经分割成多个自然街区，且其配套设施设备能够分割、独立使用的，也可以划分为不同的物业区域。

（2）已建成并交付使用但尚未划分物业区域的或者需要调整物业区域的，由房产行政主管部门征求城乡规划行政主管部门、街道办事处、乡镇人民政府、居（村）民委员会以及相关业主意见后，确定物业区域。调整物业区域的，应当按照《民法典》第二百七十八条规定规定的表决程序进行。

（3）对配套设施设备不齐全的老旧住宅区，县级以上人民政府应当制定老旧住宅区物业改造规划和年度实施计划，加大资金投入，完善配套基础设施和公共服务设施，改善老旧住宅区的综合环境和物业服务。街道办事处、乡镇人民政府、居（村）民委员会应当在征求老旧住宅区业主意见后，划分物业区域，并报房产行政主管部门备案。

总之，物业区域的划分，应当遵循规划优先、功能完善、资源共享、便民利民的原则。

④ 物业管理和服务包括哪些方面？

答：物业管理的基本内容按照物业服务企业服务的性质和服务的方式，可以分为三类：常规性的公共服务、针对性的专项服务和委托性的特约服务。

常规性的公共服务是物业服务企业最基本的工作，依据《物业管理条例》第二条规定，主要是指由业主和物业服务企业按照物业服务合同之约定，对房屋及配套的设施设备和相关场地进行维修、养护、管理，维护相关区域内的环境卫生和秩序的活动。具体可分为：①房屋共用部分的维护与管理；②房屋共用设施设备及其运行的维护和管理；③环境卫生、绿化管理服务；④小区内交通、消防和公共秩序等协助管理事项；⑤物业管理装饰装修管理体制服务，包括房屋装饰装修的申请与批准，以及对房屋装饰装修的设计、安全等各项管理工作；⑥房屋共用部位、共用设施设备专项维修资金的代管服务；⑦物业档案资料的管理工作；⑧代收代缴收费服务；⑨在物业服务合同中约定的其他事项。

针对性的专项服务和委托性的特约服务，是物业服务企业根据自身能力和业主的要求经协商确定的，如日常生活类服务、经纪代理中介服务、金融服务等。

5 一个物业管理区域只能委托一个物业服务企业吗？

答：依据《物业管理条例》第三十三条规定，一个物业区域只能由一个物业服务企业实施物业管理和服务。一个物业区域是指一个由原设计构成的自然街坊或封闭小区。《物业管理条例》规定，选聘、解聘物业服务企业是业主大会的一项重要职责，这就体现了全体业主的共同意愿。因为在一个特定的物业区域内，各个业主的物业所有权并不是完全独立存在的，各业主除了享有专有建筑的专有所有权外，对小区的共用部位、共用设施则享有共有权，因此，不能将一个特定的物业区域分割。由两个或两个以上的物业服务企业进行管理和服务，往往会造成管理和服务上的交叉，使得管理和服务责任难以划分，产生混乱，不利于物业管理和服务的顺利进行。

当然，一个物业服务企业可以同时接受两个或两个以上的物业管理区域业主委员会的委托，为两个或两个以上的物业管理区域提供物业管理和服务。

6 物业管理纠纷有哪些类型和处理方式？

答：物业管理纠纷是指在物业管理和服务活动中，业主、业主大会、业主委员会、物业使用人、物业服务企业以及政府行政主管部门等在物业的使用、维修、管理活动中发生的争议。一般包括：①前期物业管理纠纷，如建设单位是否承担物业保修责任、保修期限和保修范围的纠纷，前期物业服务费用承担的纠纷；②相邻权纠纷，即互为相邻关系的业主在使用物业过程中发生的纠纷；③物业使用纠纷，如业主及使用人是否有法律法规规定的物业使用中禁止行为的纠纷，业主及使用人在装修物业时发生的纠纷等；④物业维修养护纠纷，如物业维修费用承担的纠纷，物业维修基金的设立和管理的纠纷等；⑤物业服务纠纷，如对物业服务收费是否合理的纠纷，物业服务行为是否达到物业服务合同约定标准的纠纷；⑥物业行政纠纷，如政府有关部门对物业区域内违反市容、环保、绿化等城市管理规定行为进行处罚和处理的纠纷等。

物业管理纠纷的处理方式一般包括：协商、调解、仲裁、诉讼，对因行政管理引起的纠纷还可以申请行政复议。

7 **物业管理和服务过程中的疑难杂症怎么协调？**

答：依据《湖北省物业服务收费管理办法》第二十一条规定，房产主管部门应当建立健全物业服务法律、法规、政策、信息等咨询服务制度和争议调解机制，为业主、物业服务主体等提供相关咨询服务，或者依法依规组织调解、处理物业服务活动中的争议。

对于需要多部门协调的"疑难杂症"，《湖北省物业服务和管理条例》第六条规定街道办事处、乡镇人民政府应当建立物业服务联席会议制度。联席会议由街道办事处、乡镇人民政府召集，房产、公安、民政、城市管理等行政主管部门和居（村）民委员会、业主委员会、物业服务企业、专业经营单位等各方代表参加，具体解决物业服务和管理活动中需要协调的问题。

8 **物业服务企业在物业管理活动中有哪些权利？**

答：根据《物业管理条例》的相关规定，物业服务企业的权利归纳起来主要包括以下内容：

（1）依据物业服务合同和有关规定收取物业服务费用。

（2）劝阻、制止损害物业或者其他损害业主共同利益和公共安全的行为。

（3）有权要求业主委员会协调、协助管理，要求业主、物业使用人履行物业服务合同，遵守小区管理规约等规章制度。

（4）物业服务企业有权制止物业区域内有关治安、环保、物业装饰装修和使用等方面违法违规的行为，并及时向有关行政管理部门报告的权利。

（5）在办理物业承接验收手续时，向建设单位索取资料的权利。主要包括：①竣工总平面图，单体建筑、结构设备竣工图，配套设施、地下管网工程竣工图等竣工验收资料；②设施设备的安装、使用和维护保养等技术材料；③物业质量保修文件和物业使用说明文件以及物业管理所必需的其他资料。

（6）物业服务企业享有在承接物业时，对物业共用部位、共用设施设备进行查验，并办理物业验收手续的权利。

（7）将物业服务区域内的专项服务业务委托给专业性服务企业的权利，如选聘保洁公司、保安公司承担专项服务业务。

（8）法律法规规定和物业服务合同约定的其他权利。

9 **物业服务企业在物业管理活动中有哪些义务？**

答：物业服务企业的权利和义务来自两个方面：一是法律法规的明确规定，二是物业服务合同的特别约定。《湖北省物业服务和管理条例》第三十七条第一款对物业服务企业在物业服务活动中应当履行的义务，做了详细的规定，具体有以下方面：

（1）按照物业服务合同约定和国家有关物业服务的规范提供物业服务。

（2）在业主、物业使用人使用物业前，将物业的共用部位、共用设施设备的使用方法、维护要求、注意事项等有关规定书面告知业主、物业使用人。

（3）落实安防人员、设施及安保措施，确保安防监控设施正常运转，按照法律、法规规定和物业服务合同约定做好物业区域内的安全防范工作。

（4）维护物业区域环境卫生，引导业主进行垃圾分类处理。

（5）定期对物业的共用部位、共用设施设备进行养护，按照物业服务合同约定组织维修。

（6）做好物业维修、养护、更新及其费用收支的各项记录，妥善保管物业档案资料和有关财务账册，建立物业服务信息平台，为业主提供免费查询服务。

（7）实行二十四小时值班制，建立和完善物业服务工作应急预案，及时处理物业服务中的突发事件。

（8）听取业主委员会、业主、物业使用人的意见，改进和完善物业服务。

（9）法律、法规规定和物业服务合同约定的其他义务。

10 **物业服务企业应当公示哪些信息？不按规定公示应当受到怎样的处罚？**

答：依据《湖北省物业服务和管理条例》第三十八条规定，物业服务企业应当将下列信息在物业区域内显著位置公示：

（1）物业服务企业的相关证件、项目负责人的基本情况、联系方式、物业服务投诉电话。

（2）物业服务合同约定的服务内容、服务标准、收费项目、收费标准、收费方式等。

（3）电梯、消防、监控等专业设施设备的日常维修保养单位的名称、资质、联系方式和应急处置方案等。

（4）业主交纳物业服务费用、公共水电分摊费用情况、住宅专项维修资金使用情况，物业共用部位、共用设施设备经营所得收益和支出情况。

（5）物业区域内停车位、车库的销售、出租、分配以及使用情况。

（6）房屋修缮、装饰装修以及使用过程中的结构变动等安全事项。

（7）其他应当公示的信息。

业主对公示内容有异议的，物业服务企业应当答复。未按照规定在物业区域内公示有关信息的，依据《湖北省物业服务和管理条例》第六十九条第一款第二项规定，由县级以上人民政府房产行政主管部门除录入物业服务企业信用档案外，还应责令限期改正；逾期未改正的，处一万元以上三万元以下罚款。

11 物业服务企业在物业服务活动中不得有哪些行为？违反了有哪些法律责任？

答：依据《湖北省物业服务和管理条例》第三十九条规定，物业服务企业不得在物业服务活动中有下列行为：

（1）不得擅自允许他人利用共用部位、共用设施设备进行广告、宣传、经营等活动；不得擅自设置营业摊点；也不得有违反法律、法规和业主公约或者管理规约规定的其他行为。否则，依据《湖北省物业服务和管理条例》第六十九条第一款第三项规定，由县级以上人民政府房产行政主管部门除录入物业服务企业信用档案外，还应责令限期改正，处一万元以上五万元以下罚款；有收益的，用于物业区域内共用部位、共用设施设备的维修和养护；逾期未改正的，按照原处罚数额按日连续处罚。

（2）物业服务企业不得泄露业主信息，不得对业主进行骚扰、恐吓、打击报复或者采取暴力行为。否则，依据《湖北省物业服务和管理条例》第七十条规定，由公安机关按照《治安管理处罚法》处罚，由房产行政主管部门录入物业服务企业信用档案。

12 物业服务企业需要取得资质后才能营业吗？物业服务有等级标准吗？

答：2018 年 3 月 8 日，住房和城乡建设部发布《关于废止〈物业服务企业资质管理办法〉的决定》，全面取消了从 1999 年开始施行的物业管理资质。新成立的物业服务企业只要营业执照上的经营范围包括物业服务即可以正常营业，不需要再申请资质。

物业服务企业虽然不需要取得相应的资质，但物业服务有相应的等级标准。物业服务内容和质量主要在综合管理、绿化养护、保洁服务、公共秩序维护、房屋及设施设备管理方面存在不同。这些标准不是强制性的，业主可根据自身物业服务需求情况，选择相关的服务等级，并与物业服务企业签订物业服务合同进行约定。

依据住宅物业服务需求的不同,《武汉市住宅物业服务等级标准》将物业服务等级标准,即普通住宅物业服务质量分为:一星级、二星级、三星级、四星级和五星级五个等级。其中,一星级为最低等级,五星级为最高等级,等级越高,物业服务质量也就越高。

13 **房产行政主管部门应当如何对物业服务企业进行考评和监督?**

答:依据《湖北省物业服务和管理条例》第四十条、《湖北省物业服务收费管理办法》第二十一条的规定,县级以上人民政府房产行政主管部门应当完善物业服务标准规范,引导、督促物业服务主体依法诚信经营;应当建立物业服务企业考核和信用评价体系,听取业主和业主委员会的评价意见,将评价意见作为物业服务企业资质管理和服务质量考核的内容;定期组织对物业服务企业进行检查和考核,并向社会公布。物业服务企业应当向房产行政主管部门定期报送信用档案信息、统计报表等资料。

14 **选聘物业服务企业是否必须进行招投标?**

答:建设单位选聘前期物业服务企业的,应当进行招投标。依据《物业管理条例》第四十一条第一款规定,住宅物业的建设单位在业主、业主大会首次选聘物业服务企业前,应当采取招标投标方式公开选聘前期物业服务企业。投标人少于三个或者住宅面积不超过三万平方米的,经房产行政主管部门批准,可以采取协议方式选聘前期物业服务企业。建设单位选聘前期物业服务企业应当接受街道办事处、乡镇人民政府监督。未通过招标投标方式或者未经批准擅自采用协议方式选聘前期物业服务企业的,依据第六十七条第一款第二项规定,由县级以上人民政府房产行政主管部门责令限期改正,处五万元以上十万元以下罚款。

业主大会选聘物业服务企业的,可以不经过招投标。《物业管理条例》第四十七条第一款规定,鼓励业主大会采用招标投标方式选聘物业服务企业。业主委员会应当与业主大会决定选聘的物业服务企业签订物业服务合同。

15 《物业服务合同》的主要内容有哪些？

答：《民法典》第九百三十七条第一款、第九百三十八条第三款规定，物业服务合同是物业服务人在物业服务区域内，为业主提供建筑物及其附属设施的维修养护、环境卫生和相关秩序的管理维护等物业服务，业主支付物业费的合同。物业服务合同应当采用书面形式。

依据《民法典》第九百三十八条、《物业管理条例》第三十四条及《湖北省物业服务和管理条例》第四十七条第二款、第三款规定，物业服务合同应当对物业服务内容、服务标准、收费项目、收费标准及调整办法、收费方式、双方权利义务、物业服务用房、住宅专项维修资金的管理与使用、共用部位和共用设施设备的管理与使用、合同期限、物业服务企业的退出、资料的移交、违约责任等内容进行约定。物业服务企业应当自物业服务合同签订之日起十五日内，将物业服务合同报房产行政主管部门备案。

16 物业服务企业承诺和服务细则是否可以作为物业服务合同的一部分？

答：依据《民法典》第九百三十八条第二款规定，物业服务企业公开作出的服务承诺及制定的服务细则，为物业服务合同的组成部分。实践中，物业服务企业若不履行或者不完全履行物业服务合同约定的或者法律、法规规定以及相关行业规范确定的维修、养护、管理和维护义务，业主请求物业服务企业承担继续履行、采取补救措施或者赔偿损失等违约责任的，人民法院应予支持。

17 物业服务企业是否可以将物业服务区域内的专项服务事项委托给专业公司？

答：可以。依据《民法典》第九百四十一条、《物业管理条例》第三十九条规定，物业服务人将物业服务区域内的部分专项服务事项委托给专业性服务组织或者其他第三人的，应当就该部分专项服务事项向业主负责。物业服务人不得将其应当提供的全部物业服务转委托给第三人，或者将全部物业服务肢解后分别转委托给第三人。

实践中，物业服务企业将保洁、保安、绿化等专项服务外包的情况也比较常见。《湖北省物业服务和管理条例》第六十二条第三款规定，电梯等属于业主共有的特种设备，由物业服务企业或者业主根据物业服务合同约定，按照特种设备管理法律、法规的有关规定，委托专业服务单位负责定期维护、保养，确保使用安全。但是，这些转委托或外包，应当在签订物业服务合同时进行约定，并将该项服务过程中业主、物业服务企业、专业性服务企业的相关权利义务约定明确。

18 物业服务企业之间能否转包物业服务项目？

答：依据《物业管理条例》第三十九条规定，物业服务企业可以将物业服务区域内的专项服务业务委托给专业性服务企业，但不得将该区域内的全部物业服务一并委托给他人。违反该规定一并转包的，依据第五十九条规定，由县级以上地方人民政府房地产行政主管部门责令限期改正，处委托合同价款百分之三十以上百分之五十以下的罚款。委托所得收益，用于物业服务区域内物业共用部位、共用设施设备的维修、养护，剩余部分按照业主大会的决定使用；给业主造成损失的，依法承担赔偿责任。对物业服务企业将物业服务区域内的全部物业服务业务一并委托他人而签订的委托合同，业主委员会或者业主可向人民法院起诉请求确认合同或者合同相关条款无效。因此，可以有条件地进行分包，但转包是违法的。

19 未经法定程序，业主委员会与物业服务企业签订的涨价协议，是否有效？

答：依据《民法典》第二百七十八条规定，选聘和解聘物业服务企业或者其他管理人属于业主共同决定的事项，应当由专有部分面积占比三分之二以上的业主且人数占比三分之二以上的业主参与表决，且经参与表决专有部分面积过半数的业主且参与表决人数过半数的业主同意。《物业管理条例》第十五条规定，业主委员会执行业主大会决定的事项，履行代表业主与业主大会选聘的物业服务企业签订物业服务合同的职责。也就是说，业主委员会是业主大会的执行机构，并非物业服务合同的实际主体，业主委员会与物业服务企业签订物业服务合同之前，必须经过业主大会表决同意。物业费涨价事项涉及全体业主的切身利益，属于重大事项，应事先征得法定表决权的同意，因此，未经法定程序，业主委员会与物业服务企业签订的涨价协议无效。

20 物业服务企业受业主委员会的委托向业主征求上涨物业服务费的意见，是否合法？

答：实践中，这种操作模式比较常见。物业服务合同的内容关系到全体业主的利益，属于有关共同管理的事项，物业服务的内容以及物业服务收费方案属于全体业主共同决定的事项，因此，物业服务合同的变更需要经过业主大会经过法定程序形成决议。

依据《物业管理条例》第十二条第一款规定，业主大会会议可以采用集体讨论的形式，也可以采用书面征求意见的形式。对于何种事项采用集体讨论，何种事项采用书面征求意见的方式，法律法规未作规定，因此在管理规约未作特别规定的情况下，凡属业主大会决策范围的事项，均可采用书面征求意见的方式。物业服务企业接受委托，具体实施向业主征求意见的事项，不存在法律上的障碍，亦未有禁止性规定，只要有业主委员会的明确授权，应视为有效。但为避免物业服务企业借机误导业主，应当在征求意见书上载明征求意见书是业主大会形成决议的依据，具有业主行使表决权的性质，业主大会可依据该征求意见书记载的业主意见进行计票从而形成决议。

21 物业服务合同尚未到期，业主委员会能否通过业主大会解除合同？物业服务企业能否追索违约金？

答：依据《民法典》第二百七十八条、《物业管理条例》第十一条之规定，业主大会有权决定聘请和解聘物业服务企业事项，业主大会按照法定程序作出解聘物业服务企业的决定后，业主委员会请求解除物业服务合同的，人民法院应予支持。因此，即使物业服务合同尚未到期，业主委员会也可通过召开业主大会并按照法定程序解除。这种单方面解除权源自《民法典》第五百六十三条的规定。

依据《民法典》合同编规定和物业服务合同约定，当事人应本着诚实信用原则，全面履行自己的义务。单方面解除合同，应当承担违约责任。《民法典》第五百七十七条规定，当事人一方不履行合同义务或者履行合同义务不符合约定的，应当承担继续履行、采取补救措施或者赔偿损失等违约责任。因此，物业服务企业有权追索违约金。

22 **业主委员会与物业服务企业之间解除物业服务合同的协议有效吗？**

答：业主委员会并不完全等同于整个小区或全体业主。《民法典》第二百七十八条、《物业管理条例》第十一条均规定，聘请和解聘物业服务企业或者其他管理人应由业主大会按法定程序决定。依据《民法典》第一百七十一条第一款规定，行为人没有代理权、超越代理权或者代理权终止后以被代理人名义订立的合同，未经被代理人追认，对被代理人不发生效力，由行为人承担责任。

未经业主大会同意，即使解除物业服务合同是业主委员会与物业服务企业双方的真实意思表示，该协议亦属无效。在无业主大会决定或授权的情况下，作为业主大会执行机构的业主委员会并无权代表业主大会决定解除合同。如果物业服务企业根据无效的业主委员会决定而撤出小区，则属于擅自停止物业服务，应当承担相应的违约责任。

23 **物业服务企业的分公司不履行合同义务，业主能否起诉物业服务企业的总公司，要求其承担义务？**

答：可以。依据《公司法》第十四条第一款规定，公司可以设立分公司。设立分公司，应当向公司登记机关申请登记，领取营业执照。分公司不具有法人资格，其民事责任由总公司承担。实践中，物业服务企业的分公司可以单独作为原告，但是涉及责任承担时，一般把物业服务企业的分公司和总公司一并列为被告。

24 物业服务企业是否有权就业主妨害物业管理和服务秩序的行为提起诉讼？

答：物业服务企业与业主之间的委托关系具有一定的特殊性，其中很重要的一个方面就是全体业主将维护物业服务区域秩序的管理权交给物业服务企业，该权利行使的主要途径是对小区进行管理。业主实施妨害物业服务与管理的行为，既有可能是违反物业服务合同的违约行为，也有可能是一种侵权行为。赋予物业服务企业以相应起诉权，并未超出其管理权的行使界限，而且可以及时、有效地制止不法行为。物业服务合同签订后，物业服务企业作为提供物业管理和服务当事人，有义务依约进行物业管理，有权要求业主遵守管理规约，以维护小区正常的物业管理和服务秩序，维护小区全体业主的共同利益。当业主不按照整改要求纠正违反管理规约的行为时，物业服务企业作为合同一方当事人，有权依法提起诉讼。

在实践中，其他业主往往都要求业主委员会或物业服务企业去制止妨害、侵害行为，而不愿亲力亲为。基于以上考虑，《最高人民法院关于审理物业服务纠纷案件适用法律若干问题的解释》第一条规定，业主违反物业服务合同或者法律、法规、管理规约，实施妨害物业服务与管理的行为，物业服务企业请求业主承担恢复原状、停止侵害、排除妨害等相应民事责任的，人民法院应予支持。

25 物业服务企业擅自改变物业服务用房的用途，应受到怎样的处罚？

答：物业服务企业擅自占用或改变物业服务用房用途用于经营的行为是违法的，依据《物业管理条例》第三十七条、第六十二条规定，物业服务用房的所有权依法属于业主。未经业主大会同意，物业服务企业不得改变物业服务用房的用途。违反本条例的规定，未经业主大会同意，物业服务企业擅自改变物业服务用房的用途的，由县级以上地方人民政府房地产行政主管部门责令限期改正，给予警告，并处一万元以上十万元以下的罚款；有收益的，所得收益用于物业服务区域内物业共用部位、共用设施设备的维修、养护，剩余部分按照业主大会的决定使用。

26 物业服务企业对小区内的公用设施疏于管理而给业主造成使用不便或损害的，应如何处理？

答：依据《物业管理条例》第二条、第三十五条的规定，物业管理是指业主通过选聘物业服务企业，由业主和物业服务企业按照物业服务合同约定，对房屋及配套的设施设备和相关场地进行维修、养护、管理，维护物业服务区域内的环境卫生和相关秩序的活动。物业服务企业未能履行物业服务合同的约定，导致业主人身、财产安全受到损害的，应当依法承担相应的法律责任。

物业服务企业未能履行物业服务合同约定，对小区内的公用设施疏于管理而给业主造成使用不便或损害的，应当承担相应的法律责任。物业服务企业若不履行或者不完全履行物业服务合同约定的或者法律、法规规定以及相关行业规范确定的维修、养护、管理和维护义务，或者违反其公开作出的服务承诺及制定的服务细则，业主可向人民法院起诉，请求物业服务企业承担继续履行、采取补救措施或者赔偿损失等违约责任。

27 小区内不按规定堆放生活垃圾，导致业主受伤，物业服务企业要承担责任吗？

答：在物业管理活动中，业主和物业服务企业均应遵守物业管理法律法规规定和小区管理规约的约定。业主应当将垃圾分类并妥善处理，堆放在指定的地点。物业服务企业对小区内的共用设施、共有设备以及共用部位负有管理和维护职责，应督促业主及时清运垃圾，对安全隐患进行排查。

《最高人民法院关于审理物业服务纠纷案件适用法律若干问题的解释》第一条规定，业主违反物业服务合同或者法律、法规、管理规约，实施妨害物业服务与管理的行为，物业服务企业有权要求业主停止侵害、排除妨碍、恢复原状况。

28 业主饲养动物扰民、污染环境，物业服务企业应该怎么办？

答：业主应当遵守法律、法规以及管理规约。管理规约应当对有关物业的使用、维护、管理，业主的共同利益，业主应当履行的义务，违反管理规约应当承担的责任等事项依法作出约定。违规饲养动物不仅侵害了相邻业主的合法权益，而且破坏了小区的公共环境卫生，扰乱了正常的物业管理秩序。

《民法典》第二百八十六条第二款规定，业主大会或者业主委员会，对任意弃置垃圾、排放污染物或者噪声、违反规定饲养动物、违章搭建、侵占通道、拒付物业费等损害他人合法权益的行为，有权依照法律、法规以及管理规约，请求行为人停止侵害、排除妨碍、消除危险、恢复原状、赔偿损失。物业服务企业可以请求业主委员会对违规饲养动物的行为进行制止。

《物业管理条例》第四十五条规定，对物业管理区域内违反有关治安、环保、物业装饰装修和使用等方面法律、法规规定的行为，物业服务企业应当制止，并及时向有关行政管理部门报告。有关行政管理部门在接到物业服务企业的报告后，应当依法对违法行为予以制止或者依法处理。

《最高人民法院关于审理物业服务纠纷案件适用法律若干问题的解释》第一条规定，业主违反物业服务合同或者法律、法规、管理规约，实施妨害物业服务与管理的行为，物业服务企业请求业主承担恢复原状、停止侵害、排除妨害等相应民事责任的，人民法院应予支持。

29 物业服务企业可以对业主行使罚款权吗？

答：不能。根据《行政处罚法》第十五条规定，行政处罚由具有行政处罚权的行政机关在法定的职权范围内实施。物业服务企业不属于行政机关，也未取得行政机关的授权，不具有包括罚款在内的任何行政处罚权。《物业管理条例》第四十五条规定，对物业管理区域内违反有关治安、环保、物业装饰装修和使用等方面法律、法规规定的行为，物业服务企业应当制止，并及时向有关行政管理部门报告。有关行政管理部门在接到物业服务企业的报告后，应当依法对违法行为予以制止或者依法处理。从这些规定可以看出，物业服务企业对违法行为有权制止，但不具有罚款权。

实践中，存在物业服务企业违反法律规定向业主收取罚款的现象，这种做法是违法的。

30 什么是公众代办性服务费？可以要求物业服务企业办理吗？

答：公众代办性服务费是指物业服务企业接受业主或物业使用人的委托代收代缴水电费、煤气费、有线电视收视费、电话费等服务而收取的代办服务费用。未经业主和物业使用人的委托不得收费。公众代办性服务费收费标准，须经当地物价部门认可。

业主可以委托物业服务企业办理，依据《物业管理条例》第四十三条、《物业服务收费管理办法》第二十条规定，物业服务企业根据业主的委托提供物业服务合同约定以外的服务项目，服务报酬或收费由双方约定。《湖北省物业管理服务收费暂行办法》第九条第二款规定，物业产权人、使用人委托物业服务企业代收代缴水电费、煤气费、有线电视费、电话费等的，根据委托项目可适当收取代办服务费，不委托不得收费。

31 物业服务企业有义务代收、保管业主的快递吗？

答：签收快递或包裹是收件人本人的责任，小区的物业服务企业没有代收和保管的义务。依据《邮政法》第三十二条、《快递暂行条例》第二十五条规定，邮政企业采取按址投递、用户领取或者与用户协商的其他方式投递邮件。机关、企业事业单位、住宅小区管理单位等应当为邮政企业投递邮件提供便利。单位用户地址变更的，应当及时通知邮政企业。经营快递业务的企业应当将快件投递到约定的收件地址、收件人或者收件人指定的代收人，并告知收件人或者代收人当面验收。收件人或者代收人有权当面验收。

超出物业服务收费范围以外的事项，业主可以依据《物业管理条例》第四十三条、《物业服务收费管理办法》第二十条规定，委托物业服务企业办理并支付一定的费用。物业服务企业依据业主委托代为签收后，还存在一定的保管责任，能更好地维护业主的合法权益。

32 什么是事实物业服务？

答：前期物业服务合同届满后，未召开首次业主大会，物业服务企业继续为小区提供物业管理服务；或者合同期限届满，业主大会或业主委员会没有明确表示是否与物业服务企业继续签订合同，亦未明确要求物业服务企业退出，或者决定自行管理的业主接管之前，而物业服务企业仍继续提供物业服务的情况，业主和物业服务企业形成事实物业服务合同关系，可以认定为事实物业服务。

实际上，事实物业服务合同其实是原物业服务合同的延伸。依据《民法典》第九百四十八条第一款、第九百五十条规定，物业服务人继续提供物业服务的，原物业服务合同继续有效，但是服务期限为不定期。原物业服务企业应当继续处理物业服务事项，并可以请求业主支付该期间的物业服务费。

33 新、旧物业服务企业应如何办理交接手续？

答：依据《物业管理条例》第二十九条、第三十八条及《湖北省物业服务和管理条例》第四十九条第二款规定，业主大会决定选聘新的物业服务企业的，原物业服务企业应当在物业服务合同终止之日与业主委员会办理完全部交接手续，并履行下列交接义务：

（1）移交前期物业服务合同，物业承接查验协议，建设单位移交资料清单，查验、交接记录，其他与承接查验有关的资料。

（2）移交物业服务用房。

（3）提供物业服务期间形成的有关物业及设施设备改造、维修、运行、保养的有关资料。

（4）移交提供物业服务期间配置的固定设施设备及其资料。

（5）结清预收、代收和预付、代付的有关费用。

（6）提供电梯、消防、监控等专业设施设备的技术手册、维护保养记录等相关资料。

（7）移交利用共用部位、共用设施设备经营的相关资料、物业服务费用和公共水电分摊费用交纳记录等资料。

（8）法律、法规规定和物业服务合同约定的其他事项。

也就是说，新、旧物业服务企业并不直接办理交接，而是由原物业服务企业与业主委员会办理交接，业主委员会对原物业服务企业移交的资料验收审查之后，再将上述资料、物业服务用房等转交给新的物业服务企业。

对于违反规定，不移交有关资料的，依据《物业管理条例》第五十八条规定，房地产行政主管部门可责令限期改正，逾期仍不移交的，对建设单位、物业服务企业予以通报，处一万元以上十万元以下的罚款。对违反规定不办理交接的法律责任，《湖北省物业服务和管理条例》第六十九条规定得更加详细：物业服务企业违反上述规定，由县级以上人民政府房产行政主管部门依照下列规定处罚，并录入物业服务企业信用档案：对未按照规定备案或者保存、移交物业承接查验资料、档案的，责令限期改正；逾期未改正的，处一万元以上三万元以下罚款；对被解聘的物业服务企业未按照规定办理交接手续、拒不退出的，责令限期改正，处五万元以上十万元以下罚款；逾期未改正的，按照原处罚数额按日连续处罚。

34 **新、旧物业服务企业的"空档期"如何处理？**

答：《武汉市物业管理条例》第四十五条规定，出现物业服务合同依法、依约解除，物业服务合同期满未续约，法律、法规、规章规定物业服务企业不得继续从事物业服务活动的其他情形，物业服务企业退出住宅物业服务区域后，业主大会仍未选聘新的物业服务企业的，由全体业主共同承担管理义务，街道办事处、乡镇人民政府应当采取相应措施维护住宅物业区域的正常秩序。

实践中，部分地区如深圳规定，区主管部门可以按照公开、自愿、择优的原则，选取物业服务企业建立物业管理应急服务企业预选库。在出现上述"空档期"时，可以由街道办事处组织，以抽签形式在应急服务企业预选库中选取一家物业服务企业为小区提供应急物业服务。

35 不聘请物业服务企业的小区如何管理？

答：依据《民法典》第二百八十四条第一款规定，业主可以自行管理建筑物及其附属设施。《湖北省物业服务和管理条例》第五十条规定，业主可以采取业主直接管理、业主委员会负责管理、成立其他管理机构管理等形式对物业实施自行管理，并对下列事项作出决定：

（1）自行管理的执行机构、管理人。

（2）自行管理的内容、标准、费用和期限。

（3）聘请专业经营单位的方案。

（4）其他有关自行管理的内容。

36 小区物业服务质量差，业主应当如何维权？

答：依据《物业管理条例》及相关规定，物业服务企业的服务达不到约定标准，物业服务质量较差，业主可以：

（1）直接与物业服务企业协商，要求其提高服务质量。

（2）向小区业主委员会反应，由业主和物业服务企业协商或通过法定程序更换物业服务企业。

（3）向当地的房地产主管部门投诉。

（4）通过诉讼解决。

37 国家工作人员在物业管理活动中可能构成的违法犯罪有哪些?

答:依据《湖北省物业服务和管理条例》第七十三条规定,国家机关及其工作人员有下列情形之一的,由其主管机关或者监察机关依法对直接负责的主管人员和其他直接责任人员给予行政处分:

(1)未按照规定履行监督管理职责的。

(2)未按照规定筹备、组织召开业主大会会议的。

(3)未按照规定在物业区域内显著位置公布联系方式或者对物业服务活动中的投诉,不及时受理、依法处理的。

(4)发现违法行为或者接到举报后不及时查处的。

(5)截留、挪用、侵占或者未按时审核拨付住宅专项维修资金的。

(6)违法实施行政许可或者行政处罚的。

(7)其他玩忽职守、徇私舞弊、滥用职权的行为。

八、物业服务费

1 什么是物业服务费？

答：依据《民法典》第九百三十七条规定，物业服务费是物业产权人、使用人委托物业服务企业或其他管理人在物业服务区域内，为业主提供建筑物及其附属设施的维修养护、环境卫生和相关秩序的管理维护等物业服务而支付的费用。

《物业服务收费明码标价规定》规定，物业服务企业收费应当实行明码标价，遵循公开、公平和诚实信用的原则，遵守国家价格法律、法规、规章和政策。

2 物业服务费由哪些部分构成？

答：《物业服务收费管理办法》第十一条规定，实行物业服务费用包干制的，物业服务费用的构成包括物业服务成本、法定税费和物业服务企业的利润。实行物业服务费用酬金制的，预收的物业服务资金包括物业服务支出和物业服务企业的酬金。

依据《湖北省物业服务收费管理办法》第三条、《物业服务定价成本监审办法（试行）》第七条等规定，物业服务成本或者物业服务支出构成一般包括以下部分：①管理及服务人员的工资、社会保险和按规定提取的福利费等；②物业共用部位、共用设施设备的日常运行、维护费用；③物业服务区域清洁卫生费用；④物业服务区域绿化养护费用；⑤物业服务区域秩序维护费用；⑥办公费用；⑦物业服务企业固定资产折旧；⑧物业共用部位、共用设施设备及公众责任保险费用；⑨经业主同意的其他费用。

物业共用部位、共用设施设备的大修、中修和更新、改造费用，应当通过专项维修资金予以列支，不得计入物业服务支出或者物业服务成本。

③ 物业服务费定价方式有哪些？

答：物业服务收费的定价方式有政府指导价、市场调节价和政府定价三种类型。《物业服务收费管理办法》第六条、第七条规定，物业服务收费应当区分不同物业的性质和特点分别实行政府指导价和市场调节价。具体定价形式由省、自治区、直辖市人民政府价格主管部门会同房地产行政主管部门确定。例如《湖北省物业服务和管理条例》第四十二条规定，前期物业服务收费标准纳入政府定价目录管理。

物业服务收费实行政府指导价的，有定价权限的人民政府价格主管部门应当会同房地产行政主管部门根据物业管理服务等级标准等因素，制定相应的基准价及其浮动幅度，并定期公布。具体收费标准由业主与物业服务企业根据规定的基准价和浮动幅度在物业服务合同中约定。实行市场调节价的物业服务收费，由业主与物业服务企业在物业服务合同中约定。

对于住宅前期物业服务收费，依据《湖北省物业服务收费管理办法》第四条规定，在应当依法成立业主大会前，实行政府定价管理。收费标准由价格主管部门会同同级房产主管部门，综合考虑物业服务内容、服务标准、服务成本和业主承受能力等因素，按照规定的定价权限和程序制定，并向社会公布。物业服务成本按照物业服务定价成本监审办法审核确定。建设单位应当依法公开选聘前期物业服务主体，在政府制定的收费标准内与其约定具体收费标准，签订前期物业服务合同，并按规定向价格主管部门报送物业服务及收费标准等资料。

④ 什么是物业服务收费酬金制和包干制？

答：《物业服务收费管理办法》第九条规定，业主与物业服务企业可以采取包干制或者酬金制等形式约定物业服务费用。

包干制是指由业主向物业服务企业支付固定物业服务费用，盈余或亏损均由物业服务企业享有或者承担的物业服务计费方式。包干制的物业服务费用，物业服务费用的构成包括物业服务成本、法定税费和物业服务企业的利润。

酬金制是指在预收的物业服务资金中按约定比例或者约定数额提取酬金支付给物业服务企业，其余全部用于物业服务合同约定的支出，结余或者不足均由业主享有或者承担的物业服务计费方式。酬金制的物业服务费用，预收的物业服务资金包括物业服务支出和物业服务企业的酬金。预收的物业服务费用属于代管性质，为所交纳的业主所有，物业服务企业不得将其用于物业服务合同约定以外的支出。

⑤ 物业服务企业的收支情况是否应当向业主公开？

答：物业服务企业的收支情况依法应当向业主公开。《湖北省物业服务和管理条例》第三十八条第一款第四项规定，业主交纳物业服务费用、公共水电分摊费用情况、住宅专项维修资金使用情况，物业共用部位、共用设施设备经营所得收益和支出情况，物业服务企业应当在物业区域内显著位置公示。第六十九条规定，未按照规定在物业区域内公示有关信息的，由县级以上人民政府房产行政主管部门录入物业服务企业信用档案，责令限期改正；逾期未改正的，处一万元以上三万元以下罚款。

《最高人民法院关于审理建筑物区分所有权纠纷案件适用法律若干问题的解释》第十三条规定，业主请求公布、查阅下列应当向业主公开的情况和资料的，人民法院应予支持：

（1）建筑物及其附属设施的维修资金的筹集、使用情况。

（2）管理规约、业主大会议事规则，以及业主大会或者业主委员会的决定及会议记录。

（3）物业服务合同、共有部分的使用和收益情况。

（4）建筑区划内规划用于停放汽车的车位、车库的处分情况。

（5）其他应当向业主公开的情况和资料。

因此，业主有权要求物业服务企业公开物业服务合同、共有部分的使用和收益情况。物业服务企业拒绝公开的，业主有权提起诉讼。

6 物业服务收费都需要明码标价吗？不明码标价应受到怎样的处罚？

答：物业服务企业向业主提供服务，包括按照物业服务合同约定提供物业服务以及根据业主委托提供物业服务合同约定以外的服务，均应当按照《物业服务收费明码标价规定》实行明码标价，标明服务项目、收费标准等有关情况。

物业服务企业实行明码标价应当做到价目齐全，内容真实，标示醒目，字迹清晰，并在物业服务区域内的显著位置或收费地点公示。物业服务收费明码标价的内容包括：物业服务企业名称、收费对象、服务内容、服务标准、计费方式、计费起始时间、收费项目、收费标准、价格管理形式、收费依据、价格举报电话12358等。实行政府指导价的物业服务收费应当同时标明基准收费标准、浮动幅度，以及实际收费标准。实行明码标价的物业服务收费的标准等发生变化时，物业服务企业应当在执行新标准前一个月，将所标示的相关内容进行调整，并应标示新标准开始实行的日期。

对物业服务企业不按规定明码标价或者利用标价进行价格欺诈的行为，由政府价格主管部门依照《价格法》《价格违法行为行政处罚规定》《关于商品和服务实行明码标价的规定》《禁止价格欺诈行为的规定》进行处罚。

7 物业服务费应从何时起算？交房时必须交纳物业服务费吗？

答：依据《物业管理条例》第四十一条、《湖北省物业服务和管理条例》第四十二条第二款规定，业主应当根据物业服务合同的约定交纳物业服务费用。已竣工但尚未出售或者尚未交给物业买受人的物业，也就是前期物业服务合同生效之日至物业交付之日的前期物业服务费用，由建设单位交纳。物业交付之日后的前期物业服务费用，由业主承担。

根据上述规定，业主应当从实际接收房屋之日起开始承担物业服务费，物业费的交纳，应以建设单位与前期物业签订的前期物业服务合同约定为准。实践中，建设单位在交接房屋时，通常都是委托物业服务企业代为办理，此时物业服务企业往往要求业主先交纳一定的物业服务费，再办理房屋交接手续。这种做法混淆了房屋买卖和物业服务两个不同的法律关系。

8 物业服务企业一次可以预收多长时间的物业服务费？

答：一般而言，物业服务合同中都会有关于交费时间和交费期限的约定，实践中"先交费，后服务"的现象也比较普遍。依据《物业管理条例》第四十一条第一款、《物业服务收费管理办法》第十五条第一款规定，业主应当根据物业服务合同的约定，按时足额交纳物业服务费用或者物业服务资金。业主违反物业服务合同约定逾期不交纳服务费用或者物业服务资金的，业主委员会应当督促其限期交纳；逾期仍不交纳的，物业服务企业可以依法追缴。法律法规对预收物业服务费并未作出明确规定。

物业服务企业一次可以预收多长时间的物业服务费，各地规定不一。《湖北省物业服务收费管理办法》第七条规定，物业服务费以建筑面积为计价单位，按月计费。《湖北省物业管理服务收费暂行办法》第十五条规定，物业服务企业不得违背房屋所有权人的意愿提前收费，预期收费不得超过六个月。

9 交房后一直未入住，物业服务企业是否有权向业主收取物业服务费？

答：房屋交付后，购房人就成为法律意义上的业主，业主及物业使用人应当遵守管理规约，按照物业服务合同约定履行义务。依据《民法典》第九百四十四条第一款、《物业管理条例》第四十一条第一款以及《湖北省物业服务和管理条例》第四十二条第二款规定，业主应当根据物业服务合同的约定交纳物业服务费用，物业交付之日后的前期物业服务费用，由业主承担。

虽然部分业主没有入住，但物业服务企业依然要照常提供服务，因为物业管理和服务的内容是针对房屋及配套设施设备和相关场地的维修、养护和管理，以及小区内的环境卫生和公共秩序的维护，并不完全是业主的专有部分。因此，物业服务企业已经按照约定和有关规定提供服务的，业主不得以未接受或者无需接受相关物业服务为由拒绝支付物业服务费。

10 业主房屋空置是否需要全额交纳物业服务费？是否可以打折？

答：业主空置房屋同样应当交纳物业服务费，因为物业管理和服务并没有因为房屋空置而减少。

依据《民法典》第二百七十三条第一款、第二百八十三条规定，业主对建筑物专有部分以外的共有部分，享有权利，承担义务；不得以放弃权利为由不履行义务。建筑物及其附属设施的费用分摊、收益分配等事项，有约定的，按照约定；没有约定或者约定不明确的，按照业主专有部分面积所占比例确定。《民法典》第九百四十四条第一款规定，业主应当按照约定向物业服务企业支付物业服务费。物业服务企业已经按照约定和有关规定提供服务的，业主不得以未接受或者无需接受相关物业服务为由拒绝支付物业服务费。

是否入住属于业主的权利，而交纳物业服务费用则是业主应当履行的义务，权利可以放弃，但义务需要承担。考虑到公平性与合理性，实践中各地也多有变通。例如《湖北省物业服务收费管理办法》第六条第二款规定，房屋交付后一年内无人入住的，空置期间业主承担物业服务费的比例，由当地价格主管部门会同房产主管部门确定。

11 建设单位是否应当为尚未出售或尚未交付的空置房屋交纳物业服务费？

答：依据《物业管理条例》第四十一条第二款规定，已竣工但尚未出售或者尚未交给物业买受人的物业，物业服务费用由建设单位交纳。《物业服务收费管理办法》第十六条规定，纳入物业管理范围的已竣工但尚未出售，或者因开发建设单位原因未按时交给物业买受人的物业，物业服务费用或者物业服务资金由开发建设单位全额交纳。建设单位本身也属于未出售房屋的业主，应当与其他业主一样享有权利、承担义务，因此，对于小区内尚未出售的房屋，物业费应由建设单位全额交纳。

除此之外，前期物业服务合同生效之日至物业交付给业主期间的物业服务费，依据《湖北省物业服务和管理条例》第四十二条第二款规定，也由建设单位承担。

12 建设单位交付的房屋未达到交付条件，物业服务费应由谁承担？

答：依据《湖北省物业服务和管理条例》第四十三条第三款规定，建设单位将未达到交付条件的新建物业交付给买受人的，应当承担相应的责任，并承担前期物业服务费用。

13 业主未交纳物业费，物业服务企业可以不为其提供物业管理和服务吗？

答：物业服务合同不同于一般的双务合同，合同当事人一方是物业服务企业，另一方是业主委员会代表的全体业主，这也决定了物业服务企业服务的对象是全体业主，服务的内容是对整个物业服务区域的管理和维护。因此，个别业主不按物业服务合同约定交纳物业服务费时，物业服务企业不能以不提供物业管理和服务的方式进行抗辩。

对此，《湖北省物业服务和管理条例》第三十七条、《湖北省物业服务收费管理办法》第十六条第二款规定，物业服务企业在物业服务活动中应当按照物业服务合同、国家有关物业服务的规范提供物业服务，不得以业主拖欠物业服务费用、不配合管理等理由，减少服务内容，降低服务质量，中断或者以限时限量等方式变相中断供水、供电、供气、供热，以及实施损害业主合法权益的其他行为。

14 物业服务企业没有履行物业服务职责，业主有权拒交物业费吗？

答：物业服务企业不履行或者不完全履行物业服务合同约定的或者法律、法规规定以及相关行业规范确定的维修、养护、管理和维护义务，业主请求物业服务企业承担继续履行、采取补救措施或者赔偿损失等违约责任的，人民法院应予支持。

业主对于物业服务企业怠于履行物业管理和服务职责，可以通过合法途径向业主委员会、村（居）民委员会反映，向房地产行政主管部门投诉，也可向人民法院起诉，而不应消极地以拒交物业服务费来抗辩。

15 业主能否以物业服务未达到法定或约定标准为由拒付或少付物业服务费？

答：依据《民法典》第五百零九条第一款、第九百三十七条规定，物业服务合同生效后，当事人应当按照约定全面履行自己的义务。《民法典》第九百四十二条第一款规定，物业服务人应当按照约定和物业的使用性质，妥善维修、养护、清洁、绿化和经营管理物业服务区域内的业主共有部分，维护物业服务区域内的基本秩序，采取合理措施保护业主的人身、财产安全。

认定物业服务质量是否达标，前提是确认物业服务的标准。判断物业服务企业提供的服务是否合格的主要标准是物业服务合同中相关条款的约定。如果物业服务合同对于物业服务标准约定含混不清，缺少衡量的具体标准，可以参照有关政府部门的规定来确定物业服务的应有标准。

在明确了物业服务标准之后，结合双方提供的证据，再对于物业服务企业提供服务是否达标进行认定。对于物业服务不符合标准的，按照其严重程度可区分为物业服务质量一般瑕疵与物业服务质量严重瑕疵。物业服务质量一般瑕疵，指物业服务企业提供的物业服务虽然不完全合乎标准，但仅为局部性、较短时间内的怠于服务，并未造成严重的后果，听取业主意见后能够及时采取补救整改措施；物业服务质量严重瑕疵，指物业服务企业长期怠于提供服务，疏于管理，造成小区物业严重损坏或环境卫生、绿化、安保、公共秩序等方面持续严重恶化，严重影响到全体业主的正常生活，虽经业主屡次反映但仍拒不整改。物业服务质量仅存在一般瑕疵，业主可以通过建议或投诉的方式，促使物业服务企业加以改进，在此种情况下，对业主提出少交或免交物业费的请求一般不予支持；物业服务质量存在严重瑕疵，业主请求减免物业费的，人民法院应酌情予以支持。如果业主有证据证明物业服务没有达到物业服务合同约定的标准，法院还可以根据业主的请求，依据《民法典》第五百八十二条的规定，对物业服务企业要求业主支付的物业服务费予以适当减少。

物业服务合同具有整体性的特点，物业服务质量应当由全体业主集体进行评价，如果单个业主动辄以对物业服务质量不满意为由拒绝交纳物业服务费，会造成物业服务经费的不足，物业服务企业经费不足会进一步导致服务质量的恶化，极易形成恶性循环，最终损害全体业主的利益。为了避免此种情况的发生，对于业主提出的物业服务不达标或存在瑕疵的抗辩，应当谨慎审查。

16 业主能否以没有签订物业服务合同为由拒交物业服务费？

答：依据《民法典》第九百三十九条的规定，建设单位依法与物业服务人订立的前期物业服务合同，以及业主委员会与业主大会依法选聘的物业服务企业订立的物业服务合同，对全体业主具有法律约束力。物业服务企业进入小区提供物业服务，只要与执行业主大会决议的业主委员会订立物业服务合同即可，无需再与每位业主单独订立合同。因此，业主以其并非合同当事人为由提出抗辩的，人民法院不予支持。

即使物业服务企业与业主委员会或业主均未订立服务合同，但物业服务企业提供了事实的物业服务，如物业服务合同期满，业主大会或业主委员会没有明确表示是否与物业服务企业继续签订合同，亦未明确要求物业服务企业退出，物业服务企业仍继续提供物业服务的情形，业主事实上接受了物业服务，也应按照实际发生的服务向物业服务企业交纳相应的费用。

17 业主委员会未按照法定程序招聘物业服务企业，业主是否可以拒交物业服务费？

答： 未经业主大会决议，业主委员会不得擅自选聘物业服务企业。依据《民法典》第二百七十八条、《物业管理条例》第十一条规定，选聘和解聘物业服务企业属于业主大会的职责范围，应当由专有部分面积占比三分之二以上的业主且人数占比三分之二以上的业主参与表决，并且经参与表决专有部分面积过半数的业主且参与表决人数过半数的业主同意。在无业主大会决定或授权的情况下，业主委员会无权决定选聘物业服务企业。

未经法定程序与物业服务企业签订的物业服务合同，依据《民法典》第一百七十一条第一款规定，行为人没有代理权、超越代理权或者代理权终止后以被代理人名义订立的合同，未经被代理人追认，对被代理人不发生效力，属于效力待定状态。假设之后召开的业主大会决定认可这份合同，则该合同就具有法律效力；假设业主大会最终决议否定了这份合同的效力，业主也应根据物业服务企业已提供的事实服务交纳相应的物业费。如果业主对物业服务企业的服务存有异议，应通过建议召开业主大会的途径解决，采取拒交物业服务费的方式不当。

18 相邻业主侵权，能否成为被侵权业主拒交物业服务费的理由？

答： 相邻权纠纷引起拒交物业服务费的情况屡见不鲜，如相邻业主侵占公共资源、一楼业主违规搭建住房、隔壁业主饲养动物影响正常生活、楼上业主安装太阳能挡板影响采光等等。实际上，这部分被侵权的业主一方面没有理性分析损害发生的原因，也不区分物业服务企业以及其他业主等可能的侵权行为实施主体，主观地认为物业服务企业应当承担所有的责任；另一方面往往不了解物业服务企业的服务范围，将侵权责任盲目归责于物业服务企业并拒绝交纳物业服务费。

依据《物业管理条例》第三十五条规定，物业服务企业应当按照物业服务合同的约定，提供相应的服务。物业服务企业未能履行物业服务合同的约定，导致业主人身、财产安全受到损害的，应当依法承担相应的法律责任。对于这些违规行为，物业服务企业可以加以劝阻，要求整改，如果物业服务企业履行了上述职责，可以认定其提供了服务。毕竟物业服务企业并不是行政执法机关，其没有执法权，业主将相邻业主侵权的责任推给物业服务企业，并以此为由拒交物业服务费，这种理由是不成立的。

19 建设单位出售的商品房出现质量问题，业主能拒交物业服务费吗？

答：以房屋质量有问题为由拒交物业服务费的情况，在目前诸多物业服务纠纷中较为常见，如家里房屋漏水、墙体开裂，房屋质量有问题，物业服务企业没有及时上门维修，进而拒交物业费。这种拒交物业服务费的理由是不能成立的。如果业主自身的合法权益受到了侵害，必须弄清楚侵权的主体是谁。

房屋质量问题分为两种情况：一种是在房屋保修期内建设单位应按照《房屋质量保证书》的约定，承担商品房的保修责任。在保修期内，因建设单位对商品房进行维修，而致使房屋原功能受到影响，且给买受人造成损失的，应依法承担赔偿责任。因此，业主房屋在保修期内遇到质量问题，应当直接向建设单位主张权利。另一种是房屋保修期过后，商品房的自有部位出现质量问题，应当由业主自行承担维修责任。业主可以委托物业服务企业进行有偿维修，也可以找其他维修公司进行维修。在保修期外商品房的公共部位，如外立面、楼顶防水、公共楼梯、电梯、消防设施等出现质量问题，由全体业主共同承担维修责任。

由此可见，房屋质量出现问题，维修责任是在商品房的出卖人与买受人，即在建设单位与业主之间承继。物业服务企业有义务按照物业服务合同的约定，对房屋及配套设施设备和相关场地进行维修、养护、管理，维护物业服务区域内的环境卫生和相关秩序的活动，但物业服务企业并无维修责任。房屋质量出现问题时，业主应当选择正确的方式来维护自己的权利，如与建设单位协商、向建筑工程质量监督部门投诉、向法院起诉。《最高人民法院关于审理商品房买卖合同纠纷案件适用法律若干问题的解释》对建设单位出售的房屋主体结构质量不合格、严重影响正常居住使用的质量问题以及其他质量问题应当承担的违约责任规定得很清楚。业主不能以房屋质量问题为由，而不履行交纳物业服务费的法定义务。

20 物业服务收费不合理的情况有哪些？业主该怎么办？

答：物业服务收费会有以下几项不合理的收费：①自立收费名目，违规收取物业服务合同以外的费用；②超过政府指导价或市场调节价规定的收费标准；③不执行国家规定的收取规则，一次性预收较长时限的物业服务费；④未经业主同意而增加服务性收费，如收取快递保管费等。

如果业主对物业服务企业的收费标准有异议，首先要看是否符合明码标价的规定，对价格过高或收费项目没有标明的，可以向物价主管部门和房地产主管部门反映，也可通过召开业主大会来讨论决定。

21 延期交房的违约金可以冲抵物业服务费吗？

答：建设单位与业主是房屋买卖法律关系，按合同约定的期限交房是建设单位的一项义务，如果建设单位延期交房，则要承担违约责任，要向购房者支付延期交房违约金。而物业服务是业主与物业服务企业之间的合同关系，物业服务企业提供物业服务，业主有义务交纳物业服务费。物业服务与房屋买卖是两个不同的法律关系，物业服务费与延期交房违约金分属于这两个不同的法律关系之中，因此，建设单位在延期交房时应向业主支付违约金，业主入住后，应向物业服务企业交纳物业服务费。

实践中，如果用延期交房的违约金冲抵物业服务费，应符合有关的法律规定。用延期交房的违约金冲抵物业服务费，实际上是一种债务转移的问题。对此，《民法典》第五百五十一条第一款规定，债务人将债务的全部或者部分转移给第三人的，应当经债权人同意。

因此，建设单位应当向业主支付的"延期交房违约金"债务，如果想通过冲抵物业服务费的方式转移给物业服务企业，首先得经过债权人即业主的同意，其次还要经债务的受让人即物业服务企业同意。三方经过协商同意冲抵的，应该签订相关协议。

22 居住在住宅一楼的业主，从未使用到电梯服务，能否不分担电梯运行费？

答：不能。电梯属于建筑物的附属设施设备，其设计、施工、使用与建筑物的规模相配套，综合考虑了整体物业的需要，事关全体业主的利益。《民法典》第二百八十三条规定，建筑物及其附属设施的费用分摊、收益分配等事项，有约定的，按照约定；没有约定或者约定不明确的，按照业主专有部分面积所占比例确定。依据《物业服务收费管理办法》第十一条规定，电梯等物业共用部位、共用设施设备的日常运行、维护费用属于物业服务费用的一部分。

在电梯使用范围内对应的建筑物内的全体业主，都应该按照其专有部分占建筑总面积的比例来分摊物业服务费（含电梯费）。同时，《民法典》第二百七十三条第一款规定，业主对建筑物专有部分以外的共有部分，享有权利，承担义务；不得以放弃权利为由不履行义务。实践中，物业服务企业已经按照合同约定以及相关规定提供服务，业主仅以未享受或者无需接受相关物业服务为抗辩理由的，人民法院不予支持。因此，业主不得以不使用电梯为由，不交或少交物业服务费，因为小区是个整体，无人履行义务的社会是无序的，最终谁的权利都无法保障。

23 物业服务企业单方面提高物业服务费的收费标准，业主有权拒交吗？

答：物业服务是一种合同行为。物业服务企业应遵守相关的房屋管理法律法规的规定和物业服务合同的约定，正确履行物业管理职责，依照约定提供服务，收取费用，未经法定程序不得单方面改变物业服务合同条款，更无权擅自提高物业服务费的收费标准。《最高人民法院关于审理物业服务纠纷案件适用法律若干问题的解释》第二条规定，物业服务企业违反物业服务合同约定或者法律、法规、部门规章规定，擅自扩大收费范围、提高收费标准或者重复收费，业主以违规收费为由提出抗辩的，人民法院应予支持。业主请求物业服务企业退还其已收取的违规费用的，人民法院应予支持。因此，擅自改变服务项目，提高物业服务收费标准，应承担相应的违约责任，业主有权拒绝交纳增加部分的物业服务费。

24 业主大会选聘的物业服务企业，因前期物业服务企业拒不退出，未能进驻小区提供服务，能否要求业主按合同约定支付物业服务费？

答：不能。依据《民法典》第九百四十九条规定，物业服务合同终止的，前期物业服务企业应当在约定期限或者合理期限内退出物业服务区域，将物业服务用房、相关设施、物业服务所必需的相关资料等交还给业主委员会、决定自行管理的业主或者其指定的人，配合新物业服务人做好交接工作，并如实告知物业的使用和管理状况。前期物业服务企业违反上述规定的，不得请求业主支付物业服务合同终止后的物业费；造成业主损失的，应当赔偿损失。

物业服务费是提供物业服务的对价，在物业服务企业正常提供物业服务的前提下，业主应当按照约定支付物业服务费；在物业服务企业未实际提供物业服务的情况下，要求业主按照同样标准支付物业服务费，有失公平。因此，前期物业服务企业拒不交接，导致新的物业服务企业不能如期进驻小区提供物业服务时，应根据物业服务合同的约定承担违约责任，但不能按照正常提供物业服务时的标准要求业主支付物业服务费。

25 物业服务合同到期后未续签，物业服务企业仍继续提供服务，业主是否应当交纳物业服务费？

答：若物业服务合同期满，业主大会或业主委员会没有明确表示是否与物业服务企业继续签订合同，亦未明确要求物业服务企业退出，物业服务企业仍继续提供物业服务的，物业服务企业与业主之间形成了事实上的物业服务合同关系。在这种情况下，可以参考原物业服务合同的约定履行。《民法典》第九百四十八条第一款、第九百五十条规定，物业服务人继续提供物业服务的，原物业服务合同继续有效，但是服务期限为不定期。原物业服务人应当继续处理物业服务事项，并可以请求业主支付该期间的物业服务费。

若物业服务合同期满后，业主委员会请求物业服务企业退出，但物业服务企业拒绝退出、移交，强行提供物业服务的，依据《民法典》第九百四十九条规定，物业服务企业不得以存在事实上的物业服务关系为由，请求业主支付物业服务合同权利义务终止后的物业服务费。造成业主损失的，应当赔偿损失。

26 房屋转让后，物业服务企业能否向房屋买受人主张原业主欠交的物业服务费？

答：房屋转让后，房屋买受人成为新业主。依据《民法典》第五百五十一条、第五百五十六条规定，新业主自房屋买卖合同生效并办理房屋交接手续后，概括承受原业主在物业服务合同中的权利和义务。但是，原业主拖欠的物业服务费属于债务，债务人将合同的义务全部或者部分转移给第三人的，应当经债权人同意，否则不产生法律效力。未经物业服务企业同意，即使原业主与新业主有约定，也应由原业主承担。毕竟，新业主在购房前并未接受物业服务企业提供的物业服务，由其承担既不公平也不合理。另外，《物业服务收费管理办法》第十五条第三款规定，物业发生产权转移时，业主或者物业使用人应当结清物业服务费用或者物业服务资金。因此，房屋转让前的物业服务费应当找原业主收取。

27 业主去世，其欠交的物业服务费，物业服务企业能否向其继承人主张？

答：《民法典》第一千一百六十一条规定，继承人以所得遗产实际价值为限清偿被继承人依法应当缴纳的税款和债务。超过遗产实际价值部分，继承人自愿偿还的不在此限。继承人放弃继承的，对被继承人依法应当缴纳的税款和债务可以不负清偿责任。

业主生前所欠的物业服务费属于其本人的个人债务，因此，业主去世后，物业服务企业可以向继承了业主财产的继承人收取其欠交的物业服务费。

28 后任物业服务企业是否有权收取业主拖欠原物业服务企业的物业服务费？

答：物业服务合同具有相对性，双方当事人分别是签订合同的物业服务企业和经业主大会授权代表全体业主的业主委员会，《民法典》第五百零九条第一款规定，当事人应当按照约定全面履行自己的义务，因此，业主应当向提供物业服务的物业服务企业交纳物业服务费。同时，物业服务合同的权利义务终止后，物业服务企业请求业主支付拖欠的物业服务费的，经书面催交，业主无正当理由拒绝交纳或者在催告的合理期限内仍未交纳物业服务费，物业服务企业可向人民法院起诉要求业主支付物业服务费。

当然，应收的物业服务费用作为一种债权，也可以依法进行转让，《民法典》第五百四十五条第一款、第五百四十六条规定，债权人可以将债权的全部或者部分转让给第三人，债权人转让债权，应当通知债务人。未经通知，该转让对债务人不发生效力。债权转让的通知不得撤销，但是经受让人同意的除外。因此，如果原物业服务企业将应收物业服务费转让给后任物业服务企业并按规定向业主进行通知，那么后任物业服务企业基于受让可以向业主收取其拖欠原物业服务企业的物业服务费。

29 物业服务质量下降，业主委员会张贴告示要求业主拒交物业服务费，有效吗？

答：依据《物业管理条例》第十一条、第十五条规定，业主委员会是小区业主大会的执行机构，其代表全体业主与业主大会选聘的物业服务企业签订物业服务合同，并及时了解业主、物业使用人的意见和建议，监督和协助物业服务企业履行物业服务合同。物业服务的权利义务关系存在于物业服务企业和每位业主之间，业主委员会并不是物业服务权利义务的承受者，无权要求业主拒付物业服务费，号召业主拒交物业服务费的告示是无效的。

如果物业服务企业服务质量下降，业主委员会可督促物业服务企业改正，仍不改正的可依法提起诉讼。如果大多数业主对物业服务企业的服务不满，并提出更换物业服务企业的要求，那么，业主委员会可通过法定程序组织召开业主大会，重新选聘新的物业服务企业。

30 业主拖欠物业服务费，物业服务企业应该怎么做？

答：依据《物业管理条例》第六十四条、《湖北省物业服务和管理条例》第四十八条规定，业主、物业使用人应当遵守业主公约或者管理规约，按照物业服务合同约定履行义务。业主、物业使用人违反合同约定，逾期不交纳物业服务费用的，物业服务企业可以请求业主委员会、居（村）民委员会依法督促业主限期交纳，也可以依据物业服务合同的约定，申请仲裁或者提起诉讼。

诉讼之前应当通过书面通知的方式进行催交，业主无正当理由拒绝交纳或者在催告的合理期限内仍未交纳物业服务费，物业服务企业可以依法向有管辖权的人民法院起诉。物业服务企业已经按照合同约定以及相关规定提供服务，物业服务企业起诉请求业主支付物业服务费的，人民法院应予支持。业主仅以未享受或者无需接受相关物业服务为抗辩理由的，人民法院不予支持。另外，物业服务企业起诉时，有权依据物业服务合同的约定，要求支付违约金。

31 物业服务企业有权对欠物业费的业主断电、断水吗？

答：《民法典》第九百四十四条第三款规定，物业服务人不得采取停止供电、供水、供热、供燃气等方式催交物业服务费。业主和物业服务企业是平等的民事主体，双方均应按照合同的约定履行各自的义务，物业服务企业为业主提供物业服务，业主向物业服务企业交纳物业服务费。任何一方违反约定，均应承担相应的违约责任。业主不及时交纳物业服务费，物业服务企业应当采取合法的手段或途径解决，即使合同中对强制断电、断水有约定，物业服务企业也不能以强制断电、断水作为手段，要求业主交纳各类费用。

同时，根据《民法典》第六百四十八条、第六百五十六条规定，供电合同是供电人向用电人供电，用电人支付电费的合同，向社会公众供电的供电人，不得拒绝用电人合理的订立合同要求。供用水、供用气、供用热力合同，参照适用供用电合同的有关规定。《电力法》第二十九条规定，供电企业在发电、供电系统正常的情况下，应当连续向用户供电，不得中断，第六十五条对"扰乱供电、用电秩序"的情形规定由电力管理部门责令改正。《物业管理条例》第四十五条规定，物业区域内供水、供电、供气、供热、通信、有线电视等单位应当向最终用户收取有关费用。由此可见，只要业主向供电、供水企业缴纳了相应的费用，供电、供水企业就应当连续向用户提供服务，物业服务企业不是供电、供水的合同当事人，无权对业主采取断电、断水措施。《湖北省物业服务和管理条例》第三十七条第二款规定，物业服务企业不得以业主拖欠物业服务费用为由，中断或者以限时限量等方式变相中断供水、供电、供气、供热，以及实施损害业主合法权益的其他行为。

水、电是小区业主的生活必需品，物业服务企业擅自停电、停水的行为给业主造成损失的，还要承担相应的法律责任。

32 物业服务企业追讨业主欠费的诉讼时效是多久？应从何时起算？

答：物业服务合同属于继续性合同，在合同履行期间产生的物业服务费系同一合同项下具有整体性和关联性的定期给付之债。定期发生之债虽非同一债务，但基于同一合同约定，具有同一性质，依据《最高人民法院关于审理民事案件适用诉讼时效制度若干问题的规定》第四条规定，未约定履行期限的合同，依照民法典第五百一十条、第五百一十一条的规定，可以确定履行期限的，诉讼时效期间从履行期限届满之日起计算；不能确定履行期限的，诉讼时效期间从债权人要求债务人履行义务的宽限期届满之日起计算，但债务人在债权人第一次向其主张权利之时明确表示不履行义务的，诉讼时效期间从债务人明确表示不履行义务之日起计算。一般来说，请求给付履行定期给付之债请求权的诉讼时效应从最后一笔债务履行期限届满之日起算。在物业服务合同对于物业服务费支付周期及履行期限没有约定或者约定不明的情况下，合同到期终止或解除时，物业服务费的诉讼时效开始起算。

追讨物业服务费的诉讼时效，依据《民法典》第一百八十八条第一款、第一百九十五条规定适用普通诉讼时效，即向人民法院请求保护民事权利的诉讼时效期间为三年。权利人向义务人提出履行请求，诉讼时效中断，从中断、有关程序终结时起，诉讼时效期间重新计算。

33 物业服务企业可以向不交物业服务费的业主收取滞纳金吗？

答：物业服务合同约定的"滞纳金"，本质上带有违约金的性质。从现行法律规范来看，滞纳金是行政处罚一种，是指应缴款人超过规定的缴款期限，向应缴款人征收的一种带有惩罚性质的款项。但物业服务合同中约定逾期交纳物业服务费的滞纳金，性质与行政法意义上的滞纳金不同，它是平等民事主体之间经过协商确定的一种违约责任的负担方式，也具有督促业主及时履行义务的功能，但更多的是用于弥补守约方的损失，而不是处罚违约的相对方。当然，违约金的约定应当符合《民法典》第五百八十五条的规定。

物业服务企业按照约定全面履行了义务，业主无正当理由拒不交纳物业服务费的，依据《民法典》第五百七十条规定，应当承担逾期交纳物业服务费的违约金。

34 **业主委员会有向业主催缴物业服务费的义务吗？**

答：业主或物业使用人应当按物业服务合同的约定交纳物业服务费，无正当理由拒不交纳物业费的，物业服务企业除有权书面催告、依法申请仲裁或诉讼外，还可请求业主委员会督促业主限期交纳。

依据《湖北省物业服务和管理条例》第二十九条规定，及时了解业主、物业使用人的意见和建议，监督物业服务企业履行物业服务合同，协调处理物业服务活动中的相关问题，督促业主、物业使用人遵守业主公约或者管理规约，调解因物业使用、维护和管理产生的纠纷是业主委员会的职责。《物业管理条例》第六十四条规定得更加明确：对违反物业服务合同约定，业主逾期不交纳物业服务费用的，业主委员会应当督促其限期交纳。

督促主体除业主委员会外，《湖北省物业服务收费管理办法》第十六条第一款还规定，居（村）民委员会也有督促业主限期交纳物业服务费的义务。

35 **物业服务收费标准未经物价部门备案是否合法？**

答：依据《物业服务收费管理办法》第五条至第八条规定，物业服务收费应当遵循合理、公开以及费用与服务水平相适应的原则。物业服务收费应当区分不同物业的性质和特点分别实行政府指导价和市场调节价。具体定价形式由省、自治区、直辖市人民政府价格主管部门会同房地产行政主管部门确定。物业服务收费实行政府指导价的，有定价权限的人民政府价格主管部门应当会同房地产行政主管部门根据物业管理服务等级标准等因素，制定相应的基准价及其浮动幅度，并定期公布。具体收费标准由业主与物业服务企业根据规定的基准价和浮动幅度在物业服务合同中约定。实行市场调节价的物业服务收费，由业主与物业服务企业在物业服务合同中约定。物业服务企业应当按照政府价格主管部门的规定实行明码标价，在物业服务区域内的显著位置，将服务内容、服务标准以及收费项目、收费标准等有关情况进行公示。

《湖北省物业服务和管理条例》第四十二条第一款规定，前期物业服务收费标准纳入政府定价目录管理，合同约定的收费标准应当符合政府制定的指导价范围。《湖北省物业服务和管理条例》第四十七条规定，业主大会成立后，业主委员会应当与业主大会决定选聘的物业服务企业签订物业服务合同。物业服务合同应当对物业服务内容、服务标准、收费项目、收费标准及调整办法、收费方式、双方权利义务、物业服务用房、住宅专项维修资金的管理与使用、共用部位和共用设施设备的管理与使用、合同期限、物业服务企业的退出、资料的移交、违约责任等内容进行约定。物业服务企业应当自物业服务合同签订之日起十五日内，将物业服务合同报房产行政主管部门备案。

物业服务合同的备案仅仅是登记性质的，不是行政审批，不能因为没有进行备案登记，就认为物业服务合同约定的收费标准不合法。

36 **业主可以对物业服务企业的收支情况进行审计吗？**

答：《物业服务收费管理办法》第十三条规定，物业服务收费采取酬金制方式的，物业服务企业或者业主大会可以按照物业服务合同约定聘请专业机构对物业服务资金年度预决算和物业服务资金的收支情况进行审计。《湖北省物业服务收费管理办法》第十一条第三款规定，物业服务费收入与使用支出情况，业主共用部位、共用设施设备经营所得收益及支出情况，应当每半年公示一次，并适时审计，接受业主监督。

37 **房屋出租给租客，物业服务费应由谁来交？**

答：通常情况下，业主应当根据物业服务合同的约定按时足额交纳物业服务费用或者物业服务资金。如果房屋出租，也可按照"谁使用谁交费"的原则，但业主负有连带责任。依据《物业管理条例》第四十一条第一款、《物业服务收费管理办法》第十五条第二款之规定，业主可以与物业的承租人、借用人或者其他物业使用人约定由物业使用人交纳物业服务费，但业主负连带交纳责任。物业服务企业请求业主承担连带责任的，人民法院应予支持。

九、停车库（位）及车辆管理

1 住宅小区地面停车位归谁所有？占用公共用地增设的车位，属于业主还是属于建设单位？

答：依据《民法典》第二百七十五条第二款、《湖北省物业服务和管理条例》第五十四条第二款、《最高人民法院关于审理建筑物区分所有权纠纷案件适用法律若干问题的解释》第六条之规定，建筑区划内在规划用于停放汽车的车位之外，占用业主共有道路或者其他场地增设的用于停放车辆的车位，属于全体业主共有，其分配、使用及收费管理具体事项由业主大会决定；建设单位、物业服务企业不得销售或者变相销售。

2 小区地下人防工程车库（位）的权属归谁所有？

答：人防工程是小区的强制配套设施，应当与建筑物同步规划设计，同步施工，同步移交。《人民防空法》第五条第二款规定，国家鼓励、支持企业事业组织、社会团体和个人，通过多种途径，投资进行人民防空工程建设；人民防空工程平时由投资者使用管理，收益归投资者所有。《人民防空工程平时开发利用管理办法》第三条规定，人民防空工程平时开发利用应当坚持有偿使用、用管结合的原则，平时由投资者使用管理，收益归投资者所有。但是，法律对其产权并未作出规定。建设单位认为，是他们投资，而业主认为，购房款中包含了人防建设费，是由业主共同承担的。建设单位仅仅是初始的投入者，房屋出售后，这种垫付投入已经随着房屋的销售而收回，不是投资成本的最终承担者。

建设用地使用权是通过出让方式取得的，土地成本很显然是业主承担的。依据《城市房地产管理法》第四十二条、《城市房地产转让管理规定》第九条规定，以出让方式取得土地使用权的，房地产转让时，土地使用权出让合同载明的权利、义务随之转移。《商品房销售面积计算及公用建筑面积分摊规则（试行）》第九条规定，作为人防工程的地下室也不计入公用建筑面积。《关于规范防空地下室易地建设收费的规定》第一条规定，防空地下室建设所需资金，纳入建设项目投资计划。建设费用据实列入建设项目开发成本。《人民防空工程建设管理规定》第五十一条规定，按照规定应修建防空地下室的，防空地下室建筑面积单列。所需资金由建设单位筹措，列入建设项目总投资，并纳入各级基本建设投资计划。防空地下室的概算、预算、结算，应当参照人民防空工程概（预）算定额。

由此可见，不论权属归谁，人防地下室都不能列入公摊，在建筑规划时，建设工程中的人防工程的建设成本就包含在了总面积之中，业主购买房屋实际上支付了人防工程的建造费用。

③ 小区地下车库（位）有哪些类型？所有权归谁所有？

答：《民法典》第二百七十五条规定，建筑区划内，规划用于停放汽车的车位、车库的归属，由当事人通过出售、附赠或者出租等方式约定。占用业主共有的道路或者其他场地用于停放汽车的车位，属于业主共有。也就是说，小区建筑区划内的地下车位存在很多种形态，除人防工程车位外，最常见的主要有规划用于停车的车位、车库和占用业主共有部分用于停车的车位。

如果地下车库单独立项和规划、签订土地出让合同和缴纳土地出让金、建筑成本单独核算没有纳入房屋建设成本，同时满足以上三个条件的这类地下车库，可以办理权属登记，属于建设单位专有产权。一旦发生买卖交易，车位的产权随即转为受买人的专有产权，可以依据《民法典》第二百七十五条第一款的规定，由当事人通过出售、附赠或者出租等方式约定。

如果地下车库没有单独立项和规划，地下车库建筑成本必然会分摊到整栋建筑物成本并计入房价之中，这类车库不能作为专有产权。依据"房随地移，房地一体"的原则，随着房屋的出售，建设用地使用权分割给全体业主，其附着的建筑物、构筑物，除国家道路、绿地以外，分专有和共有两个部分。《最高人民法院关于审理建筑物区分所有权纠纷案件适用法律若干问题的解释》第三条明确了建筑区划内的土地全部归业主所有，其他不属于业主专有部分，也不属于市政公用部分或者其他权利人所有的场所及设施，显然是小区的共有部分。

实践中，要判断建设单位开发的商品房地下车库的产权归属，主要依据地下车库的建筑面积是否作为小区商品房的公摊面积。如果地下车库的建筑面积未作为公摊面积，或者建设单位就车库已申请独立的产权并被批准开发，则该地下车库的产权通常应属于建设单位。反之，如果地下车库建筑面积已作为公摊面积予以分摊，该地下车库的产权应属于小区全体业主共有。

④ 小区一楼架空层停车位归谁所有？

答：判断架空层车位的归属，关键要区分架空层的产权属于谁。依据《商品房销售面积计算及公用建筑面积分摊规则（试行）》及相关规定，架空层在2.2米以下的不能作为专有部分，不能办理产权（2.2米以上则可以作为专有部分，可以出售、办理产权。而大于2.2米，3米以下的，之前的规划中一般不计入层次和容积率，不算公摊；3米以上的架空层，四周通透，没有围护，不计算建筑面积，但对其中有围护的楼梯、电梯井、住宅门厅等，要算建筑面积，并且计入公摊面积）。依据《民法典》第三百五十六条、第三百五十七条规定，附着于该土地上的建筑物、构筑物及其附属设施随建设用地使用权一并处分。架空层的建筑面积不能获得相应的土地使用权，通常是不计入容积率面积、不作为分摊面积的业主共有设施，在建设单位申请初始登记时就记载"某某建筑区划内的全体业主共有"，因此，架空层所在楼栋占用的建设用地使用权转移之后，架空层产权自然转移给全体业主共有。依据《民法典》第二百七十五条第二款规定，占用业主共有的道路或者其他场地用于停放汽车的车位，属于业主共有。

除法律另有明文规定外，"登记"才是确定不动产专有部分物权归属的依据。即小区的物业要么是专有部分，要么是共有部分，不存在第三种情况，凡是不能登记办理产权证的地下室、架空层等，毫无疑问都是共有部分。只有办证程序和实体均符合法律规定，才是建设单位的。

5 **人防工程车库（位）的维护和收益，由谁负责？归谁所有？**

答：人防工程的维护管理由建设单位负责，收益归投资者所有。《人民防空法》第五条第二款、《人民防空工程平时开发利用管理办法》第三条规定，人民防空工程平时开发利用应当坚持有偿使用、用管结合的原则，平时由投资者使用管理，收益归投资者所有。《湖北省人民防空工程管理规定》第二十七条、第三十八条规定，人防工程的维护管理由建设单位负责，已开发利用的，由使用单位负责，实行谁建设、谁管理，谁使用、谁管理的原则。已开发利用的人防工程平时由投资者或者管理者、使用者按规定使用。战时或者遇突发公共事件时，由县级以上人民政府统一调配使用。

6 **非产权车库（位）的租赁价格怎样确定？**

答：《湖北省物业服务收费管理办法》第八条、第九条规定，建设单位按照建设项目规划设计条件和配建标准建设停车库（位），应当优先满足业主的需要。在商品房销售前，应当制定车库（位）租售方案并在销售场所醒目位置公示，明确车库（位）的权属及数量、租赁价格、销售价格、价格有效期等，并按规定报房产主管部门备案。对公众投诉频繁、矛盾突出的车库（位）租售价格，当地价格主管部门应当开展成本调查，通过公开成本调查结果，引导督促建设单位合理定价。对成本调查证实租售价格过高，经提醒告诫后仍不改正的，应当依法依规处理。

物业区域内占用业主共有道路或者场地用于停放机动车辆的车位，属于全体业主共有，可以收取停车费，其管理、使用、收费等具体事项由业主大会决定，建设单位、物业服务企业等不得销售或者变相销售。人防工程车库（位）由人民防空行政主管部门会同价格行政主管部门制定指导价。

7 小区车库（位）可以对外出售、出租吗？

答：依据《民法典》第二百七十五条第一款、《湖北省物业服务和管理条例》第五十四条第一款规定，建筑区划和物业区域内，规划用于停放汽车、按照建设工程规划许可证确定且初始登记所有权人为建设单位的停车位、车库的归属，由当事人通过销售、附赠或者出租等方式约定，但不得销售给业主以外的单位和个人。

依据《民法典》第二百七十六条、《湖北省物业服务和管理条例》第五十四条规定，建筑区划和物业区域内，规划用于停放汽车的车位、车库应当首先满足本小区业主的需要。优先满足业主需要后对外出租的，每次租赁期限不得超过一年。对于占用业主共有道路或者场地用于停放车辆的车位，因属于全体业主共有，能否对外出租由业主大会决定。

8 有产权的地下车库（位）能否只卖不租？

答：所有权是物权中最完整、最充分的权利。《民法典》第二百四十条规定，所有权人对自己的不动产或者动产，依法享有占有、使用、收益和处分的权利。建设单位对其拥有所有权的地下车位，可选择将车位出租或出售，法律并不限制。但是，小区内规划用于停放汽车的车位，依据《民法典》第二百七十六条规定，应当首先满足业主的需要，建设单位不应利用优势地位进行车位"强卖"。而且，法律确定物权也有"物尽其用"的立法目的，业主、业主委员会应当与建设单位协商出双方都能接受的方案。

9 小区的车库（位）的使用应遵循"业主优先"原则吗？

答：依据《民法典》第二百七十五条、《最高人民法院关于审理建筑物区分所有权纠纷案件适用法律若干问题的解释》第六条之规定，车位分为规划内的车位和共有部分的车位。

建筑区划内，规划用于停放汽车的车位、车库，依据《民法典》第二百七十六条、《湖北省物业服务和管理条例》第五十四条第一款的规定，应当首先满足业主的需要。优先满足业主需要后才能对外出租。

10 物业服务企业有权在小区楼栋间的绿地上划出车位出租吗？

答：小区楼栋之间的绿地，属于全体业主的共有部分，依据《物业管理条例》第四十九条规定，物业区域内按照规划建设的公共建筑和共用设施，任何单位和个人均不得擅自改变其用途。

物业服务企业确需改变公共建筑和共用设施用途的，应当提请业主大会讨论决定同意后，由业主依法办理相关手续。依据《民法典》第二百七十八条、《最高人民法院关于审理建筑物区分所有权纠纷案件适用法律若干问题的解释》第七条规定，改变共有部分的用途或者利用共有部分从事经营活动，属于业主大会的职责范围，应当由专有部分面积占比三分之二以上的业主且人数占比三分之二以上的业主参与表决，同时，应当经参与表决专有部分面积四分之三以上的业主且参与表决人数四分之三以上的业主同意。

11 业主在购买房屋时，建设单位承诺的停车包月收费标准，物业服务企业必须执行吗？

答：依据《民法典》第二百七十五条、《最高人民法院关于审理建筑物区分所有权纠纷案件适用法律若干问题的解释》第六条的规定，建筑区划内的停车位可分为三类：建设单位保留产权车位；业主个人享有产权的车位；属于全体业主共有的车位。

如果属于规划车位，且建设单位保留产权，根据由当事人通过出售、附赠或者出租的约定，可以与业主约定停车收费标准。全体业主共有车位的收费标准，应由业主大会决定，建设单位无权与物业服务企业对这些车位的停车收费标准进行约定。

12 业主购买了地下车库（位），还要交纳车辆管理费吗？

答：业主购买车位与建设单位形成了车位买卖关系，是商品房买卖合同的延伸；物业服务企业收取车辆管理费，业主与物业服务企业形成车辆管理与被管理的关系。上述法律关系，恰似房屋买卖关系与物业服务关系。

实践中，关键要看物业服务合同有无将物业服务与停车管理分开，有无关于收取车辆管理费的约定，因为车位管理会产生一部分费用。业主交纳的物业服务费通常用于对房屋及配套设施设备和相关场地进行维修、养护和管理，维护物业区域内环境卫生和相关秩序。车辆管理费是指物业服务企业向业主停放车辆提供服务，通常用于车位的运营管理、清洁卫生、秩序维护、出入口管理、照明及排水等设施设备的管理、维护等。当然，物业服务企业收取相关费用，一要遵守价格部门的收费政策，有收费依据才能收；二要与业主协商一致，签订管理服务合同。因此，在具备上述两个条件的情况下，物业服务企业收取少量的、合理的停车管理费也是允许的。

13 业主交纳了车位使用费后，与物业服务企业构成保管合同关系吗？

答：《民法典》第八百八十八条第一款规定，保管合同是保管人保管寄存人交付的保管物，并返还该物的合同。保管合同成立必须具备两大条件：一是当事人双方需要对保管事宜达成一致的意思表示。例如，业主和物业服务企业单独签订了书面的车辆保管合同，或在物业服务合同中订立了详细的关于车辆保管的约定，或物业服务企业在所提供的场地上设置有包含对车辆进行保管意思的标识。二是需要交付保管物。业主或使用人应将车辆停放于物业服务企业指定的场所内，未经物业服务企业允许不得随意将车辆开出停放场地。只有以上两个条件同时具备，业主与物业服务企业之间才成立车辆保管合同关系。

物业服务企业和业主都应充分重视并遵守物业服务合同中有关停车管理服务的约定，明确双方的具体权利义务范围，杜绝模糊用语。物业服务企业应根据自己的管理能力，结合小区的具体情况与业主签订物业服务合同，并依法依约履行自己的职责。业主应加强自身财产安全防范措施，购买各类保险，并在物业服务合同或停车服务协议中，明确财产或车辆的保管关系，交纳相关费用，以免财产受损后却得不到赔偿。

14 业主车位经常被占，物业服务企业应当承担责任吗？

答：依据《民法典》第五百七十七条、《物业管理条例》第三十五条规定，物业服务企业作为小区内的物业服务主体，应该按照法律法规的规定和物业服务合同的约定履行相关的秩序维护和管理义务。对于物业区域内的停车位，物业服务企业应承担相应的管理、服务职责，有义务维护停车区域的统一、有序。因怠于履行管理服务职能，致使业主车位经常被占用，应及时排除妨碍，并承担相应的责任。

15 业主车辆在物业区域内被扎胎，物业服务企业是否应当承担责任？

答：从合同违约责任角度来看，依据《民法典》第五百七十七条规定，物业服务企业是否要承担赔偿责任，应当看物业服务合同或停车服务合同中有无对车辆损坏方面事宜进行约定。如果违反了合同中关于车位使用服务的约定，物业服务企业应承担违约赔偿责任。从侵权责任角度来看，依据《民法典》第一千一百六十五条规定，应当由实施划伤、扎胎行为的责任人承担主要责任，物业服务企业只要尽到了基本的注意义务，就不应当承担赔偿责任。

同时需要注意的是，业主与物业服务企业之间的车辆停放服务关系，如未特别明确属于《民法典》第八百八十八条第一款规定的财产保管合同关系，出现业主车辆损坏，物业服务企业不承担赔偿责任。

16 物业服务合同没有明确车辆保管服务，业主车辆在小区被盗，能找物业服务企业赔偿吗？

答：业主与物业服务企业之间可以设定两重合同关系：一重是一般物业服务合同关系，此种合同关系基于物业服务合同形成，双方的权利义务在所有业主之间没有差别；另一重是特别委托物业服务合同关系，此种合同关系仅在特定业主与物业服务企业之间存在，其权利义务由双方合意约定。

在没有明确车辆保管责任的情况下，物业服务企业按照物业服务合同的约定，尽职尽责履行了自己的义务，就不需要承担直接的赔偿责任，仅在其属于物业管理职能范围内承担相应的责任。

17 业主将车辆停在消防通道上，物业服务企业采取锁扣车辆的方式是否妥当？

答：住宅小区内的消防通道是实施营救和疏散的生命通道。《消防法》第二十八条规定，任何单位、个人不得损坏、挪用或者擅自拆除、停用消防设施、器材，不得埋压、圈占、遮挡消火栓或者占用防火间距，不得占用、堵塞、封闭疏散通道、安全出口、消防车通道。人员密集场所的门窗不得设置影响逃生和灭火救援的障碍物。《湖北省物业服务和管理条例》第五十五条规定，物业区域内定车位、停放车辆，不得占用、堵塞、封闭疏散通道、安全出口、消防通道，不得妨碍其他车辆和行人的正常通行。但很多住宅小区内的停车位不能满足业主停车需求，不少业主为停车方便，无视消防通道设置的要求，占用消防通道停车。

物业服务企业依据物业法律法规的规定和物业服务合同的约定，应当对物业区域内的消防设施进行维护管理，提供消防安全防范服务。其消防安全工作包括：组织安全巡查，发现火灾隐患及时采取措施；保障疏散通道、安全出口、消防车通道畅通；对占用、堵塞、封闭疏散通道、安全出口消防车通道的行为予以劝阻并督促改正；对拒不改正的，及时向公安机关消防机构或者公安派出所报告。

业主将车辆停放在消防车通道的行为，违反了《消防法》的规定和作为业主应当承担的消防安全义务。对此行为，物业服务企业采取口头、电话、书面贴条等方式告知业主；劝阻无效或拒不改正的，应当及时向公安机关、消防机构报告，请求协助移车。采取轮胎上锁方式显然欠妥当。

18 业主擅自占用通道，物业服务企业为疏通道路而损坏车辆应赔偿吗？

答：物业服务企业作为小区内的物业服务主体，有权依据物业法律法规的规定和物业服务合同的约定，对小区内的公共场所、公共设备进行管理和维护，业主应当配合物业服务企业的管理工作。依据《物业管理条例》第三十五条规定，物业服务企业有权在法律规定和物业服务合同约定的情况下，对小区内的公共事务进行管理，对小区内的违章行为进行纠正。

对物业服务企业而言，应该本着方便车主、服务车主的原则，制定出详细、规范的停车管理制度，明确车主必须遵守的规则。业主应按照物业服务企业指定的地点停放车辆。对于违章乱停车辆的，物业服务企业在紧急情况下为维护小区的正常管理秩序将车辆移开，其搬抬至路边的行为并不存在过错，对于物业服务企业采取谨慎合理的措施移开违章车辆造成损失的，其不承担侵权责任。

19 建筑物、构筑物高空坠物高空坠物砸车，物业服务企业能举证免责吗？

答：《民法典》第一千二百五十三条规定，建筑物、构筑物或者其他设施及其搁置物、悬挂物发生脱落、坠落造成他人损害，所有人、管理人或者使用人不能证明自己没有过错的，应当承担侵权责任。所有人、管理人或者使用人赔偿后，有其他责任人的，有权向其他责任人追偿。如出现高空坠物砸车的情形，物业服务企业承担的是无过错责任，对其没有过错负有举证责任。法院在审判中适用无过错责任，通常将举证责任分配给物业服务企业，在物业服务企业未提交证据证明自身没有过错的情况下，会判令物业服务企业承担赔偿责任。另外，法院通常考虑到业主自身对于车辆的停放位置存在其他相应过错，会酌情减轻物业服务企业的相应赔偿责任。

值得注意的是，依据《关于民事诉讼证据的若干规定》中举证规则的规定，设施设备造成的损害赔偿，设施设备的管理人和所有人依法负有举证责任，因此证据的保全及举证责任的履行成为物业服务活动中的主要环节。在物业管理和服务活动中发生意外可能导致纠纷时，物业服务企业一方面应协助当事人查清真相，帮助当事人找到应承担责任的侵权人；另一方面全面加强证据意识，通过拍照、现场记录、无利害关系目击证人等方式固定证据，既有利于协助事主解决纠纷，又能确定自己应不应承担责任、应承担多少责任等问题。当然，作为业主，也应当尽到对自身财产的安全防范义务，避免财产受损。

20 **业主车辆被盗，保险公司理赔后可以找物业服务企业索赔吗?**

答：依据《保险法》第六十条第一款规定，因第三者对保险标的的损害而造成保险事故的，保险人自向被保险人赔偿保险金之日起，在赔偿金额范围内代位行使被保险人对第三者请求赔偿的权利。前款规定的保险事故发生后，被保险人已经从第三者取得损害赔偿的，保险人赔偿保险金时，可以相应扣减被保险人从第三者已取得的赔偿金额。保险人依照本条第一款规定行使代位请求赔偿的权利，不影响被保险人就未取得赔偿的部分向第三者请求赔偿的权利。《最高人民法院关于适用〈中华人民共和国保险法〉若干问题的解释（四）》第七条规定，保险人依照保险法第六十条的规定，主张代位行使被保险人因第三者侵权或者违约等享有的请求赔偿的权利的，人民法院应予支持。

因此，业主车辆被盗，如物业服务企业负有责任，保险公司向业主进行理赔后，有权向物业服务企业追偿。

21 非小区业主使用临时出入证，将车辆停放在小区被盗，物业服务企业应承担责任吗？

答：物业服务企业对其管理区域的公共秩序和财产具有安全防范义务，物业服务企业发放临时出入证，对进出车辆和停车进行登记，双方即已建立停车服务合同。依据《民法典》第八百九十二条、第八百九十七条之规定，保管人应当妥善保管保管物；因保管人保管不善，造成保管物毁损灭失的，应当承担赔偿责任。

物业服务企业作为有偿保管合同的保管人，应当对保管停放的车辆尽到妥善保管义务。如因物业服务企业未切实履行其对车主车辆的管理职责和安全保障义务，造成车主车辆被盗，物业服务企业应对其损失承担相应的赔偿责任。

22 雨季暴雨导致车库被淹，物业服务企业可以免责吗？

答：《民法典》第一百八十条规定，因不可抗力不能履行民事义务的，不承担民事责任。法律另有规定的，依照其规定。不可抗力是指不能预见、不能避免且不能克服的客观情况。因此，暴雨导致车库被淹不属于民法规定的不可抗力。物业服务企业对雨季可能发生的暴雨等灾害性天气应做好防范预案，并尽到最大的谨慎和努力应对，及时将险情通知到业主。物业服务企业不能简单地以不可抗力为由免责。业主对于意外事故的发生风险也应加强自身的防范意识。

在夏季这种暴雨频繁的季节，物业服务企业平时应当对地下车库挡水、排水、防渗漏等方面做好相应防范，最好提早准备好移动水泵等应急设备，在险情发生时，能采取有效应急排水措施；同时，在险情无法排除时，物业服务企业有义务及时通知业主将车辆等财物移出车库，从而避免损失发生或进一步扩大。如果因为物业服务企业疏于防范，没有提前做好准备工作，或在险情发生后未尽到最大的谨慎和努力应对，造成业主车辆受损，物业服务企业应承担相应的赔偿责任。

23 物业服务企业打五折收取车辆管理费，也要对车辆的损坏负全部赔偿责任吗？

答：物业服务企业应当依据法律规定和合同约定，全面履行自己的义务，严格保管好业主的车辆。物业服务企业降低或只收取车辆管理费的一半，是对自己权利的放弃，若因违约或怠于履行职责造成的损害，仍应对业主车辆损坏负全部赔偿责任。物业服务企业不能因人员或财力的限制，也不能以减少收取物业服务费的方式，降低物业服务水平。对于业主造成的损失，物业服务企业怠于履行管理和服务职责的，违反物业服务合同，仍应承担赔偿责任。

24 小区不得对哪些车辆收取停车费？

答：依据《湖北省物业服务收费管理办法》第十条规定，对进入住宅和非住宅物业区域内的下列车辆，应当免收停车费：

（1）执行任务的军车、警车、消防车、救护车、救灾抢险车、邮（快）递车、环卫车、市政设施维护维修车、殡葬车。

（2）法律、法规规定应当予以免费的车辆，如肢残人驾驶的专用代步车辆等。

（3）临时停车不超过三十分钟的车辆。

（4）为业主或物业使用人提供搬家、配送货物服务的车辆。

（5）当地人民政府批准免费的其他车辆。

25 建设单位或物业服务企业"以租代售"和业主签订永久期限的租赁合同，变相销售停车库（位）合法吗？应受到什么处罚？

答：《湖北省物业服务和管理条例》第五十四条规定，物业区域内按照建设工程规划许可证确定且初始登记所有权人为建设单位的停车位、车库的归属，由当事人通过销售、附赠或者出租等方式约定，不得销售给业主以外的单位和个人。优先满足业主需要后对外出租的，每次租赁期限不得超过一年。物业区域内占用业主共有道路或者场地用于停放车辆的车位，属于全体业主共有，其分配、使用及收费管理具体事项由业主大会决定，建设单位、物业服务企业不得销售或者变相销售。

建设单位、物业服务企业违反上述规定销售或者变相销售停车位、车库的，依据《湖北省物业服务和管理条例》第七十一条，由县级以上人民政府房产行政主管部门责令改正，退还违法所得，并处违法所得一倍以上三倍以下罚款；未按照规定出租停车位、车库的，责令限期改正，没收违法所得，并处违法所得一倍以上三倍以下罚款。

十、安全防卫与治安、消防管理

1 **小区内的社会治安管理工作由谁负责？**

答：依据《物业管理条例》第二十条第一款、第四十五条、第四十六条规定，业主大会、业主委员会应当配合公安机关，与居民委员会相互协作，共同做好维护物业区域内的社会治安等相关工作。

对物业区域内违反有关治安、环保、物业装饰装修和使用等方面法律、法规规定的行为，物业服务企业应当制止，并及时向有关行政管理部门报告。有关行政管理部门在接到物业服务企业的报告后，应当依法对违法行为予以制止或者依法处理。

物业服务企业应当协助做好物业服务区域内的安全防范工作。发生安全事故时，物业服务企业在采取应急措施的同时，应当及时向有关行政管理部门报告，协助做好救助工作。物业服务企业雇请保安人员，应当遵守国家有关规定。保安人员在维护物业服务区域内的公共秩序时，应当履行职责，不得侵害业主的合法权益。

2 **小区内的安全防卫工作应达到什么标准？**

答：安全防卫是物业服务企业的基础工作之一，物业服务企业应按照物业服务合同的约定，提供相应的秩序维护和公共财产看管服务。根据物业服务等级标准的不同，小区内的安全防卫工作的标准也不一样，如《武汉市物业服务等级标准》规定的最基本的标准和要求，有如下几点：①小区出入口有专人值守；②不定人不定期巡逻，并做好记录；③监控室有专人值守，有值班记录；④有火灾、治安、公共卫生等突发事件应急预案，事故发生时及时报告有关部门，并协助采取相应措施；⑤物业区域内应设置简易的交通设施和交通标志；⑥引导机动车和非机动车有序停放，消防车道不得停放车辆，及时劝阻、纠正不按规定停车的行为，定时巡查停车场、车库，车辆出入记录规范、翔实；⑦发生治安案件、刑事案件、交通事故时，应及时报警并配合公安机关进行处理。

③ 小区应配置哪些消防设施设备？

答：依据《建筑设计防火规范》规定，住宅小区内的消防设施设备包括灭火救援设施和消防设施。消防给水和消防设施的设置应根据建筑的用途及其重要性、火灾危险性、火灾特性和环境条件等因素综合确定。《消防法》第七十三条规定，消防设施是指火灾自动报警系统、自动灭火系统、消火栓系统、防烟排烟系统以及应急广播和应急照明、安全疏散设施等。灭火救援设施包括：灭火器材、消防电梯、消防车道及救援场地等。消防产品是指专门用于火灾预防、灭火救援和火灾防护、避难、逃生的产品。

小区内的灭火救援设施和消防设施，必须符合《消防法》《建筑设计防火规范》的要求，达到法定标准。由建设单位配备，物业服务企业负责管理。

④ 小区内的消防车道应符合哪些规定？

答：依据《建筑设计防火规范》规定，小区内的消防车道坡度不宜大于百分之八，净宽度和净空高度均不应小于四米，转弯半径应满足消防车转弯的要求，消防车道与建筑之间不应设置妨碍消防车操作的树木、架空管线等障碍物，消防车道靠建筑外墙一侧的边缘距离建筑外墙不宜小于五米等。消防车道的路面、救援操作场地、消防车道和救援操作场地下面的管道和暗沟等，应能承受重型消防车的压力。环形消防车道至少应有两处与其他车道连通，尽头式消防车道应设置回车道或回车场，回车场的面积最小不小于 12 米×12 米等。

5　物业服务企业有哪些消防安全职责?

答：依据《消防法》第十六条、第二十九条规定，负责公共消防设施维护管理的单位，应当保持消防供水、消防通信、消防车通道等公共消防设施的完好有效。在修建道路以及停电、停水、截断通信线路时有可能影响消防队灭火救援的，有关单位必须事先通知当地消防救援机构。同时，应当履行下列消防安全职责：

（1）落实消防安全责任制，制定本单位的消防安全制度、消防安全操作规程，制定灭火和应急疏散预案。

（2）按照国家标准、行业标准配置消防设施、器材，设置消防安全标志，并定期组织检验、维修，确保完好有效。

（3）对建筑消防设施每年至少进行一次全面检测，确保完好有效，检测记录应当完整准确，存档备查。

（4）保障疏散通道、安全出口、消防车通道畅通，保证防火防烟分区、防火间距符合消防技术标准。

（5）组织防火检查，及时消除火灾隐患。

（6）组织进行有针对性的消防演练。

（7）法律、法规规定的其他消防安全职责。

6　业主家中失火，物业服务企业有火灾扑救职责吗? 造成的损失，物业服务企要承担责任吗?

答：《消防法》第三十六条规定，县级或乡镇消防队承担辖区内的火灾扑救工作。物业服务企业依据物业管理法律法规的规定和物业服务合同的约定，对小区公共区域的基础设施和安全秩序负责。如果只是因为业主个人原因导致失火的，物业服务企业并没有责任，但发生火灾时，物业服务企业要协助做好扑救工作。业主家中发生火灾，如果因物业服务企业没及时报警，没有采取断电、断气等保护措施，以及疏于对消防设施的管理、对消防通道的疏通延误了灭火的最佳时机，那么，物业服务企业应承担相应的责任。对于赔偿多少，则根据物业服务企业过错责任的大小进行确定。

《物业管理条例》第三十五条规定，物业服务企业未能履行物业服务合同的约定，导致业主人身、财产安全受到损害的，应当依法承担相应的法律责任。物业服务企业若不履行或者不完全履行物业服务合同约定的或者法律、法规规定以及相关行业规范确定的维修、养护、管理和维护义务，业主可向人民法院起诉要求物业服务企业承担继续履行、采取补救措施或者赔偿损失等违约责任。

⑦ 小区发生火灾，哪些情况下物业服务企业要承担责任？哪些情况下物业服务企业可以免责？

答：物业服务企业未尽到安全管理职责的情况下，对小区内发生的火灾要承担责任。例如：①消防管道无法供水；②疏于对公共区域的安全维护；③消防通道堵塞；④其他消防设施故障，如预警灯故障、消防栓出水慢、消防栓有水但无卡扣等；⑤未及时发现险情或未配合灭火；⑥无消防设施。

物业服务企业有相应的消防安全管理制度、消防安全培训记录、消防安全记录表、灭火疏散预案、培训证书等证据证明其已经履行了物业服务合同约定的消防管理义务，并在火灾事故发生前，已就防火等事项在小区张贴提示，火灾事故发生后，及时拨打火警电话，并组织、配合灭火、施救，可以免责。

⑧ 供水、供电、供气部门应如何配合物业服务企业做好小区消防工作？

答：小区承担消防工作的主体是物业服务企业。例如《武汉市物业管理条例》第五十七条规定，物业服务企业应当定期对共用部位开展防火巡查、检查，消除火灾隐患，保障疏散通道、安全出口、消防车通道畅通；定期维护管理共用消防设施、器材以及消防安全标志，确保完好有效。

对尚未组建业主委员会、未选聘物业服务企业的住宅小区，居（村）民委员会应当组织业主、物业使用人做好消防安全工作。供水经营单位应当保障物业的消防用水，配合相关专业机构对消防设施进行维修、保养和检测。供电、供气经营单位应当指导物业服务企业做好应对火灾的电力、燃气处置工作。

9 **业主家中物品被盗，物业服务企业要承担责任吗？**

答：依据《物业管理条例》第二十条、第三十五条规定，小区内的社会治安与安全防范工作由业主、业主大会、业主委员会与物业服务企业共同承担，物业服务企业应当按照物业服务合同的约定，提供相应的服务。未能履行物业服务合同的约定，导致业主人身、财产安全受到损害的，应当依法承担相应的法律责任。也就是说，物业服务企业应当履行的维护小区公共秩序的职责不同于公安机关的治安管理职责，物业服务中的保安服务只能起到群防群治的社会综合治理作用，是一种社会治安防范服务，而不是治安保障服务，不承担对业主的人身和私有财产保镖、保管和保险的职责。在正当履职的情况下，物业服务企业对业主家中被盗窃等犯罪行为所造成的财产损失，并无法定赔偿义务。

10 **一楼业主要安装防盗窗，物业服务企业不允许，结果业主家中被盗，物业服务企业是否要承担责任？**

答：物业服务企业应遵守物业管理法律法规的规定和物业服务合同的约定，不得为了便于管理禁止业主安装合理的安全防卫设备设施，物业服务企业禁止业主装防盗窗，留下安全隐患，存在一定的过错，未尽保护义务应承担违约责任。同时，还要看物业服务企业有没有采取得力的安全防卫措施，有没有按照物业服务合同的约定尽到一般的谨慎合理义务，如对进出小区的人员和车辆进行询问和登记、保安日常巡视记录。如果没有，应对业主家中财物被盗的损失，承担相应的赔偿责任。

业主家中财物被盗，属于治安处罚或刑事案件，应先报警，由公安机关追究犯罪分子的法律责任。民事赔偿案件根据"谁主张，谁举证"原则，业主要证明其被盗财物具体数量及价值较为困难，因为这些财产一般不为外人所知。因此，这类案件即使让物业服务企业承担赔偿责任，由于业主无法确切证明其丢失的财物价值，所以获得的赔偿也很少。

⑪ 业主车辆被盗，小区监控设备毁坏，无法识别犯罪嫌疑人，物业服务企业是否应当承担赔偿责任？

答：依据《物业管理条例》第四十五条、第四十六条第一款规定，物业服务企业应当协助做好物业服务区域内的安全防范工作。对物业区域内违反有关治安的行为，物业服务企业应当制止，并及时向有关行政管理部门报告。《民法典》第一千一百九十八条规定，负有安全保障职责的经营者、管理人或组织者，未尽到安全保障义务，造成他人损害的，应当承担侵权责任。因第三人的行为造成他人损害的，由实施侵权行为的第三人承担赔偿责任；经营者、管理人或者组织者未尽到安全保障义务的，承担相应的补充责任。安全保障义务人有过错的，应当在其能够防止或者制止损害的范围内承担相应的补充赔偿责任。安全保障义务人承担责任后，可以向第三人追偿。赔偿权利人起诉安全保障义务人的，应当将第三人作为共同被告，但第三人不能确定的除外。

物业服务企业应当加强安全防范措施，以有效地防止违法犯罪行为的发生。物业服务企业若不履行或者不完全履行物业服务合同约定的或者法律、法规规定以及相关行业规范确定的维修、养护、管理和维护义务，业主可向人民法院起诉要求物业服务企业承担继续履行、采取补救措施或者赔偿损失等违约责任。

因此，小区监控设备毁坏，物业服务企业应当及时维修、更换，未及时维护导致无法识别犯罪嫌疑人的，存在过错，应当在其能够防止或者制止损害的范围内承担相应的补充赔偿责任。

12 小区保安让社会闲杂人员随意进入小区，发生人身伤害，物业服务企业是否承担赔偿责任？

答：《物业管理条例》第四十五条、第四十六条规定，物业服务企业应当协助做好物业服务区域内的安全防范工作。对物业服务区域内违反有关治安的行为，物业服务企业应当制止，并及时向有关行政管理部门报告，协助做好救助工作。有关行政管理部门在接到物业服务企业的报告后，应当依法对违法行为予以制止或者依法处理。物业服务企业雇请保安人员，应当遵守国家有关规定。保安人员在维护物业服务区域内的公共秩序时，应当履行职责，不得侵害公民的合法权益。

法律上要求物业服务企业承担物业服务区域内的安全防范工作，但并不是只要物业服务区域内出现人身等安全事故，物业服务企业就必须承担法律责任。物业服务企业是否要承担赔偿责任，不能一概而论，要结合事件发生与物业服务是否存在过错等情况具体分析。如果物业服务企业没有按照物业服务合同要求履行登记、巡视察看义务的，物业服务企业履行合同有瑕疵，应承担相应的法律责任，否则物业服务企业不需要承担责任。

13 保安夜间巡逻，听闻小区住宅内有响动，怀疑房屋内有盗贼，可以进入住宅吗？

答：西方法谚有云，公民住宅"风能进，雨能进，国王不能进"。在这一点上中西方保持了高度一致，《宪法》第三十九条明确规定，中华人民共和国公民的住宅不受侵犯。禁止非法搜查或者非法侵入公民的住宅。依据《治安管理处罚法》第四十条和《刑法》第二百四十五条的规定，私自侵犯住宅轻则会被治安拘留，重则构成非法侵入住宅罪。由此可见，未经允许，保安不能随意进入业主住宅。

物业服务企业对小区的服务与管理主要依据物业服务合同的约定，维护正常的秩序，做好基本的安全防范。遇紧急情况，如防火、防爆等，应按登记的电话号码联系业主并立即通知公安或消防部门，如无法联系业主时，可邀请公安或消防人员前来处理，并进行必要的协助。

14 业主在住宅内被杀身亡，执勤保安已做访客登记，物业服务企业需要承担责任吗？

答： 业主被杀害，属于严重刑事案件，依据《刑法》第二百三十二条规定，应由公安机关处理，已经超出了物业服务企业的保安职责范围。物业管理和服务中的保安责任带有群防群治的性质，对业主的人身和财产不负有直接的保护责任，物业服务企业对于业主的人身和财产安全的保护义务主要来源于合同的约定或者法律、法规的直接规定。其中合同的约定也须符合法律、法规的规定，不能超越职权，不能将属于国家行政、司法机关的职能作为保安的职能。

因此，对于小区内出现的业主人身损害，物业服务企业已经进行了访客登记等，尽到了必要的管理职责，不需要承担损害赔偿责任。但因保安工作的疏忽造成业主财产和人身损害的，应按物业服务合同的约定承担违约责任。

15 业主在小区内遭殴打，在场保安未制止，物业服务企业要承担责任吗？

答：《物业管理条例》第四十五条、第四十六条第一款规定，物业服务企业应当协助做好物业服务区域内的安全防范工作。第三十五条规定，物业服务企业应当按照物业服务合同的约定，提供相应的服务。物业服务企业未能履行物业服务合同的约定，导致业主人身、财产安全受到损害的，应当依法承担相应的法律责任。

业主在小区内遭殴打，在场保安未进行制止，违法了相应的安全保障义务，依据《民法典》第一千一百九十八条规定，物业服务企业未尽合理限度范围内的安全保障义务致使他人遭受人身损害，业主作为赔偿权利人请求其承担相应赔偿责任，人民法院应予支持，但物业服务企业承担的责任仅在其能够防止或者制止损害的范围内相应的补充责任为限。

16 小区保安人员在履行职务过程中，伤害业主或访客，物业服务企业是否承担责任？

答：小区保安人员负责物业服务区域的安全保障工作。《物业管理条例》第四十六条第二款规定，物业服务企业雇请保安人员的，应当遵守国家有关规定。保安人员在维护物业服务区域内的公共秩序时，应当履行职责，不得侵害公民的合法权益。《民法典》第一千一百九十一条规定，用人单位的工作人员因执行工作任务造成他人损害的，由用人单位承担侵权责任。用人单位承担侵权责任后，可以向有故意或者重大过失的工作人员追偿。劳务派遣期间，被派遣的工作人员因执行工作任务造成他人损害的，由接受劳务派遣的用工单位承担侵权责任；劳务派遣单位有过错的，承担相应的责任。

实践中，小区保安人员一般有两个来源，一是物业服务企业直接与保安公司签订合同，将小区内的安全保障工作委托给保安公司，由保安公司直接安排保安人员执勤，并负责对保安人员的管理、薪酬、社会保险。二是物业服务企业作为劳务派遣的用工单位接受外聘保安人员。根据上述规定，小区保安人员履行职务过程中伤害业主或访客的，第一种情况应由保安公司承担责任，第二种情况应由物业服务企业承担侵权责任，劳务派遣单位有过错的，承担相应的补充责任。

十一、住宅专项维修资金

1 什么是住宅专项维修资金？业主可以不交吗？

答：住宅专项维修资金俗称"房子的医疗金和养老金"，是专项用于房屋保修期满后物业共用部位、共用设施设备的维修和更新、改造的资金。目的是保障住房售后的维修管理，维护业主和物业使用人的共同利益。

依据《物业管理条例》第五十三条、《住宅专项维修资金管理办法》第十二条、第十三条规定，业主应当按照国家有关规定交纳专项维修资金，并在办理房屋入住手续前，将首期住宅专项维修资金存入住宅专项维修资金专户。未按本办法规定交存首期住宅专项维修资金的，开发建设单位或者公有住房售房单位不得将房屋交付购买人。

2 住宅专项维修资金缴存比例是多少？何时交纳？

答：依据《住宅专项维修资金管理办法》第七条、第八条规定，商品房和公有住房交纳专项维修资金的比例有所区别。

商品房的业主按照所拥有物业的建筑面积交存住宅专项维修资金，每平方米建筑面积交存首期住宅专项维修资金的数额为当地住宅建筑安装工程每平方米造价的百分之五至百分之八。直辖市、市、县人民政府建设（房地产）主管部门应当根据本地区情况，合理确定、公布每平方米建筑面积交存首期住宅专项维修资金的数额，并适时调整。

公有住房的业主，按照所拥有物业的建筑面积交存住宅专项维修资金，每平方米建筑面积交存首期住宅专项维修资金的数额为当地房改成本价的百分之二。售房单位按照多层住宅不低于售房款的百分之二十、高层住宅不低于售房款的百分之三十，从售房款中一次性提取住宅专项维修资金。

③ 住宅专项维修资金缴存主体是业主还是建设单位？

答：依据《住宅专项维修资金管理办法》第七条、第八条规定，商品房和公有住房交纳专项维修资金的主体有所不同。商品房专项维修资金交纳的主体是业主，若没有出售的在办理物业项目初始登记时交纳。出售公有住房的，交纳专项维修资金的主体有两个，出售单位和业主均要交纳。

④ 住宅专项维修资金除缴存外，还有哪些来源？

答：依据《物业管理条例》第五十四条、《住宅专项维修资金管理办法》第二十七条的规定，除缴存外，下列资金应当转入住宅专项维修资金滚存使用，即还有以下来源：

（1）住宅专项维修资金的存储利息。

（2）利用住宅专项维修资金购买国债的增值收益。

（3）利用住宅共用部位、共用设施设备进行经营的，业主所得收益，但业主大会另有决定的除外。

（4）住宅共用设施设备报废后回收的残值。

⑤ 住宅专项维修资金所有权属于谁？业主大会成立前由谁来管理？

答：依据《物业管理条例》第五十三条第二款，《住宅专项维修资金管理办法》第九条、第十条之规定，业主交存的住宅专项维修资金属于业主所有，从公有住房售房款中提取的住宅专项维修资金属于公有住房售房单位所有。

业主大会成立前，商品住宅业主、非住宅业主交存的住宅专项维修资金，由物业所在地直辖市、市、县人民政府建设（房地产）主管部门代管。代管部门应当委托所在地一家商业银行，作为本行政区域内住宅专项维修资金的专户管理银行，并在专户管理银行开立住宅专项维修资金专户。开立住宅专项维修资金专户，应当以物业区域为单位设账，按房屋户门号设分户账；未划定物业区域的，以幢为单位设账，按房屋户门号设分户账。

6 小区哪些部位的维修可以动用住宅专项维修资金？

答：《民法典》第二百八十一条、《物业管理条例》第五十三条规定，建筑物及其附属设施的维修资金，属于业主共有，可以用于电梯、屋顶、外墙、无障碍设施等共有部分的维修、更新和改造。专项用于物业保修期满后物业共用部位、共用设施设备的维修和更新、改造，不得挪作他用。

住宅专项维修资金专款专用，依据《最高人民法院关于审理建筑物区分所有权纠纷案件适用法律若干问题的解释》第三条、《住宅专项维修资金管理办法》第三条规定，以下部分的维修、更新、改造，可以动用维修资金：①除城镇公共道路和绿地外的建筑区划内的道路和绿地；②建筑物的基础、承重墙体、外墙、柱、梁、楼板、屋顶等基本结构部分；③走廊通道、楼梯间、电梯、大堂等公共通行部分；④消防、水箱、公共照明等附属设施设备、避难层、设备层或者设备间等结构部分；⑤非经营性停车场（车库）、公益性文体设施和共用设施设备使用的房屋等；⑥其他不属于业主专有部分，又不属于市政公用部分或者其他权利人所有的场所及设施等。

7 怎样申请使用住宅专项维修资金，需要提交什么材料？

答：依据《住宅专项维修资金管理办法》第二十三条等规定，申请使用专项维修资金，一般按照以下程序办理：①拟订维修、更新、改造的使用方案（以下简称"使用方案"）。维修方案应包括拟维修、更新、改造的项目、费用预算、分摊范围和标准、施工单位选定方式等内容。②业主委员会将维修方案提交业主大会或者相关业主表决。按法定程序表决通过或取得业主签字同意后，到相关管理机构备案，办理拨款手续。③维修工程竣工验收合格后，须持该项目有关竣工验收合格文件、合法票据和结算资料等，到相关管理机构备案，再办理剩余款项的划拨手续。

申请使用住宅专项维修资金时需要提供以下材料：①物业专项维修金使用申请表；②物业服务企业向业主委员会提交的物业维修申请报告；③建设单位《住宅质量保证书》、工程预算书；④物业专项维修资金拟分摊明细表；⑤业主大会审议通过的书面决议或业主意见调查汇总表。

8 没有成立业主大会的小区，如何使用住宅专项维修资金？

答：《住宅专项维修资金管理办法》第二十二条规定，住宅专项维修资金划转业主大会管理前，需要使用住宅专项维修资金的，按照以下程序办理：

（1）物业服务企业根据维修和更新、改造项目提出使用建议；没有物业服务企业的，由相关业主提出使用建议。

（2）住宅专项维修资金列支范围内专有部分占建筑物总面积三分之二以上的业主且占总人数三分之二以上的业主讨论通过使用建议。

（3）物业服务企业或者相关业主组织实施使用方案。

（4）物业服务企业或者相关业主持有关材料，向所在地直辖市、市、县人民政府建设（房地产）主管部门申请列支；其中，动用公有住房住宅专项维修资金的，向负责管理公有住房住宅专项维修资金的部门申请列支。

（5）直辖市、市、县人民政府建设（房地产）主管部门或者负责管理公有住房住宅专项维修资金的部门审核同意后，向专户管理银行发出划转住宅专项维修资金的通知。

（6）专户管理银行将所需住宅专项维修资金划转至维修单位。

9 业主大会成立后，如何使用住宅专项维修资金？

答：《住宅专项维修资金管理办法》第二十三条规定，住宅专项维修资金划转业主大会管理后，需要使用住宅专项维修资金的，按照以下程序办理：

（1）物业服务企业提出使用方案，使用方案应当包括拟维修和更新、改造的项目、费用预算、列支范围、发生危及房屋安全等紧急情况以及其他需临时使用住宅专项维修资金的情况的处置办法等。

（2）业主大会依法通过使用方案。

（3）物业服务企业组织实施使用方案。

（4）物业服务企业持有关材料向业主委员会提出列支住宅专项维修资金；其中，动用公有住房住宅专项维修资金的，向负责管理公有住房住宅专项维修资金的部门申请列支。

（5）业主委员会依据使用方案审核同意，并报直辖市、市、县人民政府建设（房地产）主管部门备案；动用公有住房住宅专项维修资金的，经负责管理公有住房住宅专项维修资金的部门审核同意；直辖市、市、县人民政府建设（房地产）主管部门或者负责管理公有住房住宅专项维修资金的部门发现不符合有关法律、法规、规章和使用方案的，应当责令改正。

（6）业主委员会、负责管理公有住房住宅专项维修资金的部门向专户管理银行发出划转住宅专项维修资金的通知。

（7）专户管理银行将所需住宅专项维修资金划转至维修单位。

10 哪些情况不能动用住宅专项维修资金，属于物业服务企业履行日常维修、保养义务的范围？

答：依据《物业服务收费管理办法》第十一条第三款规定，以下情况属于物业服务企业的日常维修、保养范围：

（1）物业共用部位、共用设施设备的日常运行、维护费用。

（2）物业区域内清洁卫生、绿化养护、秩序维护费用。

（3）物业共用部位、共用设施设备及公众责任保险费用等。

11 哪些费用不得从住宅专项维修资金中列支？

答：依据《住宅专项维修资金管理办法》第二十五条规定，下列费用不得从住宅专项维修资金中列支：

（1）依法应当由建设单位或者施工单位承担的住宅共用部位、共用设施设备维修、更新和改造费用。

（2）依法应当由相关单位承担的供水、供电、供气、供热、通讯、有线电视等管线和设施设备的维修、养护费用。

（3）应当由当事人承担的因人为损坏住宅共用部位、共用设施设备所需的修复费用。

（4）根据物业服务合同约定，应当由物业服务企业承担的住宅共用部位、共用设施设备的维修和养护费用。

12 小区内的供水、供电、供气、有线电视、网络等专营设施设备的维修、改造、更新是否可以动用住宅专项维修资金？

答：水、电、网、气等专营设施设备是否属于共用设施设备，《民法典》物权编和《物业管理条例》均没有规定。依据《湖北省物业服务和管理条例》第六十五条规定，住宅物业区域内供水、供电、供气、供热、通信、有线电视、宽带数据传输等专业经营单位，应当负责分户终端计量装置或者入户端口以外设施设备的维修、养护、更新，并承担相关费用。已经移交给专业经营单位维护管理的设施设备，其维修、养护、更新等费用，不得从物业服务费中列支。

13 物业服务企业未及时利用住宅专项维修资金对住宅共用部分、共用设施设备进行维修，给业主造成损失的，是否应当承担责任？

答：共用部分和共用设施设备的管理、维修、养护由物业服务企业承担。依据《住宅专项维修资金管理办法》第二十三条规定，需要使用住宅专项维修资金的，由物业服务企业提出使用方案，物业服务企业不履行或者不完全履行物业服务合同约定的或者法律、法规规定以及相关行业规范确定的维修、养护、管理和维护义务，业主请求物业服务企业承担继续履行、采取补救措施或者赔偿损失等违约责任的，人民法院应予支持。

14 哪些情况下可以启动应急程序，直接申请使用住宅专项维修资金？启动应急程序需要经过业主"双三分之二"参会和"双过半"同意吗？

答：《民法典》第二百八十一条第二款规定，紧急情况下需要维修建筑物及其附属设施的，业主大会或者业主委员会可以依法申请使用建筑物及其附属设施的维修资金。

依据《湖北省物业服务和管理条例》第六十四条规定，物业保修期满后，发生下列危及房屋安全和人身财产安全等紧急情况时，物业服务企业、业主委员会、居（村）民委员会应当先行采取应急措施，可以不经过"由专有部分面积占比三分之二以上的业主且人数占比三分之二以上的业主参与表决，并且经参与表决专有部分面积过半数的业主且参与表决人数过半数的业主表决同意"，直接向房产行政主管部门提出使用住宅专项维修资金的申请。应急程序启动的情形有：①电梯故障危及人身安全，经电梯检验机构出具检验意见的；②消防设施故障，经消防救援机构出具整改通知书的；③楼体外立面存在脱落危险或屋顶、屋面、外墙渗漏，公共护栏（围）破损，严重影响房屋使用和安全，经住房城乡建设行政主管部门组织街道办事处或者乡镇人民政府会同业主委员会或者物业服务企业、相关业主共同确认的；④共用排水设施因坍塌、堵塞、爆裂等造成功能障碍的，严重影响业主生活，经住房城乡建设行政主管部门组织街道办事处或者乡镇人民政府会同业主委员会或者物业服务企业、相关业主共同确认的。

房产行政主管部门收到维修申请后，应当即时核准并拨付住宅专项维修资金。应急维修工程竣工验收后，组织维修的单位应当将使用维修资金总额及业主分摊情况在住宅小区内的显著位置公示。

15 业主房屋转让后，可以取回自己缴纳的住宅专项维修资金吗？

答：房屋转让后，只是所有权发生转移，但房屋仍需要维护维修，而且，随着使用年限的增加，维修成本还会增多。依据《住宅专项维修资金管理办法》第二十八条规定，房屋所有权转让时，业主应当向受让人说明住宅专项维修资金交存和结余情况并出具有效证明，该房屋分户账中结余的住宅专项维修资金随房屋所有权同时过户。受让人应当持住宅专项维修资金过户的协议、房屋权属证书、身份证等到专户管理银行办理分户账更名手续。

16 因拆迁或不可抗力等因素导致房屋灭失，可以要求取回缴纳的住宅专项维修资金吗？

答：因拆迁或不可抗力等因素导致房屋灭失的，依据《住宅专项维修资金管理办法》第二十九条规定，按照以下方式返还住宅专项维修资金：

（1）房屋分户账中结余的住宅专项维修资金返还业主。

（2）售房单位交存的住宅专项维修资金账面余额返还售房单位；售房单位不存在的，按照售房单位财务隶属关系，收缴同级国库。

17 住宅专项维修资金可以购买国债吗？所得收益应如何使用？

答：住宅专项维修资金属于全体业主共有，专款专用，非经法定程序任何人不得动用。

为了让专项维修资金保值、增值，依据《住宅专项维修资金管理办法》第二十六条规定，在保证住宅专项维修资金正常使用的前提下，可以按照国家有关规定将住宅专项维修资金用于购买国债。利用住宅专项维修资金购买国债，应当在银行间债券市场或者商业银行柜台市场购买一级市场新发行的国债，并持有到期。

利用业主交存的住宅专项维修资金购买国债的，应当经业主大会同意；未成立业主大会的，应当经专有部分占建筑物总面积三分之二以上的业主且占总人数三分之二以上业主同意。利用从公有住房售房款中提取的住宅专项维修资金购买国债的，应当根据售房单位的财政隶属关系，报经同级财政部门同意。

利用住宅专项维修资金购买国债的增值收益，根据《住宅专项维修资金管理办法》第二十七条规定，应当转入住宅专项维修资金滚存使用。

18 **业主委员会应如何监督住宅专项维修资金的使用？**

答：业主委员会对住宅专项维修资金使用从以下方面进行监督：

（1）会同物业服务企业，邀请物业行政主管部门工作人员，到需要更新、改造、维修的现场勘查，核实、确认是否属共用部位或公用设施设备范围，确定施工方案。

（2）审议物业维修申请报告，项目实施的组织者编制工程预算，按建筑面积形成拟分摊到各户维修费用的明细。

（3）会同物业行政主管部门，对拨付的维修资金使用、工程进展情况进行监督管理。工程竣工后，聘请有资质的审计机构对工程决算进行审计。

19 **住宅专项维修资金用完了怎么办？何时续交？**

答：《住宅专项维修资金管理办法》第十七条规定，业主分户账面住宅专项维修资金余额不足首期交存额百分之三十的，应当及时续交。成立业主大会的，续交方案由业主大会决定。未成立业主大会的，续交的具体管理办法由直辖市、市、县人民政府建设（房地产）主管部门会同同级财政部门制定。

20 **业主大会成立后，应如何将住宅专项维修资金划转？**

答：依据《住宅专项维修资金管理办法》第十五条规定，业主大会成立后，应当按照下列规定划转业主交存的住宅专项维修资金：

（1）业主大会应当委托所在地一家商业银行作为本物业区域内住宅专项维修资金的专户管理银行，并在专户管理银行开立住宅专项维修资金专户。开立住宅专项维修资金专户，应当以物业区域为单位设账，按房屋户门号设分户账。

（2）业主委员会应当通知所在地直辖市、市、县人民政府建设（房地产）主管部门；涉及已售公有住房的，应当通知负责管理公有住房住宅专项维修资金的部门。

（3）直辖市、市、县人民政府建设（房地产）主管部门或者负责管理公有住房住宅专项维修资金的部门应当在收到通知之日起三十日内，通知专户管理银行将该物业区域内业主交存的住宅专项维修资金账面余额划转至业主大会开立的住宅专项维修资金账户，并将有关账目等移交业主委员会。

21 挪用住宅专项维修资金要承担什么样的法律责任？

答： 住宅专项维修资金依法属于全体业主所有，挪用住宅专项维修资金的法律责任有行政责任和刑事责任两种。对于挪用住宅专项维修资金的行为，依据《物业管理条例》第六十条规定，由县级以上地方人民政府房地产行政主管部门追回挪用的住宅专项维修资金，给予警告，没收违法所得，可以并处挪用数额二倍以下的罚款；构成犯罪的，依法追究直接负责的主管人员和其他直接责任人员的刑事责任。

相邻关系篇

十二、物业的使用与维护

① 业主使用物业应当遵循哪些原则？

答： 根据物业法律法规的规定以及实际情况，业主使用物业应当遵循以下几项原则：

（1）守约与守法原则。业主在使用物业时，首先应当遵守物业服务合同的约定，物业服务合同没有约定或约定不明确的，应当遵守法律、法规和规章的规定。业主不得从事物业服务合同、法律、法规和规章禁止的行为。

（2）不损害公共利益和他人利益的原则。虽然业主对物业的专有部分享有占有、使用、收益和处分的权利，但业主在行使自己对专有部分的权利时，不得妨碍其他业主正常使用物业，不得损害公共利益和他人利益，在供电、供水、供热、供气、排水、通行、通风、采光、装饰装修、环境卫生、环境保护等方面应当妥善处理与相邻业主的关系。如有妨碍，其他业主可以要求排除妨碍；受到损失的，可以要求有妨碍行为的业主承担赔偿责任。

（3）按设计用途使用物业的原则。业主应当按照设计用途使用物业，不得擅自改变物业专有部分、物业共用部位和共用设施设备的用途。因特殊情况需要改变物业设计用途的，业主应当在征得相邻业主书面同意后，报有关行政主管部门批准，并告知物业服务企业。

2 业主是否有权改变自家房屋的使用用途？

答：在住宅小区，房屋的主要功能是用来居住。为保证住宅小区内有一个良好的居住环境，维护小区内业主的共同利益，一般情况下管理规约和物业服务企业制定的有关物业管理制度对小区的居住环境都有较明确的规定，其目的是维护全体业主的合法利益。《湖北省物业服务和管理条例》第五十一条第一款、第五十二条规定，业主对物业专有部分享有占有、使用、收益和处分的权利，但是，不得危及建筑物的安全，不得损害其他业主的合法权益。业主将住宅改变为经营性用房的，除遵守法律、法规和业主公约或者管理规约外，影响相邻人合法权益的，应当经有利害关系的业主同意，并依法办理有关手续，同时告知业主委员会和物业服务企业。

3 业主是否有权改变房屋结构？

答：业主在购买房屋后或房屋年久失修时，往往会对房屋进行装饰装修或修缮，以给自己创造一个良好安全的生活环境。在装修或修缮过程中，业主出于自身利益的考虑对房间的结构进行重新调整，尤其是对部分房屋的承重结构进行改变，可能会触犯法律法规。《湖北省物业服务和管理条例》第五十七条第一款明确规定，不得损坏或者擅自改变房屋承重结构、主体结构和门窗位置，超荷载存放物品；不得将没有防水功能的房间或者阳台改为卫生间、厨房，或者将卫生间改在下层住户的客厅、厨房、卧室、书房的上方。因此，业主在装修和修缮过程中，应当严格遵守小区管理规约和物业服务企业关于房屋修缮、装饰装修中的禁止行为和注意事项。在行使自己权利的同时，不仅要考虑到小区的公共秩序和相邻关系，还要尊重其他业主的合法利益，以免发生不必要的麻烦和损失。

4 业主是否有权使用自家房屋的外墙？

答：建筑物的外墙体，是属于物业的共用部位。对于物业的共用部位，任何人不得独占使用。《物业管理条例》第四十九条第二款、第五十四条规定，业主依法确需改变公共建筑和共用设施用途的，应当在依法办理有关手续后告知物业服务企业；利用物业共用部位、共用设施设备进行经营的，应当在征得相关业主、业主大会、物业服务企业的同意后，按照规定办理有关手续。业主所得收益应当主要用于补充住宅专项维修资金，也可以按照业主大会的决定使用。

⑤ 业主是否有权封闭自家阳台，物业服务企业有权制止吗？

答：阳台属于业主建筑物区分所有权中专有权的一部分，业主对其专有部分的所有权可以自由行使，不受他人干涉。《民法典》第二百七十二条规定，业主对其建筑物专有部分享有占有、使用、收益和处分的权利。业主行使权利不得危及建筑物的安全，不得损害其他业主的合法权益。业主只要未违反法律法规的相关规定，未侵害其他业主的合法权益和小区的公共利益，就有权对自己所有的房屋进行装修、改造，如封闭自家阳台。

当然，业主大会为了小区业主的共同利益，可以通过制定管理规约，在一定程度上限制业主专有权的行使范围。如果小区管理规约中有"不允许封闭阳台"的约定，部分业主擅自封闭的行为，则侵害了全体业主的共同利益。物业服务企业依据法律法规、小区管理规约规定和物业服务合同的约定，有权对这种行为进行制止。

⑥ 业主在其独用的平台上搭建玻璃房，物业服务企业承担责任吗？

答：业主在自己享有所有权的房产或设施上进行装修装饰应该遵守物业管理法律法规的规定和小区管理规约的约定。未经相关业主、业主大会或物业服务企业的同意，擅自在平台上搭建违章建筑，影响了小区整体环境面貌，侵害小区的公共利益。依据《住宅室内装饰装修管理办法》第三十九条，未经城市规划行政主管部门批准，在住宅室内装饰装修活动中搭建建筑物、构筑物的，或者擅自改变住宅外立面、在非承重外墙上开门、窗的，由城市规划行政主管部门按照《城乡规划法》及相关法规的规定处罚。

《物业管理条例》第四十五条规定，对物业服务区域内违反有关治安、环保、物业装饰装修和使用等方面法律、法规规定的行为，物业服务企业应当制止，并及时向有关行政管理部门报告。有关行政管理部门在接到物业服务企业的报告后，应当依法对违法行为予以制止或者依法处理。《住宅室内装饰装修管理办法》第四十二条规定，物业服务企业发现装修人或者装饰装修企业有违反本办法规定的行为不及时向有关部门报告的，由房地产行政主管部门给予警告，可处装饰装修管理服务协议约定的装饰装修管理服务费二至三倍的罚款。

⑦ 业主违章修建户外设施，物业服务企业或业主委员会可以强制拆除吗？

答：物业服务企业对业主的装饰装修行为负有管理和监督责任。《物业管理条例》第四十五条规定，对物业服务区域内违反有关治安、环保、物业装饰装修和使用等方面法律、法规规定的行为，物业服务企业应当制止，并及时向有关行政管理部门报告。有关行政管理部门在接到物业服务企业的报告后，应当依法对违法行为予以制止或者依法处理。不仅法规对物业服务企业的监督责任做出了规定，业主委员会在与物业服务企业签订的物业服务合同中一般也会对物业服务企业的监督责任做出约定。

由此可知，物业服务企业发现业主违章搭建、改建行为时，仅能劝阻、制止，报告有权处理的行政管理部门。有关行政管理部门在接到物业服务企业的报告后，应当依法对违法行为予以制止或者依法处理，如责令改正、限期拆除、恢复原状、向人民政府申请强制拆除、罚款。对于业主违反法律法规禁止性规定的违章搭建、改建行为的处罚权，属于行政管理部门的主管范围和执法范畴。处罚权因涉及公民的财产权益，是一种行政权力，一般的民事主体不得随意使用，否则构成侵权。因此，物业服务企业无权进行拆除。

业主委员会可以督促业主遵守小区管理规约、业主装修守则，但该约定不得违反相关法律法规或规章的强制性规定，更不能将有关行政机关的行政执法权变相约定为业主委员会所享有的管理权。

8 物业服务企业有权阻止业主安装可能影响房屋主体结构的室内设备吗？

答：业主作为自己财产的所有者，有权处分自己的财产，当然包括在室内安装各种生活所需的家具、设备，但业主处分自己财产的权利也是有边界的，那就是不能侵害其他业主的公共权益。例如，有的小区管理规约约定，不得在室内超负荷砌墙或者吊顶、安装大型灯具及吊扇、不得刨凿顶棚等。

《住宅室内装饰装修管理办法》第七条规定，住宅室内装饰装修超过设计标准或者规范增加楼面荷载的，应当经原设计单位或者具有相应资质等级的设计单位提出设计方案。如果业主确需安装大型的家具或设备，可以聘请相关的专业技术专家进行鉴定分析，确保在相关行业标准规定的范围内，并根据《物业管理条例》第五十二条规定事先告知物业服务企业，遵守房屋装饰装修中的注意事项，不得有违反法律法规以及小区管理规约规定的禁止行为。反之，物业服务企业基于物业管理权，有权进行阻止。

9 业主不在指定的位置安装空调外机，物业服务企业负有责任吗？

答：《民法典》第二百八十八条规定，不动产的相邻权利人应当按照有利生产、方便生活、团结互助、公平合理的原则，正确处理相邻关系。《国家标准房间空气调节器安装规范》规定，建筑物内部的过道、楼梯、出口等公用地方不应安装空调器的室外机。空调器室内机组的安装应充分考虑室内空调位置和布局，使气流组织合理、通畅。空调器室外机组的安装应考虑环保、市容的有关要求，城市主要街道两侧建筑物上安装空调器，应遵守城市市容的有关规定。

《物业管理条例》第四十五条规定，对物业服务区域内违反有关治安、环保、物业装饰装修和使用等方面法律、法规规定的行为，物业服务企业应当制止，并及时向有关行政管理部门报告。有关行政管理部门在接到物业服务企业的报告后，应当依法对违法行为予以制止或者依法处理。

10 如何划分物业服务企业与业主的维修范围与维修责任？

答：对物业进行维修、维护是业主与物业服务企业的共同责任。实践中，物业服务企业与业主的维修范围与维修责任，一般通过协商并在物业服务合同中进行约定。

一般情况下，物业服务企业对下列内容负有养护与维修的责任：物业服务区域内的共用部位和共用设备，包括房屋的外墙面、楼梯间、通道、屋面、上下水管道、公用水箱、加压水泵、电梯、机电设备、共用天线和消防设施等房屋主体共用设施；物业服务区域内的公共建筑和共用设施、道路、绿地等。如果系人为造成共用部位和共用设施损坏的，由行为人负责修复；造成损失的，应当由行为人赔偿损失。物业服务企业对物业服务区域内的共用部位和共用设施没有所有权，因此《物业管理条例》第四十一条规定了业主应当根据物业服务合同的约定交纳物业服务费用。同时，第五十三条规定，住宅物业、住宅小区内的非住宅物业或者单幢住宅楼结构相连的非住宅物业的业主，应当按照国家有关规定交纳专项维修资金。专项维修资金属于业主所有，专项用于物业保修期满后物业共用部位、共用设施设备的维修和更新、改造，不得挪作他用。

业主作为物业的所有权人，应对其所有的物业承担维修养护责任。一般情况下，房屋、居室的室内部分，即户门以内的部位和设备，包括水、电、气户表以内的管线和自用阳台，由业主负责维修。如果业主不履行维修责任，致使自己所有的房屋及附属设施危害相邻房屋安全及公共安全，造成损失的，业主应当承担赔偿责任。业主可以自行维修养护其自用部分和自用设备，也可以委托物业服务企业或其他专业维修人员进行维修。委托物业服务企业或其他专业维修人员进行维修的，费用由业主承担。

11 小区哪些部分属于业主共有部分？

答：共有部位和共用设施设备的产权应当归全体业主所有。依据《最高人民法院关于审理建筑物区分所有权纠纷案件适用法律若干问题的解释》第三条的规定，除法律、行政法规规定的共有部分外，建筑区划内的以下部分，也应当认定为《民法典》物权编第六章所称的共有部分：

（1）建筑物的基础、承重结构、外墙、屋顶等基本结构部分，通道、楼梯、大堂等公共通行部分，消防、公共照明等附属设施、设备，避难层、设备层或者设备间等结构部分。

（2）其他不属于业主专有部分，也不属于市政公用部分或者其他权利人所有的场所及设施等。

建筑区划内的土地，依法由业主共同享有建设用地使用权，但属于业主专有的整栋建筑物的规划占地或者城镇公共道路、绿地占地除外。

12 物业服务用房的所有权和使用权归谁所有？面积大小有无规定？

答：《民法典》第二百七十四条规定，建筑区划内的其他公共场所、公用设施和物业服务用房，属于业主共有。依据《物业管理条例》第三十条、第三十七条规定，建设单位应当按照规定在物业区域内配置必要的物业服务用房。物业服务用房的所有权依法属于业主。未经业主大会同意，物业服务企业不得改变物业服务用房的用途。

物业服务用房通常包括物业办公用房、物业清洁用房、物业储藏用房、业主委员会活动用房等，用于物业管理办公、工作人员值班以及存放工具材料，是必要的办公场所，目的是让物业服务企业更好地为业主提供服务。因此，物业服务用房属于物业区域的公共配套设施，一般由物业服务企业在合同期内使用，但其所有权属于全体业主所有。

关于物业服务用房的面积，各地规定不一。《湖北省物业服务和管理条例》第十二条第一款规定，新建住宅，建设单位配置的物业服务用房，其面积不低于总建筑面积的千分之二，且最少不低于一百平米。

13 屋顶平台既是顶楼业主的楼顶，又是整个楼栋的楼顶，如何确定屋顶平台的所有权？业主使用有何限制？

答：《民法典》第二百七十一条规定，业主对建筑物内的住宅、经营性用房等专有部分享有所有权，对专有部分以外的共有部分享有共有和共同管理的权利。依据《最高人民法院关于审理建筑物区分所有权纠纷案件适用法律若干问题的解释》第三条第一款、《湖北省物业服务和管理条例》第六十二条第二款的规定，建筑物的楼板、屋顶属于共有部分。因此，屋顶平台应为全体业主共同共有，并非顶楼业主所有。

既然是共同共有，那么业主在使用屋顶平台时应该注意：各共有人有对屋顶平台使用的权利，在使用时，应按其种类、性质、构造进行合理使用；屋顶平台的使用可分为一般的利用和特定利用。在一般的使用中，如散步或晾晒衣物等，各共有人无须依其专有部分的应用比例使用。在特定使用时，如将屋顶平台固定各业主使用时，应依各区分所有权人专有部分的应有部分比例来分配屋顶的使用面积；共有人对屋顶平台的特定部分的占用收益，必须征得其他共有人的同意，或经相关业主、业主大会、物业服务企业的同意，按照规定办理相关的手续。如未经同意占用收益，即属侵害其他共有人的权利，其他共有人可请求排除妨害。

14 如何确定小区内的道路、空地和公共场所的归属和使用？

答：物业区域内的公共空地、场所是指建筑物依法留设的空地，包括建筑物与其前后左右的道路或其他建筑物间的距离。公共空地、场所与建筑物本身有不可分离的关系，它不仅提供通行，还有采光、排水、卫生等方面的作用。依据《民法典》第二百七十四条规定，建筑区划内的道路、绿地、其他公共场所、公用设施和物业服务用房，除属于城镇公共道路、绿地或明示属于个人的除外，属于全体业主共同共有。

《物业管理条例》第五十条第一款规定，业主、物业服务企业不得擅自占用、挖掘物业区域内的道路、场地，损害业主的共同利益。对于未经批准，擅自占用、挖掘物业区域内道路、场地，损害业主共同利益的行为，依据《物业管理条例》第六十三条规定，由县级以上地方人民政府房地产行政主管部门责令限期改正，给予警告，并对违反规定的个人处一千元以上一万元以下的罚款，对违反规定的单位处五万元以上二十万元以下的罚款。

15 确实需要改变物业区域内公共建筑和共用设施用途的，应当办理哪些手续？

答：物业区域内公共建筑和共用设施是物业区域的重要组成部分，既要充分尊重业主对物业享有的所有权和物业服务企业的管理权，又要解决业主、物业服务企业的实际问题，不能一刀切。对此，《物业管理条例》第四十九条规定，物业区域内按照规划建设的公共建筑和共用设施，不得改变用途。业主依法确需改变公共建筑和共用设施用途的，应当在依法办理有关手续后告知物业服务企业；物业服务企业确需改变公共建筑和共用设施用途的，应当提请业主大会讨论决定同意后，由业主依法办理有关手续。

16 确实需要占用、挖掘物业区域内的道路、场地，应当如何处理？

答：非因公共利益或紧急事项，业主、物业服务企业不得擅自占用、挖掘物业区域内的道路、场地，损害业主的共同利益。依据《物业管理条例》第五十条规定，因维修物业或者公共利益，业主确需临时占用、挖掘道路、场地的，应当征得业主委员会和物业服务企业的同意；物业服务企业确需临时占用、挖掘道路、场地的，应当征得业主委员会的同意。业主、物业服务企业应当将临时占用、挖掘的道路、场地，在约定期限内恢复原状。

在临时占用、挖掘时，应尽可能地缩短占用时间，并尽量减少因占用、挖掘道路、场地给公共利益造成的不利影响。尽可能地保障全体业主的合法权益和小区的正常秩序。

17 小区内的水、电、网、气、暖等专营设施设备的产权归谁所有？

答：小区内的水、电、网、气、暖等专营设施设备的所有权问题，《民法典》物权编、《物业管理条例》、《最高人民法院关于审理建筑物区分所有权纠纷案件适用法律若干问题的解释》均没有明确其权属问题。从投资的角度来看，小区内的水、电、网、气、暖等专营设施设备由建设单位投资建设，但是最终会摊入房价并由业主承担，故应属于全体业主共同所有。

《湖北省物业服务和管理条例》第十五条、第十六条规定，新建住宅物业区域内的供水、供电、供气、供热等专业经营设施设备，应当符合国家技术标准和技术规范，并与主体工程同时设计、同时施工、同时交付。建设项目竣工验收合格后，建设单位应当将物业区域内供水、供电、供气、供热等专业经营设施设备移交给专业经营单位维护管理，专业经营单位应当接收。住宅物业区域内已投入使用的专业经营设施设备尚未移交专业经营单位维护管理的，由业主大会决定是否移交。决定移交的，房产行政主管部门应当组织有关专业经营单位按照国家技术标准和技术规范进行验收。验收合格的，专业经营单位应当接收。验收不合格的，由专业经营单位提出整改方案，经整改合格后移交。专业经营设施设备尚在质量保修期内的，其整改费用由建设单位承担。上述规定明确了这些专营设施设备由建设单位负责建设，并移交给专营单位维护管理，故其产权应属于全体业主。

当然，对于老旧小区改造过程中新增设专营设施设备的，不属于《住宅专项维修资金管理办法》规定的专项维修资金的使用范围，一般由政府拨款或要求专营单位出资修建，在这种情况下的产权归属，有待以后立法明确。

18 小区内的水、电、网、气、暖等设施设备验收合格后，维护、养护责任谁来承担？

答：依据《民法典》合同编规定，供水、供电、供气、供暖、通讯、有线电视等单位与业主、非业主使用人之间是一种供应合同关系，根据合同的相对性，维护、养护责任应由合同相对方承担。

同时，依据《物业管理条例》第五十一条、《湖北省物业服务和管理条例》第六十五条规定，住宅物业区域内供水、供电、供气、供热、通信、有线电视、宽带数据传输等专业经营单位，应当负责分户终端计量装置或者入户端口以外设施设备的维修、养护、更新，并承担相关费用。法律、法规另有规定的，从其规定。已经移交给专业经营单位维护管理的设施设备，其维修、养护、更新等费用，不得从物业服务费中列支。专业经营单位对专业经营设施设备进行维修、养护、更新时，业主应当配合。因维修、养护等需要，临时占用、挖掘道路、场地的，应当及时恢复原状。

19 不同楼盘之间公共水管改造费用，应由谁来承担？

答：异产毗邻房屋系指结构相连或具有共有、共用设备和附属建筑，而为不同所有人所有的房屋。对于楼盘之间的用水管道，发生自然损坏时，尚在保修期内的，依据《物业管理条例》第五十一条第一款、第五十五条规定，供水、供电、供气、供热、通信、有线电视等单位，应当依法承担物业区域内相关管线和设施设备维修、养护的责任。物业存在安全隐患，危及公共利益及他人合法权益时，责任人应当及时维修养护，有关业主应当给予配合。责任人不履行维修养护义务的，经业主大会同意，可以由物业服务企业维修养护，费用由责任人承担。超过保修期的，依据《物业管理条例》第五十三条第二款规定，可以使用住宅专项维修资金。当然，也可以由所有权人按份额比例分担修缮费用。

20 小区某栋楼顶楼漏水，维修费是顶楼业主承担还是本栋楼业主平均承担？

答：依据《民法典》物权编及相关规范性文件的规定，建筑物的楼顶属于住宅的共有部位，业主对共有部分享有共有和共同管理的权利。依据《物业管理条例》第五十五条规定，物业存在安全隐患，危及公共利益及他人合法权益时，责任人应当及时维修养护，有关业主应当给予配合。责任人不履行维修养护义务的，经业主大会同意，可以由物业服务企业维修养护，费用由责任人承担。

因此，楼栋顶楼漏水不仅仅是顶层住户的事情，顶楼业主可请求业主委员会或物业服务企业进行维修，也可先行进行维修，但维修费用最终由本栋楼全体业主承担。

21 业主家漏水导致电梯停运，物业服务企业应承担责任吗？

答：电梯属于建筑物的重要组成部分，司法实践中对建筑物致人损伤的侵权案件，采用"举证责任倒置"的证明标准。《民法典》第一千二百五十三条规定，建筑物、构筑物或者其他设施及其搁置物、悬挂物发生脱落、坠落造成他人损害，所有人、管理人或者使用人不能证明自己没有过错的，应当承担侵权责任。所有人、管理人或者使用人赔偿后，有其他责任人的，有权向其他责任人追偿。

业主在使用物业共用设备设施时，对于其存在异常或安全隐患的，应及时通知物业服务企业进行修理和维护，以保障共用设备设施的正常运行。对于遭受突发的物业共用设备设施故障侵害的业主，应及时保存相关证据。物业服务企业应对物业共用设备设施进行定期检测，发现问题及时修理维护，对于怠于管理致使共用设施发生事故致人损害的，应该承担赔偿责任，如果能提供证据证明自己已履行物业管理和服务义务的除外。

22 物业服务企业应当对维修过程中的不当行为承担责任吗？

答：依据《物业管理条例》第三十五条规定，物业服务企业应当按照物业服务合同的约定，提供相应的服务。物业服务企业未能履行物业服务合同的约定，导致业主人身、财产安全受到损害的，应当依法承担相应的法律责任。物业服务企业若不履行或者不完全履行物业服务合同约定的或者法律、法规规定以及相关行业规范确定的维修、养护、管理和维护义务，业主可向人民法院起诉要求物业服务企业承担继续履行、采取补救措施或者赔偿损失等违约责任。

因此，对物业服务企业未及时或不当提供维修，以及不适当履行管理职责，导致业主人身、财产安全受到损害的行为，应当依法承担相应的责任。

23 业主房屋使用不当，给相邻业主造成损失，物业服务企业对造成的损失承担责任吗？

答：物业服务企业依据法律法规的规定和管理规约的约定，对物业区域行使管理权。《物业管理条例》第三十五条规定，物业服务企业未能履行物业服务合同的约定，导致业主人身、财产安全受到损害的，应当依法承担相应的法律责任。《最高人民法院关于审理物业服务纠纷案件适用法律若干问题的解释》第一条规定，业主违反物业服务合同或者法律、法规、管理规约，实施妨害物业服务与管理的行为，物业服务企业请求业主承担恢复原状、停止侵害、排除妨害等相应民事责任的，人民法院应予支持。

因此，在公共部位、公共设施等造成业主损失的，物业服务企业作为直接侵权人承担责任。在因为其他业主或业主自己的行为造成的损失中，物业服务企业对损失不承担直接赔偿责任，但物业服务企业负有防止损失扩大的责任，如果因为物业服务企业的不作为或疏于监督管理而使损失扩大，对于扩大部分的损失应该由物业服务企业承担责任。

24 业主拟安装联通宽带，但物业服务企业以小区内的通信管路是电信独家经营为由，阻止安装非电信以外的其他宽带，业主有选择权吗？

答：物业服务企业按照物业服务合同的约定为业主提供物业服务，而电信运营商企业能否进小区为业主安装宽带已经超出了物业服务的范围，而且独家经营协议也是违法的。《电信条例》第四十一条规定，电信业务经营者在电信业务经营活动中，不得以任何方式限制电信用户选择其他电信业务经营者依法开办的电信服务，不得以排挤竞争对手为目的，低于成本提供电信业务或者服务，进行不正当竞争。

因此，业主有权自由选择通信运营商，但新铺设通讯线路或安装设备需要临时占用、挖掘道路、场地时，依据《物业管理条例》第五十一条第二款的规定，临时占用后应当及时恢复原状。

十三、公共秩序与相邻关系

1 **什么是相邻关系？相邻关系主要有哪些类型？**

答： 物业相邻关系是指两个或两个以上相邻物业的所有权人或使用人在行使相邻物业的占有、使用、收益、处分过程中，彼此给予便利或接受限制而发生的权利义务关系。依据《民法典》第二百八十八条、《物业管理条例》第五十条之规定，物业相邻关系的实质是对物业相邻各方合法权益的维护和相邻各方行使权利作一定的限制，以保障各方正确行使其权利，并且不得损害相邻方的合法权益。

相邻关系有相邻通行、界限、环境、排水、通风、采光等类型。在实际生活中，相邻各方应坚持"有利生产、方便生活、团结互助、公平合理"之原则，正确面对，妥善处理。

2 **物业区域内的单位或个人不得有哪些行为？**

答： 依据《湖北省物业服务和管理条例》第五十七条第一款规定，物业区域内禁止下列行为：

（1）损坏或者擅自改变房屋承重结构、主体结构和门窗位置，超荷载存放物品。

（2）将没有防水功能的房间或者阳台改为卫生间、厨房，或者将卫生间改在下层住户的客厅、厨房、卧室、书房的上方。

（3）违法建设建筑物、构筑物，破坏、擅自改变房屋外貌或者擅自改变架空层、设备层等共用部位、共用设施设备规划用途。

（4）擅自占用、挖掘物业区域内道路、场地，损毁树木、绿地。

（5）违反安全标准存放易燃、易爆、剧毒、放射性等危险物品，擅自占压、迁移燃气管道，损坏或者擅自停用公共消防设施和器材，妨碍公共通道、安全出口、消防通道畅通。

（6）随意弃置垃圾、排放污水、高空抛物或者露天焚烧杂物，制造超过规定标准的噪声、振动、光源等。

（7）擅自架设电线、电缆，在建筑物、构筑物上悬挂、张贴、涂写、刻画，在楼道等业主共用部位堆放物品。

（8）违反规定停放车辆。

（9）违反规定出租房屋。

（10）违反规定饲养动物或者种植植物。

（11）法律、法规和业主公约或者管理规约禁止的其他行为。

3 可以改变物业区域内公共设施、场所的原始用途吗？

答：依据《民法典》第二百七十一条、第二百七十四条和《物业管理条例》第四十九条规定，物业区域内的公共场所、公用设施和公共建筑，属于业主共有，由业主共同行使管理权。未经法定程序，不得改变用途。

业主确需改变公共建筑和共用设施用途的，应当在依法办理有关手续后告知物业服务企业；物业服务企业确需改变公共建筑和共用设施用途的，应当提请业主大会讨论决定同意后，由业主依法办理相关手续。

4 业主违规搭建，相邻业主可否起诉？

答：业主应当遵守法律、法规以及管理规约。依据《民法典》第二百八十六条规定，业主大会或者业主委员会，对任意弃置垃圾、排放污染物或者噪声、违反规定饲养动物、违章搭建、侵占通道、拒付物业费等损害他人合法权益的行为，有权依照法律、法规以及管理规约，请求行为人停止侵害、排除妨碍、消除危险、恢复原状、赔偿损失。业主或者其他行为人拒不履行相关义务的，有关当事人可以向有关行政主管部门报告或者投诉，有关行政主管部门应当依法处理。

《最高人民法院关于审理建筑物区分所有权纠纷案件适用法律若干问题的解释》第十四条第一款规定，建设单位或者其他行为人擅自占用、处分业主共有部分、改变其使用功能或者进行经营性活动，权利人请求排除妨害、恢复原状、确认处分行为无效或者赔偿损失的，人民法院应予支持。

⑤ 复式楼顶层业主改建、增高房屋，相邻业主如何维权？

答：对于擅自改扩建，妨碍相邻建筑物的通风、采光和日照，给相邻方造成妨碍或者损失的，依据《民法典》第二百八十八条、第二百九十三条规定，可以向人民法院起诉，要求停止侵害，排除妨碍，赔偿损失。如果改扩建经过行政主管部门批准或许可，受到影响的业主可以以批准或许可的行政主管部门为被告，提起行政诉讼。

同时，依据《湖北省物业服务和管理条例》第五十七条第二款规定，受到影响的业主也可向物业服务企业或业主委员会反映。物业服务企业应当及时劝阻、制止，并向业主委员会和建设、公安、环境保护、城市管理等相关行政主管部门报告，相关行政主管部门应当依法处理。

⑥ 业主可否利用小区空地修建停车位？应当受到怎样的处罚？

答：小区空地属于全体业主所有，依据《物业管理条例》第五十条、第六十三条规定，业主、物业服务企业不得擅自占用、挖掘物业区域内的道路、场地，损害业主的共同利益。因维修物业或者公共利益，业主确需临时占用、挖掘道路、场地的，应当征得业主委员会和物业服务企业的同意；物业服务企业确需临时占用、挖掘道路、场地的，应当征得业主委员会的同意。业主、物业服务企业应当将临时占用、挖掘的道路、场地，在约定期限内恢复原状。

擅自占用、挖掘物业区域内道路、场地，损害业主共同利益的，由县级以上地方人民政府房地产行政主管部门责令限期改正，给予警告，并对其处一千元以上一万元以下的罚款。所得收益，用于物业区域内物业共用部位、共用设施设备的维修、养护，剩余部分按照业主大会的决定使用。

7 建设单位在出售房屋时承诺买一楼房屋送花园的约定有效吗？是否侵害了其他业主的利益？

答：建设单位违规处分业主共有的财产，将小区公共绿地赠送给个别业主，损害了其他业主的合法权益，这种约定对其他业主不产生法律效力。

《物业管理条例》第二十七条规定，业主依法享有的物业共用部位、共用设施设备的所有权或者使用权，建设单位不得擅自处分。依据《民法典》第二百七十四条、第二百八十六条第二款、第二百八十七条规定，建筑区划内的绿地，属于业主共有。业主对建设单位、物业服务企业或者其他管理人以及其他业主侵害自己合法权益的行为，有权请求其承担民事责任。同时，业主大会和业主委员会，对损害他人合法权益的行为，也有权依照法律、法规以及管理规约，请求行为人停止侵害、消除危险、排除妨害、恢复原状、赔偿损失。

8 业主能否在楼顶公共区域种花，既可供小区业主免费观赏，又可以对外出售？

答：现实中有很多业主在顶层搭建衣架、种植花卉和草木。部分地区也出台意见鼓励公共机构、企业所属建筑或住宅小区，在符合建筑工程规范化要求和安全条件的前提下，实施屋顶绿化。

依据《物业管理条例》第五十条第二款规定，为了公共利益，业主确需临时占用、利用楼顶公共区域，应当征得业主委员会和物业服务企业的同意。如果用于经营，根据第五十四条规定，应当在征得相关业主、业主大会、物业服务企业的同意后，按照规定办理有关手续。业主所得收益应当主要用于补充住宅专项维修资金，也可以按照业主大会的决定使用。

由于屋顶绿化对于工程建设的防水、承重等问题要求比较严格，即使业主大会同意进行屋顶绿化，也应考虑顶层的防水和承重等综合因素，不能为了顶层绿化而影响建筑结构和居住安全，也不能为了方便或者怡情随意种植。

⑨ 未经顶层业主同意，底层业主能在楼顶公共区域安装太阳能热水器吗？

答：关于建筑物楼顶的属性，依据《民法典》第二百八十一条第一款、《最高人民法院关于审理建筑物区分所有权纠纷案件适用法律若干问题的解释》第三条之规定，楼顶属于共有部分。

楼顶虽然是整栋楼的楼顶，但同时也是顶层房屋不可或缺的一部分。《最高人民法院关于审理建筑物区分所有权纠纷案件适用法律若干问题的解释》第四条规定，业主基于对住宅、经营性用房等专有部分特定使用功能的合理需要，无偿利用屋顶以及与其专有部分相对应的外墙面等共有部分的，不应认定为侵权。但违反法律、法规、管理规约，损害他人合法权益的除外。

依据《民法典》第二百八十八条规定，利用顶层安装太阳能热水器时，应本着方便生活、团结互助的原则，与顶层业主商量。如果热水器需要安装在墙壁上加以固定，则不得破坏屋面，影响顶层业主的居住安全。因安装给顶层业主造成妨碍或者损失的，应当停止侵害，排除妨碍，赔偿损失。

⑩ 业主装修拆除承重墙怎么办？谁有权制止这种行为？

答：承重墙事关整栋房屋的安全，损坏或者擅自改变房屋承重结构、主体结构的行为是法律禁止的。依据《民法典》第二百八十六条、《物业管理条例》第四十三条及《湖北省物业服务和管理条例》第五十七条的规定，具有利害关系的业主、业主委员会、物业服务企业均有权依照法律法规以及管理规约，要求行为人停止侵害、消除危险、排除妨害。

业主向物业服务企业反映的，物业服务企业应当及时劝阻、制止，并向业主委员会和建设、公安、环境保护、城市管理等相关行政主管部门报告，相关行政管理部门在接到物业服务企业的报告后，应当依法对违法行为予以制止或者依法处理。业主也可以向相关行政主管部门报告或者投诉，相关行政主管部门应当依法处理。

11 防盗窗安装有无法定标准？安装时有哪些注意事项？

答：阳台、窗户是房屋不可分割的部分，依据《民法典》物权编及相关法律法规，业主对其建筑物专有部分享有占有、使用、收益和处分的权利。业主有权安装防盗窗，但关于防盗窗的标准，国家没有明确的规定。一般而言，安装防盗窗应当遵循以下原则：

（1）考虑到邻里关系及自身、相邻业主的安全问题，符合消防管理规范，具备疏散、逃生功能。

（2）保护公共建筑物建筑结构的完整，防止装修作业给建筑物留下安全隐患，防止发生损害其他业主合法权益的。

（3）不能妨碍破坏市容市貌。例如，临街建筑物设置的防盗窗、防护网等防护设施不得超过建筑物外立面，其他区域设置的防盗窗、防护网等防护设施应当符合市容标准。同一物业区域设置的防盗窗、防护网、遮阳（雨）棚、空调外箱等，应当保持规格基本一致。

（4）按照小区管理规约、物业服务企业制定的防盗窗的安装要求或者按照与物业服务企业签订住宅室内装饰装修管理服务协议的约定执行。安装之前，向物业服务企业报备，便于监督和管理。

遵循这些原则，业主不但保障了在自己家中的安全，又有利于物业服务企业的日常管理和服务，整体上保证了小区的和谐安全。

12 相邻业主的空调排风口距离自家窗户太近怎么办？空调室外机组应怎样安装？

答：业主安装空调，应当按照房屋设计预留的位置安装，未预留位置的，按照有关规定或者物业服务企业指定的位置安装，并做好空调噪音及冷凝水的处理措施，确保安全。针对相邻业主空调排风口距离自家窗户太近的侵权行为，依据《民法典》第二百八十六条、《物业管理条例》第四十五条规定，业主可以与相邻业主协商，可以请求业主委员会出面协调，可以向物业服务企业投诉并要求进行处理，也可以向有关行政主管部门报告或者投诉，请求其停止侵害、排除妨碍等。

依据《国家标准房间空气调节器安装规范》规定，空调器的室外机组不应占用公共人行道，沿道路两侧建筑物安装的空调器安装架底（安装架不影响公共通道时可按水平安装面）距地面的距离应大于 2.5 米。同时，空调器的室外机组应尽可能地远离相邻的门窗和绿色植物，与相对方门窗距离不得小于下述值：①空调器额定制冷量不大于 4.5 千米的为 3 米；②空调器额定制冷量大于 4.5 千瓦的为 4 米。确因条件所限达不到上述要求时，应与相关方面进行协商解决或采取相应的保护措施。

13 业主在公共部位安装水管，是否侵犯相邻业主的权利？

答：业主为方便生活，在公共部位安装水管，有义务维护相邻不动产安全，且使用相邻不动产时应避免造成损害。依据《民法典》第二百九十五条、第二百九十六条规定，不动产权利人挖掘土地、建造建筑物、铺设管线以及安装设备等，不得危及相邻不动产的安全。不动产权利人因用水、排水、通行、铺设管线等利用相邻不动产的，应当尽量避免对相邻的不动产权利人造成损害。

14 业主可以随意拆改住宅内的供暖管道或燃气管道吗？

答：供暖管道和燃气管道虽在业主住宅内，但属于共有部分，依据《住宅室内装饰装修管理办法》第六条规定，未经供暖管理单位批准，不得拆改供暖管道及设施，未经燃气管理单位批准，不得拆改燃气管道及设施。

供暖、供气涉及公共安全，对专业技术要求较高，尤其是对燃气的使用，要求更加严格。《城镇燃气管理条例》第二十七条、第二十八条规定，燃气用户应当遵守安全用气规则，应当使用合格的燃气燃烧器具和气瓶，及时更换国家明令淘汰或者使用年限已届满的燃气燃烧器具、连接管等，业主和相关单位不得有下列行为：将燃气管道作为负重支架或者接地引线；安装、使用不符合气源要求的燃气燃烧器具；擅自安装、改装、拆除户内燃气设施和燃气计量装置；在不具备安全条件的场所使用、储存燃气。

15 　排污堵塞管道，相邻业主负有配合排除妨碍的义务吗？

　　答：鉴于建筑物联体相邻的特殊性，相邻业主之间负有排除安全隐患的责任。《民法典》第二百九十二条规定，不动产权利人因建造、修缮建筑物以及铺设电线、电缆、水管、暖气和燃气管线等必须利用相邻土地、建筑物的，该土地、建筑物的权利人应当提供必要的便利。《湖北省物业服务和管理条例》第六十一条规定，业主专有部分出现危害安全、影响观瞻、妨碍公共利益及其他影响物业正常使用情形时，业主应当及时养护、维修，相邻业主应当提供便利。因此，排污管道堵塞，相邻业主负有提供便利，配合排除妨碍的义务。

16 　下水道堵塞找不出肇事者，应由共有业主共同承担责任吗？

　　答：业主应维护小区共用设备设施的正常使用，进行装修装饰时，应遵守管理规约的约定，不能损害小区全体业主的共同利益。同时，作为负责小区服务和管理的物业服务企业，对小区的公共设施、公共设备负有维护和管理的义务，如发现共用设施存在异常情况，应及时处理，否则应承担其因怠于履行职责而给业主造成的扩大部分的损失赔偿责任。在多户业主共有的建筑物部分发生的损害，不知道具体肇事人的情况下，应该由共有业主共同承担责任。

17 业主圈占其门前、由其使用的共用楼道违法吗？

答：建筑物的基础、承重结构、外墙、屋顶等基本结构部分，通道、楼梯、大堂等公共通行部分，消防、公共照明等附属设施、设备，避难层、设备层或者设备间等结构部分属于共有。因此，楼道属于业主共有，任何人不得随意处置，否则就侵害了其他业主的合法利益。

共用设备设施的使用权是小区全体业主享有的，而且这种使用权是不可分割的，单个业主无权单独对上述共用设备设施进行使用，并排除其他业主的正常使用。部分业主圈占楼道的行为，不仅是对本层其他业主权益的侵害，也是对整栋楼全体业主权益的损害。因此，即使是在自家门前，只有部分业主使用的共用楼道，其也无权自行处置。

18 业主擅自占用楼道共用部位堆放杂物怎么办？

答：物业区域内的公共建筑和共用设施，在规划设计建造时，均有特殊的用途，不得随意改变。楼梯口的公共通道属于业主共有的部分，其主要用途是为了业主行走方便，而不是为业主堆放杂物。楼道作为火灾时的重要消防通道和安全出口，如果随意堆放杂物势必影响发生火灾等特殊情形下的抢救。

针对部分业主乱占楼道等公共场所、公用部位堆放杂物的情形，受侵害业主可以采取以下措施维护自己的合法权益。首先，业主可以按照行政管理法规进行投诉，要求相关部门进行查处。业主随便在共用楼道堆放杂物，物业服务企业应及时制止，并向相关行政部门报告。其次，作为直接受侵害的业主，可以提起民事诉讼，要求侵权人排除妨碍、消除影响、赔偿损失。《最高人民法院关于审理建筑物区分所有权纠纷案件适用法律若干问题的解释》第十四条规定，建设单位或者其他行为人擅自占用、处分业主共有部分、改变其使用功能或者进行经营性活动，权利人请求排除妨害、恢复原状、确认处分行为无效或者赔偿损失的，人民法院应予支持。最后，业主委员会作为业主自治组织，有权依据管理规约对乱占楼道损害他人合法权益的行为，要求其停止侵害、消除危险、排除妨害等。

19 小区水泵日夜运转，噪声严重扰民，影响业主正常休息和生活，业主有权请求物业服务企业承担精神损害赔偿吗？

答：噪声污染是环境污染的一种，依据《民法典》第一千二百二十九条规定，因污染环境、破坏生态造成他人损害的，侵权人应当承担侵权责任。《最高人民法院关于审理人身损害赔偿案件适用法律若干问题的解释》第一条、《最高人民法院关于确定民事侵权精神损害赔偿责任若干问题的解释》第一条规定，因环境污染造成生命、身体、健康等人身权益遭受侵害的，可以请求精神损害赔偿。

对小区水泵运转造成的噪声扰民，业主可申请专业性鉴定机构进行鉴定，看其是否超出国家或行业标准。若造成严重损害后果，业主除有权要求构成噪声污染侵权的物业服务企业，承担停止侵害、排除妨碍、消除危险等责任外，还可以索要精神损害赔偿。

20 业主可以将住宅改为经营性用房、开设公司吗？

答：《民法典》第二百七十九条规定，业主不得违反法律、法规以及管理规约，将住宅改变为经营性用房。业主将住宅改变为经营性用房的，除遵守法律、法规以及管理规约外，应当经有利害关系的业主一致同意。

《最高人民法院关于审理建筑物区分所有权纠纷案件适用法律若干问题的解释》第十条规定，业主将住宅改变为经营性用房，未按规定经有利害关系的业主同意，有利害关系的业主请求排除妨害、消除危险、恢复原状或者赔偿损失的，人民法院应予支持。将住宅改变为经营性用房的业主以多数有利害关系的业主同意其行为进行抗辩的，人民法院不予支持。何为有利害关系的业主？《最高人民法院关于审理建筑物区分所有权纠纷案件适用法律若干问题的解释》第十一条规定，有利害关系的业主是本栋建筑物的其他业主，以及有证据证明极可能受到影响的不在本栋建筑物内的小区其他业主。

21 一楼业主私自拆墙改门开便利店，经营扰民，其他业主应怎样维权？

答：私自拆改墙体，无论是拆窗改门还是搭建台阶，其行为均侵占了建筑物的共有部位，违反了《民法典》第二百八十六条有关权利行使应不损害他人或者集体利益的原则。同时，私自将住宅改为经营性用房，违法了《民法典》第二百七十九条的规定，也是不允许的。

物业区域内，业主的乱改乱拆行为妨害了物业服务企业的正常管理秩序。物业服务企业有权要求其拆除搭建的台阶，并将其恢复原状。业主可以先向物业服务企业进行投诉，物业服务企业应当对擅自改变房屋用途的行为予以制止，并及时向相关行政管理部门报告。行政管理部门在接到物业服务企业的报告后，应当依法对违法行为予以制止或者依法处理。同时，业主可以要求业主大会和业主委员会对一楼业主的行为予以制止。如果仍未停止侵害，业主也可以提起诉讼。

22 邻居对房屋进行群租，业主不胜其扰该怎么办？

答：群租并不是一个法律概念。群租与合租有所区别，合租是指不同的承租人租住套房中的不同房间，而群租一般是指房主或转租人将一套房中几个独立的房间或者几间房打通，分为若干相互隔离的空间，每个空间租给不同的承租人的现象。

群租会造成房屋结构的破毁。例如，随意分隔房间，乱拉电线，存在明显消防安全隐患。由于居住人多也会带来噪声污染，休息的不定时，影响相邻方的生活起居。外来人员的进出也给小区的物业管理带来安全隐患。可见，群租带来诸多不良的影响，但目前如何规范和管理群租行为，在法律层面上还是一片空白，只有部分地区的地方性规范文件有所涉及，如上海规定，居住房屋应当以原规划设计的房间为最小出租单位，不得分搭建若干小间，不公门进出的客厅、房间、卫生间等均不得单独出租；一间房间只能出租给一个家庭或一个自然人，出租给家庭的，家庭人均承租的居住面积不得低于五平方米，等等，但并没有绝对禁止。

那么，群租影响了相邻方业主的生活，损害了业主的合法利益，业主该怎么办呢？为了整个物业区域的共同利益，可以通过业主规约的方式，制定关于禁止群租的管理规约条款。

当然，依据《商品房屋租赁管理办法》第六条、《租赁房屋治安管理规定》第七条规定，对外出租房屋，也有诸多限制，如属于违法建筑的，不符合安全、防灾等工程建设强制性标准的，违反规定改变房屋使用性质的房屋不得出租。出租后，发现承租人有违法犯罪活动或者有违法犯罪嫌疑的，应当及时报告公安机关；对出租的房屋经常进行安全检查，及时发现和排除不安全隐患，保障承租人的居住安全。

23 业主可以对电信部门在楼顶安装信号发射台说"不"吗？

答：业主对建筑物内的住宅、经营性用房等专有部分享有所有权，对专有部分以外的共有部分享有共有和共同管理的权利。从本质上讲，电信部门安装基站是一种企业经营行为，依据《电信条例》第四十六条、第五十一条规定，基础电信业务经营者可以在民用建筑物上附挂电信线路或者设置小型天线、移动通信基站等公用电信设施，但是应当事先通知建筑物产权人或者使用人，并按照省、自治区、直辖市人民政府规定的标准向该建筑物的产权人或者其他权利人支付使用费。任何组织或者个人不得阻止或者妨碍基础电信业务经营者依法从事电信设施建设和向电信用户提供公共电信服务。

因此，电信部门在小区楼顶安装信号发射设施设备，应告知并与业主协商，给予一定的补偿。

十四、装饰装修纠纷

1 什么是室内装饰装修，业主装修行为受哪些法律法规约束？

答：依据《住宅室内装饰装修管理办法》第二条第二款规定，住宅室内装饰装修是指住宅竣工验收合格后，业主或者物业使用人对住宅室内进行装饰装修的建筑活动。即业主或非业主使用人办理完入住手续后，根据自己的喜好和要求，对所购或所租房屋进行重新设计、分割、装饰、布置的活动。

目前，关于室内住宅装饰装修的法律、法规和规章主要有《建筑法》《建设工程质量管理条例》《住宅室内装饰装修管理办法》。当然，《民法典》第九百四十五条第一款、《物业管理条例》第五十二条也有相应的规定。

2 业主装修房屋，应当如何做？

答：对自己的房屋进行装修或改造，是业主享有的权利。但是如果业主在装修或改造自己的房屋时破坏房屋结构，就有可能违反法律、法规规定，侵犯其他业主的合法权益，或者因施工扰民影响其他业主的生活安宁和清洁。因此，由物业服务企业对业主的装饰装修活动进行监督，不仅是必要的，也是必须的。为此《民法典》第九百四十五条第一款规定，业主装饰装修房屋时，应当事先告知物业服务人，遵守物业服务人提示的合理注意事项，并配合其进行必要的现场检查。《物业管理条例》第五十二条第一款、《住宅室内装饰装修管理办法》第十三条也有类似的规定，装修人在住宅室内装饰装修工程开工前，应当向物业服务企业或者房屋管理机构申报登记。非业主的住宅使用人对住宅室内进行装饰装修，应当取得业主的书面同意。

③ 业主、物业使用人装修房屋时，应办理哪些手续？

答：依据《民法典》第九百四十五条、《物业管理条例》第五十二条、《住宅室内装饰装修管理办法》等相关规定，住宅装饰装修应按以下程序进行：

（1）装修人事先告知并申报登记，非业主装修应当取得业主的书面同意。

（2）签订住宅室内装饰装修书面合同。

（3）物业服务企业应当告知与装修相关的禁止行为和注意事项，装修人应当告知相邻业主。

（4）签订住宅室内装饰装修管理服务协议。

（5）竣工验收，出具住宅室内装饰装修质量保修书。

④ 业主进行装饰装修申报时，应当向物业服务企业提交哪些材料？

答：《住宅室内装饰装修管理办法》第十四条规定，装修装饰申报登记应当提交下列材料：

（1）房屋所有权证（或者证明其合法权益的有效凭证）。

（2）申请人身份证件。

（3）装饰装修方案。

（4）变动建筑主体或者承重结构的，需提交原设计单位或者具有相应资质等级的设计单位提出的设计方案。

（5）涉及本办法第六条行为的，需提交有关部门的批准文件，涉及本办法第七条、第八条行为的，需提交设计方案或者施工方案。

（6）委托装饰装修企业施工的，需提供该企业相关资质证书的复印件。

非业主的住宅使用人，还需提供业主同意装饰装修的书面证明。

5 在房屋装饰装修过程中，物业服务企业应当履行哪些义务？

答：在业主或非业主使用人房屋装饰装修过程中，物业服务企业应当履行以下义务：

（1）物业服务企业应当将房屋装饰装修中的禁止行为和注意事项告知业主。这是《物业管理条例》第五十二条第二款和《住宅室内装饰装修管理办法》为物业服务企业设定的一项法定义务，物业服务企业必须履行。

（2）物业服务企业应当按照装饰装修管理服务协议进行现场检查，对违反法律、法规和装饰装修管理服务协议的，应当要求装修人和装饰装修企业纠正，并将检查记录存档。

（3）物业服务企业应当按照住宅室内装饰装修管理服务协议实施管理，发现装修人或者装饰装修企业有违反法律、法规规定行为的，应当立即制止；已经造成事实后果或者拒不改正的，应当及时报告有关部门依法处理。对装修人或者装饰装修企业违反住宅室内装饰装修管理服务协议的，追究违约责任。

（4）物业服务企业不得向装修人指定装饰装修企业或装饰装修材料。

6 业主装修房屋时，是否应当与物业服务企业签订《装饰装修管理服务协议》？应包括哪些内容？

答：依据《住宅室内装饰装修管理办法》第十六条规定，装修人，或者装修人和装饰装修企业，应当与物业服务企业签订住宅室内装饰装修管理服务协议。

住宅室内装饰装修管理服务协议应当包括下列内容：

（1）装饰装修工程的实施内容。

（2）装饰装修工程的实施期限。

（3）允许施工的时间。

（4）废弃物的清运与处置。

（5）住宅外立面设施及防盗窗的安装要求。

（6）禁止行为和注意事项。

（7）管理服务费用。

（8）违约责任。

（9）其他需要约定的事项。

7 住宅室内装饰装修有哪些禁止行为？

答：依据《住宅室内装饰装修管理办法》第五条、第六条的规定，住宅室内装饰装修活动，禁止下列行为：

（1）未经原设计单位或者具有相应资质等级的设计单位提出设计方案，变动建筑主体和承重结构。

（2）将没有防水要求的房间或者阳台改为卫生间、厨房间。

（3）扩大承重墙上原有的门窗尺寸，拆除连接阳台的砖、混凝土墙体。

（4）损坏房屋原有节能设施，降低节能效果。

（5）未经批准搭建建筑物、构筑物，改变住宅外立面，在非承重外墙上开门、窗，拆改供暖管道和设施，拆改燃气管道和设施。

（6）其他影响建筑结构和使用安全的行为。

8 除禁止行为外，住宅室内装饰装修还有哪些注意事项？

答：除不能有以上禁止行为外，还应当注意以下事项：

（1）装修人和装饰装修企业从事住宅室内装饰装修活动不得侵占公共空间，不得损害公共部位和设施。

（2）装修人经原设计单位或者具有相应资质等级的设计单位提出设计方案变动建筑主体和承重结构的，或者装修活动涉及《住宅室内装饰装修管理办法》第六条、第七条、第八条内容的必须委托具有相应资质的装饰装修企业承担。

（3）改动卫生间、厨房间防水层的，应当按照防水标准制订施工方案，并做闭水试验。

（4）装饰装修企业从事住宅室内装饰装修活动，应当遵守施工安全操作规程，按照规定采取必要的安全防护和消防措施，保证作业人员和周围住房及财产的安全。

（5）装修人应充分考虑相邻关系，不得任意创凿顶板，不得不经穿管直接埋设电线或改线；装修材料超过长、宽时禁止使用电梯；装修人员在装修施工时不得影响邻居的休息，装修人员不准在施工场所留宿；装修人员在车辆、行人通行的户外施工，应当设置警示标志等。

（6）住宅室内装饰装修过程中所形成的各种固体、可燃液体等废物，应当按照规定的位置、方式和时间堆放和清运。严禁违反规定将各种固体、可燃液体等废物堆放于住宅垃圾道、楼道或者其他地方。

（7）装饰装修企业从事住宅室内装饰装修活动，应当严格遵守规定的装饰装修施工时间，降低施工噪声，减少环境污染。

9 业主装修时，是否应当向物业服务企业交纳装修管理费和装修押金？收取后应怎样返还？

答：目前，装修管理费和装修押金的收取标准并无明确规定，对于物业服务企业是否应该收取，可以按照业主在买房时与建设单位的约定执行，也可以按照业主（装修人）与物业服务企业签订的《装饰装修管理服务协议》的约定收取和返还。

为了保证装修人装修时不破坏房屋主体结构，保证房屋的安全使用，依据《住宅室内装饰装修管理办法》规定，业主在装修时，必须向物业服务企业提出申请，经物业服务企业批准后方可施工，而且还必须与物业服务企业签订装修管理服务协议，明确装修的内容、装修时间、垃圾处理方式、管理服务费用以及违约责任的处理等内容。原则上，装修管理服务费是物业服务企业的应得报酬，如已收取一般不予退还，而押金应当在装修完毕后且没有违约的情况下退还给业主。

10 建设单位贴错门牌，物业服务企业交错钥匙，导致业主家被邻居装修，谁应当承担这部分装修费用？

答：在交付房屋过程中，无论是建设单位贴错门牌，还是物业服务企业交错钥匙，均存在过错。依据《民法典》第一千一百六十五条、第一千一百六十八条规定，行为人因过错侵害他人民事权益造成损害的，应当承担侵权责任。二人以上共同实施侵权行为，造成他人损害的，应当承担连带责任。因此，建设单位和物业服务企业应当连带承担责任。

同时，依据《民法典》第九百八十五条规定，没有法律根据取得不当利益的，受损失的人可以请求得利人返还取得的利益。对于邻居已经花费的装修费用，业主作为受益人，应给予适当的补偿。

11 楼上住户擅自将卧室改为浴室，导致楼下住户渗水严重，应当承担什么责任？

答：擅自改变房屋的功能和用途，将卧室改为浴池，导致楼下住户渗水严重，依据《民法典》第一百七十九条规定，应当承担停止侵害、排除妨碍、消除危险、恢复原状、赔偿损失等民事责任。《住宅室内装饰装修管理办法》第三十三条规定，因住宅室内装饰装修活动造成相邻住宅的管道堵塞、渗漏水、停水、停电、物品毁坏等，装修人应当负责修复和赔偿；属于装饰装修企业责任的，装修人可以向装饰装修企业追偿。

同时，将没有防水要求的房间改为卫生间，违反了《住宅室内装饰装修管理办法》第五条第一款第二项之规定，依据该办法第三十八条规定，还应承担行政责任。由城市房地产行政主管部门责令改正，并处以罚款：对装修人处五百元以上一千元以下的罚款，对装饰装修企业处一千元以上一万元以下的罚款。

12 装修公司所用的装修材料不符合国家标准，装修污染严重超标，业主应如何维护自身权益？

答：依据《住宅室内装饰装修管理办法》第二十八条、第二十九条规定，住宅室内装饰装修工程使用的材料和设备必须符合国家标准，有质量检验合格证明和有中文标识的产品名称、规格、型号、生产厂厂名、厂址等。禁止使用国家明令淘汰的建筑装饰装修材料和设备。装修人委托企业对住宅室内进行装饰装修的，装饰装修工程竣工后，空气质量应当符合国家有关标准。

装修公司所用的装修材料不符合国家标准，装修污染严重超标，装修人可以委托有资格的检测单位对室内空气质量进行检测。检测不合格的，装饰装修企业应当返工，并由责任人承担相应损失。同时，根据该办法第三十七条规定，装饰装修企业自行采购不符合国家标准的装饰装修材料，造成空气污染超标的，由城市房地产行政主管部门责令改正，造成损失的，依法承担赔偿责任。

业主委托装修公司进行装修装饰是合同行为，依据《民法典》第五百七十七条规定，装修公司履行合同义务不符合约定的，应当承担继续履行、采取补救措施或者赔偿损失等违约责任。

13 相邻业主不当装修造成损失，物业服务企业应当承担责任吗？

答：根据《物业管理条例》及相关规定，物业服务企业在其服务的物业区域具有物业管理的权利和义务。在公共部位、公共设施等造成业主损失的，物业服务企业作为直接侵权人承担责任。在因为其他业主或业主自己的行为造成的损失中，物业服务企业对损失不承担直接赔偿责任，但物业服务企业负有防止损失扩大的责任，如果因为物业服务企业的不作为或疏于监督管理而使损失扩大，对于扩大部分的损失应由物业服务企业负责。

具体到装饰装修行为中，依据《物业管理条例》第三十五条、第五十二条及《住宅室内装饰装修管理办法》第四十二条规定，物业服务企业应当将房屋装饰装修中的禁止行为和注意事项告知业主。物业服务企业发现装修人或者装饰装修企业有违反《住宅室内装饰装修管理办法》规定的行为，应当制止并及时向有关部门报告。未按规定告知、制止或报告，由房地产行政主管部门给予警告，可处装饰装修管理服务协议约定的装饰装修管理服务费二至三倍的罚款。导致业主人身、财产安全受到损害的，还应当依法承担相应的民事责任。

14 业主能否以其他业主进行同样装修为由违反物业管理规约擅自装修？

答：小区管理规约对全体业主具有约束力，业主应当遵守管理规约的规定，不得进行影响建筑物的整体美观或协调、违反管理规约的装饰装修行为，否则物业服务企业有权予以制止，并要求恢复原状，承担相应责任。这是义务。

如果其他业主违反管理规约的装饰装修行为影响到整栋建筑物的共用利益的，业主可以通知物业服务企业予以制止，而不能以他人未履行义务为由免除自己的义务。业主如果觉得现行的管理规约违法或不合理，可以通过召开业主大会，制定新的管理规约。

15 装饰装修竣工验收与保修有哪些规定？

答：《住宅室内装饰装修管理办法》第三十条、第三十一条、第三十二条有如下规定：

（1）住宅室内装饰装修工程竣工后，装修人应当按照工程设计合同约定和相应的质量标准进行验收。验收合格后，装饰装修企业应当出具住宅室内装饰装修质量保修书。物业服务企业应当按照装饰装修管理服务协议进行现场检查，对违反法律、法规和装饰装修管理服务协议的，应当要求装修人和装饰装修企业纠正，并将检查记录存档。

（2）住宅室内装饰装修工程竣工后，装饰装修企业负责采购装饰装修材料及设备的，应当向业主提交说明书、保修单和环保说明书。

（3）在正常使用条件下，住宅室内装饰装修工程的最低保修期限为二年，有防水要求的厨房、卫生间和外墙面的防渗漏为五年。保修期自住宅室内装饰装修工程竣工验收合格之日起计算。

16 装修完毕后怎样办理有关手续？

答：住宅室内装饰装修完毕后，应办理以下手续：

（1）装修完毕，装修人应及时到物业服务企业退还"装修施工人员出入证""装修施工许可证"。

（2）若验收合格，自验收合格并交回相关证件后免息退还装修质量保证金。

（3）若发现工程有违反装修规定者，装修人必须在指定时间内整改。若延误整改，物业服务企业将代为整改，费用直接从保证金中扣除。若质量保证金不足以抵偿，申请人（装修人）须另行交纳。

十五、建筑物、构筑物、
饲养物致人损害

① **什么是建筑物和构筑物？**

答：建筑物有广义和狭义两种含义。广义的建筑物是指人工建造的所有建筑物，既包括房屋，又包括构造物；根据《民用建筑设计术语标准》的定义，狭义的建筑物指房屋，通常是指有基础框架、墙、顶、门、窗，能够遮风避雨，供人在内居住、工作、学习、娱乐、储藏物品或进行其他活动的空间场所。构筑物就是不具备、不包含，或不提供人类居住的功能的人工建筑物，如烟囱、蓄水池、过滤池、化粪池、挡土墙和囤仓等。

② **建筑物、构筑物致人损害，承担责任的主体是谁？**

答：建筑物、构筑物致人损害有脱落、坠落和倒塌等情形，依据《民法典》第一千二百五十二条、第一千二百五十三条规定，承担责任的主体如下：

（1）建筑物、构筑物或者其他设施倒塌、塌陷造成他人损害的，由建设单位与施工单位承担连带责任，但是建设单位与施工单位能够证明不存在质量缺陷的除外。建设单位、施工单位赔偿后，有其他责任人的，有权向其他责任人追偿。因所有人、管理人、使用人或者第三人的原因，建筑物、构筑物或者其他设施倒塌、塌陷造成他人损害的，由所有人、管理人、使用人或者第三人承担侵权责任。

（2）建筑物、构筑物或者其他设施及其搁置物、悬挂物发生脱落、坠落造成他人损害，所有人、管理人或者使用人不能证明自己没有过错的，应当承担侵权责任。所有人、管理人或者使用人赔偿后，有其他责任人的，有权向其他责任人追偿。

3 花盆从天而降，砸破小区楼下汽车玻璃，但一直无法确定从哪一家坠落的，应该找谁承担责任？

答：为强化"头顶上的安全"，《民法典》第一千二百五十四条规定，禁止从建筑物中抛掷物品。从建筑物中抛掷物品或者从建筑物上坠落的物品造成他人损害的，公安机关应当依法及时调查，查清责任人，并由侵权人依法承担侵权责任；经调查难以确定具体侵权人的，除能够证明自己不是侵权人的外，由可能加害的建筑物使用人给予补偿。可能加害的建筑物使用人补偿后，有权向侵权人追偿。当然，物业服务企业等建筑物管理人应当采取必要的安全保障措施防止前述情形的发生；未采取必要的安全保障措施的，应当依法承担未履行安全保障义务的侵权责任。

换言之，"高空坠物"的举证责任不完全是一般原则下的"谁主张，谁举证"，而是由可能的加害人对其无过错承担举证责任。在未查明侵权人的情况下，如果不能举证证明自己无过错，即使可能不是加害人，但也要承担一定的赔偿责任。这在一定程度上，造成了"一人被砸伤，整栋楼住户被集体起诉"的情形。因此，受损害的车主可以要求该栋楼有可能坠落花盆的住户承担赔偿责任。

4 在小区高空抛物致人损害纠纷中，并非侵权人的业主，如何才能免责呢？

答：高空抛物致人损害的，高空抛物行为的实施人、建筑物的实际使用人以及无法举证排除自己是侵权人的建筑物使用人，都有可能成为承担责任的人。高楼抛掷致人损害责任的免责事由有：能够证明自己不是加害人免责；能够确定具体侵权人的，其他人免责。

那么，如何证明自己不是加害人呢？一般从以下几个方面提供证据加以证明：①发生损害时，自己并不在建筑物中；②证明自己根本没有占有造成损害发生之物；③证明自己所处的位置客观上不具有造成抛掷物致人损害的可能性。

⑤ 小区高空坠物致人损害，物业服务企业是否应承担责任？

答：高空坠物致人损害存在侵权与物业服务损害赔偿竞合的问题。原则上，应当找直接侵权人承担责任。《民法典》第一千二百五十四条第二款规定，物业服务企业等建筑物管理人应当采取必要的安全保障措施防止从建筑物中抛掷物品或者从建筑物上坠落物品等情形的发生；未采取必要的安全保障措施的，应当依法承担未履行安全保障义务的侵权责任。

《最高人民法院关于依法妥善审理高空抛物、坠物案件的意见》明确了物业服务企业承担责任的情形。即物业服务企业不履行或者不完全履行物业服务合同约定或者法律法规规定、相关行业规范确定的维修、养护、管理和维护义务，造成建筑物及其搁置物、悬挂物发生脱落、坠落致使他人损害的，人民法院依法判决其承担侵权责任。有其他责任人的，物业服务企业承担责任后，向其他责任人行使追偿权的，人民法院应予支持。物业服务企业隐匿、销毁、篡改或者拒不向人民法院提供相应证据，导致案件事实难以认定的，应当承担相应的不利后果。

⑥ 小区楼栋公共部分的外墙瓷砖脱落，致使楼下行人受伤，应找谁进行赔偿？

答：依据《民法典》物权编及相关规定，楼栋的外墙属于业主的建筑物共有部分。《物业管理条例》第五十五条规定，物业存在安全隐患，危及公共利益及他人合法权益时，责任人应当及时维修养护，有关业主应当给予配合。责任人不履行维修养护义务的，经业主大会同意，可以由物业服务企业维修养护，费用由责任人承担。因此，楼栋外墙瓷砖脱落的，作为物业服务企业，对小区建筑物及配套公共设施设备负有维修、养护等管理责任。而楼房的全部业主，作为建筑物共有部分的所有人，负有对楼房外墙的共同管理义务。二者均应承担赔偿责任。

7 小区广场供小孩玩耍的公共娱乐设施板面断裂致人损害，物业服务企业应承担责任吗？

答：小区内的公共娱乐设施，属于全体业主所有，物业服务企业负有相应的管理职责。

如果板面断裂系因管理不善所致，依据《民法典》第一千一百九十八条规定，物业服务企业作为管理者，未尽到安全保障义务，造成他人损害的，应当承担侵权责任。若因第三人的行为造成他人损害的，由第三人承担侵权责任；经营者、管理者或者组织者未尽到安全保障义务的，承担相应的补充责任。经营者、管理者或者组织者承担补充责任后，可以向第三人追偿。

如果板面断裂系产品质量问题所致，依据《产品质量法》第四十三条规定，受害人可以向产品的生产者要求赔偿，也可以向产品的销售者要求赔偿。此时，物业服务企业不需要承担责任。

8 小区健身器材等设施被损坏，物业服务企业发出的"免责告示"能成为免责的依据吗？

答：依据《民法典》第九百三十八条第二款的规定，物业服务企业公开作出的服务承诺及制定的服务细则，应当认定为物业服务合同的组成部分。实践中，物业服务合同中免除物业服务企业责任、加重业主委员会或者业主责任、排除业主委员会或者业主主要权利的条款，业主委员会或者业主请求确认合同或者合同相关条款无效的，人民法院应予支持。物业服务企业不履行或者不完全履行物业服务合同约定的或者法律、法规规定以及相关行业规范确定的维修、养护、管理和维护义务，业主请求物业服务企业承担继续履行、采取补救措施或者赔偿损失等违约责任的，人民法院应予支持。

因此，物业服务企业负有对小区内的健身器材进行日常管理和维护的义务，物业服务企业的"免责告示"，为了免除自己的主要责任，应属无效条款，不能成为免责的依据。

9 电梯发生事故，业主乘坐时摔伤，但物业服务企业能证明自己没有过错，需要承担责任吗？

答：业主在使用电梯时，应尽可能注意是否存在安全隐患，一旦发现潜在危险，应尽快向小区业主委员会或物业服务企业进行反馈。

《民法典》第一千二百五十三条规定了建筑物、构筑物致人损害的举证责任倒置的证明原则，即建筑物、构筑物或者其他设施及其搁置物、悬挂物发生脱落、坠落造成他人损害，所有人、管理人或者使用人不能证明自己没有过错的，就应当承担侵权责任。至于小区电梯伤人的法律责任，究竟应当由谁来承担，一方面要看物业服务企业是否尽到了法律法规规定和物业服务合同约定的管理职责；另一方面要看电梯本身是否存在质量问题。物业服务企业需要对自己没有过错承担举证责任。物业服务企业证明了自己没有过错，则不需要承担责任。反之，则要承担责任。

10 小区内架设的高压电线脱落，业主触电受伤，物业服务企业需要承担责任吗？受伤的业主应找谁赔偿？

答：在建筑物、构筑物致人损害纠纷中，直接侵权人应当承担侵权损害赔偿责任，物业服务企业未尽到管理职责致使损失扩大的，应承担相应的责任。

依据《物业管理条例》第五十一条第一款和《电力设施保护条例》相关规定，高压电线的所有权属于电力部门所有，电力部门应当依法承担物业区域内相关管线和设施设备维修、养护的责任。《民法典》第一千二百四十条规定，从事高空、高压、地下挖掘活动或者使用高速轨道运输工具造成他人损害的，经营者应当承担侵权责任；但是，能够证明损害是因受害人故意或者不可抗力造成的，不承担责任。被侵权人对损害的发生有重大过失的，可以减轻经营者的责任。业主触碰脱落的高压电线受伤，并非故意行为，其受伤系电力公司未尽到维护高压电线设施安全使用义务引起的，不在物业服务企业维修养护范围内，应由电力公司承担赔偿责任。

11 设置路障导致进出小区的业主受伤，物业服务企业是否应承担责任？

答：《民法典》第一千二百五十六条规定，在公共道路上堆放、倾倒、遗撒妨碍通行的物品造成他人损害的，由行为人承担侵权责任。公共道路管理人不能证明已经尽到清理、防护、警示等义务的，应当承担相应的责任。第一千二百五十八条规定，在公共场所或者道路上挖掘、修缮安装地下设施等造成他人损害，施工人不能证明已经设置明显标志和采取安全措施的，应当承担侵权责任。窨井等地下设施造成他人损害，管理人不能证明尽到管理职责的，应当承担侵权责任。

根据以上规定，小区内道路上设置路障或在公共场所施工造成他人损害的，应当由行为人承担赔偿责任。物业服务企业是小区的管理者，对小区道路和公共场所应尽到清理、防护、警示等义务，同时，物业服务企业还应尽到查明责任人的义务，物业服务企业未尽到此等义务的，应当承担相应的赔偿责任。

12 业主在楼顶锻炼身体时坠楼身亡，应由建设单位还是物业服务企业承担责任？

答：在一般侵权行为领域，承担侵权损害赔偿责任的归责原则为过错责任原则，即行为人对因自己的故意或过失而给他人造成的损害承担损害赔偿责任。因此，在相关物业服务纠纷中，物业服务企业是否承担业主损害的赔偿责任，关键在于物业服务企业是否尽到了管理职责，未尽到必要管理职责的，需要承担责任。物业服务企业作为小区的管理者，对业主在楼顶上锻炼身体没有及时制止，也没有在楼顶设置警示标志，疏于管理，未能尽到职责范围内的必要注意义务，增加了业主从楼顶上摔下的可能性，应当承担相应的民事责任。如果楼顶屋面的设计标准不符合国家标准，建设单位也应承担责任，反之，不承担。

13 小区内的饲养物致人损害，责任如何承担？

答：《民法典》第一千二百四十五条规定，饲养的动物造成他人损害的，动物饲养人或者管理人应当承担侵权责任，但能够证明损害是因被侵权人故意或者重大过失造成的，可以不承担或者减轻责任。由于第三人的过错造成损害的，第三人应当承担民事责任。

《民法典》第一千二百四十六条、第一千二百四十七条规定，违反管理规定，未对动物采取安全措施造成他人损害的，以及禁止饲养的烈性犬等危险动物造成他人损害的，动物饲养人或者管理人应当承担侵权责任。

14 长期在小区的流浪狗咬伤业主，赔偿责任应由谁来承担？

答：依据《物业管理条例》的规定，物业服务企业负有小区的安全保障义务。《民法典》第一千二百四十九条规定，遗弃、逃逸的动物在遗弃、逃逸期间造成他人损害的，由原动物饲养人或者管理人承担侵权责任。第一千二百五十条规定，因第三人的过错致使动物造成他人损害的，被侵权人可以向动物饲养人或者管理人请求赔偿，也可以向第三人请求赔偿。动物饲养人或者管理人赔偿后，有权向第三人追偿。第一千一百九十八条规定，管理人未尽到安全保障义务，造成他人损害的，应当承担侵权责任。

长期在小区内的流浪狗，在不能确定其主人的情况下，可以推定物业服务企业是它的管理人。所有对动物负有管理义务的人，都有管理这个动物不得伤人的义务，只有尽到了这个义务，才能推定动物饲养人或者管理人没有过错，没有责任。流浪狗的主人负有人身损害赔偿的侵权责任，物业服务企业负有违反安全保障义务的侵权责任，这两个责任产生了竞合。

在找不到流浪狗主人的情况下，可以要求负有安全保障义务的物业服务企业在其职责范围内承担赔偿责任。

15 小区内可以饲养哪种类型的犬只？养犬应当遵守哪些规定？

答：《民法典》第一千二百五十一条规定，饲养动物应当遵守法律，尊重社会公德，不得妨碍他人生活。

依据《湖北省物业服务和管理条例》第五十八条和《湖北省物业区域个人禁养犬只标准（试行）》相关规定：物业区域内，禁止个人饲养成年体高超过 45 厘米的犬只。成年体高的判定标准为：犬只站立时从肩部最高点到地面的距离。同时，物业区域内，禁止个人饲养 35 个品种的犬只，以及具有这些品种血统的杂交犬只。35 种禁养犬只名录如下：所有种类的獒犬、雪橇犬、拳狮犬、笃宾犬、大丹犬、大白熊犬、纽芬兰犬、可蒙多犬、罗威纳犬、圣伯纳犬、萨摩耶德犬、德国牧羊犬等工作用犬；阿富汗猎犬、巴山基猎犬、寻血猎犬、苏俄牧羊犬、猎狐犬、灵缇、猎鹿犬、威玛猎犬、波音达猎犬、贝生吉犬等猎犬；贝林登梗、边境梗、牛头梗、凯丽蓝梗、美国斯塔福郡梗等梗犬；比特犬、斗牛犬、松狮犬、大麦町犬等非运动犬；土佐犬、秋田犬、雪达犬等其他类别的犬；中华田园犬等柴犬。个人禁养犬只标准已经地方立法或政府规章明确的，从其地方规定；未制定标准的，以本标准为准。

业主、物业使用人在物业区域内饲养上述规定以外其他犬只应当遵守有关法律、法规和业主公约或者管理规约，携犬只出户的，应当束犬链牵引。

16 违反规定在小区内养犬，应受到怎样的处罚？

答：依据《湖北省物业服务和管理条例》第五十八条、第七十二条规定，禁止在物业区域内饲养烈性犬和大型犬，具体品种和体高、体重标准由省人民政府公安机关确定，并向社会公布。业主、物业使用人违反规定，在物业区域内饲养烈性犬和大型犬的，由公安机关没收犬只，并处五千元以上一万元以下罚款。

业主、物业使用人在物业区域内饲养烈性犬和大型犬以外其他犬只应当遵守有关法律、法规和业主公约或者管理规约，携犬只出户的，应当束犬链牵引；犬只伤害他人的，养犬人应当依法承担相应的法律责任。业主、物业使用人违反规定，携犬只出户未束犬链牵引的，由公安机关责令改正；拒不改正的，处五百元以上一千元以下罚款；情节恶劣或者造成严重后果的，没收犬只。

物业服务企业应当加强物业区域内养犬行为的监督，及时制止违法违规养犬行为。

17 业主在小区内饲养犬只，应如何办理饲养手续？饲养过程中有哪些注意事项？

答：依据《武汉市养犬管理条例》第八条、第十一条、第十二条、第十三条的规定，限养地区内的小区饲养非禁止饲养的犬只，应遵守以下规定：

（1）到动物防疫监督机构对所养犬只进行狂犬病疫病检查，注射兽用狂犬病疫苗，领取由动物防疫监督机构出具的动物检疫证明。

（2）与住宅所在地居（村）民委员会或者业主委员会签订的养犬义务保证书，到公安机关申请办理养犬登记手续。

（3）每年应当携带所养犬只、养犬登记证和动物检疫证明，接受公安机关和畜牧兽医部门的检查、监测。

（4）登记的犬只转让、赠予、死亡、丢失，原养犬人应当到公安机关办理注销养犬登记手续。

（5）养犬不得干扰他人正常生活，犬只只能在养犬人的住所内饲养，不得损坏公共设施。

（6）携犬出户，带养犬登记证，为犬束犬链、挂犬只标识，并由具有完全民事行为能力的人牵引，避让老年人、残疾人、孕妇和儿童。

（7）携犬出户，须携带清洁用具，及时清除犬只户外排泄物，维护公共环境卫生；携犬乘坐住宅区公用电梯，须为犬只戴嘴套或者将犬只装入犬袋（笼）。

（8）动物检疫证明有效期满，携犬到当地动物防疫监督机构注射兽用狂犬病疫苗。

（9）放弃饲养且无人接收的犬只时，送交犬类留检场所。

附录：

小区治理法治化
规范流程

工作流程

首次业主大会召开及业主委员会成立工作流程

第一步　递交召开首次业主大会会议的书面报告

一、首次业主大会会议召开的前提条件

（1）交付的房屋专有部分面积达到建筑物总面积百分之五十的。

（2）交付的房屋套数达到总套数百分之五十的。

（3）自首位业主入住之日起满两年且已入住户数比例达到百分之二十的。

二、书面报告申请的提交主体

（一）建设单位

（1）应当向房产行政主管部门提出召开首次业主大会会议的书面报告。

（2）建设单位应当在首次业主大会会议召开前向街道办事处、乡镇人民政府报送物业区域证明、房屋及建筑面积清册、业主名册、竣工总平面图、交付使用共用设施设备的证明、物业服务用房配置证明等筹备首次业主大会会议所需的文件资料。

（二）业主

可以向房产行政主管部门提出召开首次业主大会会议的书面报告。

三、书面报告的审核

（1）房产行政主管部门应当书面通知街道办事处、乡镇人民政府。

（2）街道办事处、乡镇人民政府组织成立业主大会会议筹备组。

第二步　成立筹备组

一、筹备组成立期限

街道办事处、乡镇人民政府收到房产行政主管部门关于召开首次业主大会会议的书面通知之日起三十日内。

二、筹备组的人员构成及公示

（1）筹备组人员由街道办事处或者乡镇人民政府、业主、居（村）民委员会、建设单位的代表组成，组成人员应为单数；其中业主代表人数比例不低于二分之一（人数为不低于七人的单数），业主代表的产生方式由街道办事处、乡镇人民政府征求业主意见后确定；筹备组组长由街道办事处或者乡镇人民政府的代表担任。

（2）确定筹备组成员。

①向全体业主发出报名参加首次业主大会筹备组的通知。

②对参加筹备组的报名人员进行业主身份验核，并组织全部报名人员召开会议，确定筹备组成员。如果符合条件的报名人员超过预定人数的，应将所有报名人员通知到场，按照不同物业类型的比例，采取随机抽签或投票选举的方式确定筹备组成员。如果符合条件的报名人员未达到预定人数，则延长报名时间，继续征集业主报名参加。

（3）筹备组产生后，由居（村）委会在显著位置公示筹备组成员名单（公示七天）。业主对筹备组成员有异议的，由街道办事处、乡镇人民政府协调解决。公示期满，无异议，筹备组正式开展各项筹备工作。

（4）公示期满将筹备组人员名单报住建部门和街道办事处备案。

三、筹备组的工作经费

首次业主大会会议的筹备经费根据物业区域规模、业主人数和建筑面积等因素确定，由建设单位承担；老旧住宅区首次业主大会会议的筹备经费由县级人民政府承担。

四、筹备组的工作期限

筹备组成立之日起六十日内组织召开首次业主大会会议。

五、筹备组需要掌握的资料

筹备组需要掌握的资料由建设单位向街道办事处提供，有以下几项：

（1）物业区域证明。

（2）房屋及建筑物面积清册。

（3）业主名册。

（4）建筑规划总平面图。

（5）交付使用共用设施设备的证明。

（6）物业服务用房配置证明。

（7）其他有关的文件资料。

六、筹备组第一次工作会议

筹备组成员名单正式确定后三个工作日内，会同居（村）委会及时召开第一次筹备组会议，并安排、布置工作，筹备组推选一名副组长具体负责筹备组工作。与建设单位沟通，要求其提供物业服务用房，作为筹备组办公场所，提供办公经费。

筹备组可组建宣传、文书、票务、异议处理等小组开展工作，并保留好首次业主大会筹备期间的所有资料。

七、筹备组的主要工作内容

（1）确认业主身份、业主人数以及业主所有的专有部分面积；物业区域总建筑面积、总业主人数，以幢（栋）等形式建立业主名册。

（2）确定首次业主大会会议的召开时间（最迟应为自筹备组成立之日起六十日内）、地点、形式、内容以及表决规则。

（3）起草小区管理规约、业主大会议事规则、业主委员会工作规则以及业主委员会选举办法。

（4）根据该物业区域的实际情况，制定《小区业主大会工作方案》，并确定表决票和选票的发放、监票、验票、唱票及计票的人员名单；组织每幢（栋）业主推选楼栋长、业主代表（可视具体情况而定）。

（5）提出首次业主委员会委员候选人名单；以筹备组的名义发出业主委员会候选人报名的通知并发放候选人报名表，通知上应当载明业主委员会候选人报名的条件、方式、领取和递交报名表的时间和地点等事项。验核委员候选人的业主身份。根据物业规模、物权份额、委员的代表性和广泛性等因素，确定业主委员会委员候选人名单。

（6）在首次业主大会会议召开前十五日以书面形式告知全体业主，并在物业区域内显著位置公告：①业主大会工作方案；②《小区管理规约》《业主大会议事规则》《业主委员会工作规则》；③业主委员会正式候选人资格表；④业主名册及业主所持有投票权数；⑤表决票和选票式样；⑥业主大会会议的时间、地点、形式和内容；⑦其他表决事项。业主对前款内容有异议的，业主大会筹备组应当记录、处理并答复。

（7）印制选票和表决票，制作投票箱。筹备组应当于业主大会会议召开前，印制好选票和表决票，做好选票和表决票印制数量登记，制作选票和表决票发放签收登记表和投票登记表，并按照投票点的数量制作投票箱。

八、筹备组会议内容的公示

对于上述筹备组会议的内容形成会议纪要，并将该会议纪要向全体业主公示。

筹备期间所有的公示、公布、通告等均应在物业管理区域公告栏或其他显著位置张贴。有条件的，可以采用信函、电子邮件、手机短信等方式之一送达全体业主。

第三步 召开业主大会

一、业主大会成立日期

业主大会自首次业主大会会议表决通过管理规约、业主大会议事规则等制度规约，并选举产生业主委员会之日起成立。

二、筹备组如何召开首次业主大会

（一）首次业主大会最迟召开时间

首次业主大会自筹备组成立之日起六十日内。

（二）筹备组完成准备工作后的会议召开报告及通知程序

筹备组完成准备工作后，应将业主委员会委员候选人名单及简历表、《管理规约》、《业主大会议事规则》、《业主委员会选举办法》、《业主委员会工作规则》等材料报送街道办事处，并提出召开业主大会或业主代表大会的书面报告，确定首次业主大会会议召开的时间、地点、形式、内容后，通知所有业主、街道办事处、建设单位等人员。

（三）召开首次业主大会的流程

（1）由业主大会筹备组介绍大会筹备情况。

（2）审议、通过《管理规约》《业主大会议事规则》《业主委员会选举办法》《业主委员会工作规则》等文件。

（3）由业主大会筹备组介绍业主委员会委员候选人产生办法、名单及候选人情况；筹备组说明有关推选业主委员会委员的方法、程序、要求及选票的填写，筹备组说明选举方法、要求，并发放、收集、登记选票。

（4）视情况，由业主委员会委员候选人向业主大会做竞选演讲。

（5）推选监票人、计票人、唱票人。

（6）工作人员发放选票，业主填写选票，工作人员及时回收，现场统计、唱票；业主大会现场会议表决结果在街道办事处或居（村）委会的监督下进行封存，和限期内书面征求意见的结果汇总后，在小区进行唱票（业主可以现场监督），并择日将唱票结果在小区内的公示七天，有异议的由街道办事处、乡（镇）人民政府和筹备小组负责解释。

（7）筹备组通报选举情况；确定业主委员会委员，确定《小区管理规约》《小区业主大会议事规则》《业主委员会工作规则》等制度规约等表决事项是否通过。

（8）公示选举和表决结果。

（9）公告首次业主大会决议。

（四）业主大会表决投票流程

筹备组组建若干选票发放组、唱票组、计票组及监票组，每组三人以上，由筹备组成员、业主代表组成（委员候选人应回避）。

1. 书面征求意见形式

采用书面征求意见形式召开业主大会的，按以下程序进行：

（1）发放选票和表决票。选票发放组将选票和表决票送达每户业主，确认业主身份。业主须在选票和表决票发放签收登记表上签字。如收到选票或表决票的是非业主时，应交待非业主及时转交或告知业主。

（2）投票。投票采用"流动投票"和"集中投票"相结合的方式进行。流动投票：选票和表决票同时发放，业主如愿意立即投票，可将填好的票投入到发放组携带的流动票箱内，并在投票登记表上签字。集中投票：筹备组集中一个时段在物业区域出入口或居（村）委会等处设立投票箱。业主将填好的选票或表决票，持业主有效的身份证明到指定的投票箱进行投票。筹备组应当组织人员（候选人应回避）在投票点做好验核业主身份、签收选票或表决票及登记等工作。居（村）委会在现场全程监督。

业主因故不能参加投票的，可书面委托代理人代为投票。代理人需出示业主有效的身份证明、书面委托书及本人合法的有效证件。

投票时间超过一天的，在投票当天截止的时间，筹备组在业主代表和居（村）委会见证下对所有的投票箱封箱，任何人不得毁损投票箱。

投票时间不宜超过七日。但投票截止时，回收选票未达到法定票数的，应张贴通知，继续征集未投票业主的意见。

（3）计票。投票结束后，在居（村）委会的指导和监督下，由监票组、计票组进行公开唱票、验票，统计投票结果。

2. 集体讨论形式

采用集体讨论（现场大会）的形式召开业主大会的，按以下程序进行：

（1）入场登记。由筹备组根据房屋及建筑面积清册和业主名册对到会的业主核对身份，业主签到登记。非业主、物业使用人参加大会的，须出示业主有效身份证明、书面委托书以及本人合法的有效证件。

筹备组要确认到会的业主人数符合法定人数和投票权数后才能宣布大会开始。

（2）宣布会议议程，介绍业主委员会委员候选人，宣读《小区管理规约》《业主大会议事规则》《业主委员会工作规则》《业主大会工作方案》及注意事项。

（3）发放选票和表决票。选票发放组核对业主身份后发放选票和表决票，业主须在选票和表决票发放签收登记表上签字。

（4）投票。业主填写好选票和表决票后，自行投放到会场设置的投票箱内。

（5）统计投票结果。由唱票组、监票组、计票组现场开箱，公开唱票、验票，统计投票结果。

三、业主大会的投票规则

（1）经本小区专有部分面积占比三分之二以上的业主且人数占比三分之二以上的业主参与表决，会议有效。

（2）一般事项，须经参与表决专有部分面积过半数的业主且参与表决人数过半数的业主同意；重大事项，需经参与表决专有部分面积过四分之三的业主且参与表决人数过四分之三的业主同意。

第四步　选举成立业主委员会

一、召开首次业主委员会会议

业主委员会由业主大会依法选举产生，对其负责、受其监督。业主委员会委员名单应当在物业区域内显著位置公示。自公告之日起，筹备组组长应在七日内负责召集业主委员会委员，召开第一次业主委员会会议。

二、业主委员会的构成

业主委员会应当自选举之日起七日内召开首次会议，推选业主委员会主任和副主任。业主委员会主任、副主任由业主委员会在委员中推选产生。

业主委员会由五至十一人单数组成，每届任期不超过五年，可以连选连任。

业主委员会委员只能由业主担任并履行职责，不得由他人代理。业主委员会委员出现空缺时，应当按照规定及时补足；缺额人数超过委员总人数百分之五十的，应当重新选举业主委员会。

三、业主委员会决议效力的认定

业主委员会会议应当由过半数的委员出席，作出的决定应当经全体委员过半数同意。

第五步　收尾工作

一、备案工作

业主委员会应当自选举产生之日起三十日内，持下列文件向物业所在地的区、县房地产行政主管部门和街道办事处、乡镇人民政府办理备案手续：

（1）业主委员会成立备案申请书、备案情况说明、小区基本概况表。

（2）业主大会工作方案、业主大会会议纪要、参加选举的业主花名册（签字盖章）。

（3）业主大会成立和业主委员会选举的情况。

（4）业主委员会委员名单、报名表、房屋产权证明和身份证复印件。

（5）已通过的《小区管理规约》《业主大会议事规则》《业主委员会工作规则》等。

（6）业主大会决定的其他重大事项。

业主委员会任期内，备案内容发生变更的，业主委员会应当自变更之日起三十日内将变更内容书面报告备案部门。

二、办理印章

业主委员会办理备案手续后，可持备案证明向公安机关申请刻制业主大会印章和业主委员会印章。

业主大会印章根据业主大会决定使用，业主委员会印章经半数以上委员签字同意后方可使用。

三、资料存档

业主大会选举和表决工作结束后，业主委员会应将涉及选举和表决全过程的书面材料整理存档。有条件的，对其他重要的工作资料进行留存。

业主委员会换届（重选）工作流程

第一步　递交换届申请

一、换届申请

业主委员会应当在任期届满六十日前，以书面形式将任期履行职责情况和换届申请报告小区所在区域街道办事处或乡镇人民政府。业主委员会任期届满没有进行换届的，可由十名以上的业主书面联名向小区所在区域街道办事处提出换届申请。

二、补选、重新选举申请

业主委员会委员出现空缺时，应当按照规定及时补足；缺额人数超过委员总人数百分之五十的，应当重新选举业主委员会。

第二步　成立筹备组

一、发布换届选举公告和成立业主委员会换届选举筹备组的通知

上届业主委员会在物业区域张贴公告，向全体业主发出报名参加业主委员会换届选举筹备组的通知并同时公布上届业主委员会履职情况。业主委员会任期届满未进行换届选举且逾期不改正的，由街道办事处、居（村）委会发布公告。

二、确定筹备组成员

筹备组由上届业主委员会委员及非委员业主组成。业主委员会任期届满未换届的，筹备组直接由非委员业主组成。

如果符合条件的报名人员超过预定人数的，应将所有报名人员通知到场，按照不同物业类型的比例，采取随机抽签或投票选举的方式确定筹备组成员。如果符合条件的报名人员未达到预定人数，可延长报名时间，继续征集业主报名参加。

筹备组成员名单须进行公示，公示期满后公告筹备组成员名单。上届

业主委员会主任担任筹备组组长，负责具体的换届选举工作。业主委员会任期届满的，筹备组组长从筹备组成员中推荐产生。

筹备组成员人数宜为七人以上的单数。

筹备组应当在居（村）委会的监督指导下开展业主大会会议的筹备工作。

三、组织业主委员会候选人报名，验核候选人身份，公布正式名单

筹备组发出业主委员会委员候选人报名通知，发放候选人报名表，明确业主委员会委员候选人报名时间。

筹备组按照候选人的条件要求进行验核（主要验核报名人员是否是本物业区域内的业主，是否有违反国家法律法规的行为，是否模范履行业主义务等）。

筹备组验核业主委员会候选人报名情况后，应将候选人的报名情况如实报送街道办事处。街道办事处验核完毕后，由筹备组将候选人报名情况在物业区域内公示，公示期一般为五日。如有业主对候选人的资格提出异议，并有证据证明该候选人不符合候选人条件的，筹备组应在居（村）委会的监督指导下予以核实，在正式公告候选人名单之前将核实情况和处理结果书面告知异议者。公示期满后，筹备组确定正式候选人，并公布正式候选人名单。

四、发布召开业主大会的通知

筹备组应当在业主大会会议召开前十五日以书面形式告知全体业主，并在物业区域内显著位置公告：①业主大会工作方案或业主委员会选举办法；②需要修订的《小区管理规约》《业主大会议事规则》《业主委员会工作规则》等制度规约；③业主委员会正式候选人资格表；④业主名册及业主所持有投票权数；⑤表决票和选票式样；⑥业主大会会议的时间、地点、形式和内容；⑦其他表决事项。业主对前款内容有异议的，业主大会会议筹备组应当记录、处理并答复。

有条件的，可以采用信函、电子邮件、手机短信等方式之一送达全体业主。

第三步　召开业主大会和业主委员会

一、业主大会的召开

程序可参考首次业主大会召开程序。

二、确定业主委员会委员

根据业主大会投票的结果确定新一届业主委员会委员。经本小区专有部分面积占比三分之二以上的业主且人数占比三分之二以上的业主参与表决，会议有效。选举业主委员会或更换业主委员会委员的，须经参与表决专有部分面积过半数的业主且参与表决人数过半数的业主同意。也可依据《业主委员会选举办法》规定进行确定。

三、公示选举结果

筹备组将业主大会的选举结果在本物业区域内公告，新一届业主委员会自公告之日起成立。原业主委员会不再履行职责。

四、业主委员会会议

新一届业主委员会产生后三日内由筹备组组长召开第一次业主委员会会议，选举主任一名、副主任一至三名。筹备组自行解散。

五、业主委员会成立公告

在物业区域显著位置，发布新一届业主委员会成立公告，并告知物业所在地的居（村）委会。

第四步　工作交接和备案

一、工作交接

原业主委员会应在新一届业主委员会产生后十日内，将其保管的档案资料、印章及其他属于业主大会所有的财物等移交给新一届业主委员会，并做好交接登记手续。

二、业主委员会备案

新一届业主委员会自换届选举产生之日起三十日内，向街道办事处或乡镇人民政府备案。备案需提交下列材料：

（1）业主委员会成立备案申请书、备案情况说明。

（2）小区基本概况表。

（3）印章备案报告。

（4）业主大会工作方案、业主大会会议纪要；参加选举的业主花名册（签字盖章）。

（5）业主委员会委员名单、报名表、房屋产权证明和身份证复印件。

（6）已通过的《管理规约》《业主大会议事规则》等制度规约。

（7）其他材料。

三、资料存档

业主大会选举工作结束后，业主委员会应将涉及选举全过程的书面材料整理存档。

业主委员会日常工作流程

序号	工作事项	具体内容
一	备案工作	（1）业主大会会议召开并选举产生业主委员会或者作出业主委员会委员的变更决议之日起三十日内，由业主委员会向物业所在地街道办事处、房地产主管部门进行备案。 （2）业主委员会任期内，备案内容发生变更的，业主委员会应当自变更之日起三十日内将变更内容书面报告备案部门。 （3）业主大会取得备案通知书后，由业主委员会申请刻制业主大会、业主委员会相关印章。
二	组织召开业主大会	（1）业主大会定期会议每年至少召开一次。 （2）有下列情形之一的，业主委员会应当组织召开业主大会临时会议： ①经业主委员会半数以上委员或者百分之二十以上业主提议的。 ②需要提前终止物业服务合同或者重新选聘物业服务企业的。 ③业主公约或者管理规约、业主大会议事规则规定的其他情形。 （3）召开业主大会会议，应当提前三个工作日书面告知物业所在地居（村）委会。居（村）民委员会应当派员列席会议或者了解会议情况。 （4）业主大会未能及时召开，或者会议未能形成相关决议决定，以及业主就会议议题内容存在重大意见分歧的，业主委员会应当及时向居（村）委会报告。 （5）业主委员会不组织召开业主大会会议的，街道办事处、乡镇人民政府应当责令业主委员会三十日内组织召开；业主委员会逾期仍不组织召开的，由街道办事处、乡镇人民政府组织召开。
三	定期召开业主委员会会议	（1）业主委员会会议和临时会议。 ①业主委员会应当按照业主大会议事规则的规定及业主大会的决定召开会议。经三分之一以上业主委员会委员提议的，应当在七日内召开业主委员会会议。 ②业主委员会会议由主任召集和主持，主任因故不能履行职责，可以委托副主任召集。业主委员会会议应有过半数的委员出席，作出的决定必须经全体委员半数以上同意。 ③业主委员会应当于会议召开前七日，在物业区域内公告业主委员会会议的内容和议程，听取业主的意见和建议。 ④业主委员会会议应当有书面记录并存档，业主委员会会议作出的决定，应当有参会委员的签字确认，并自作出决定之日起三日内在物业区域内公告。

序号	工作事项	具体内容
		（2）有下列情况之一的，需经全体委员过半数以上签字同意且抄送每一位业主： ①提请业主大会决定住宅专项维修资金的筹集和使用。 ②提请业主大会决定调整物业服务费。 ③提请业主大会决定物业服务企业选聘方式。 ④提请业主大会批准物业服务合同。 ⑤召集业主大会临时会议。 ⑥终止委员职务以及将候补委员递补为委员。 ⑦中止委员职务并提请业主大会罢免委员职务。 ⑧涉及业主重大利益的其他决定。
四	业主委员会的职责	（1）执行业主大会的决定和决议。 （2）组织召开业主大会会议，定期向业主大会报告工作，并在物业区域内显著位置公示书面报告，接受业主询问。 （3）根据业主大会决定，代表业主与业主大会选聘或者续聘的物业服务企业签订物业服务合同。 （4）及时了解业主、物业使用人的意见和建议，监督物业服务企业履行物业服务合同，协调处理物业服务活动中的相关纠纷和问题，维护业主合法权益。 （5）督促业主、物业使用人遵守业主公约或者管理规约，调解因物业使用、维护和管理产生的纠纷。 （6）组织、监督住宅专项维修资金和物业保修金的筹集、使用。 （7）根据业主大会决定或者授权，决定共用部位、共用设施设备的经营方式和所得收益的管理、分配、使用，并公布经营所得收益和支出情况。 （8）配合街道办事处、乡镇人民政府、村（居）民委员会、公安机关等做好物业区域内的社会治安、社区建设和公益宣传等工作。 （9）法律、法规和业主公约或者管理规约规定的其他职责。
五	业主委员会工作人员的禁止行为	业主委员会委员、候补委员及聘请的工作人员不得有下列行为： （1）阻挠、妨碍业主大会行使职权或者拒不执行业主大会决定。 （2）弄虚作假，隐瞒事实真相，转移、隐匿、篡改、毁弃或者拒绝、拖延提供物业管理有关文件、资料，或者擅自使用业主大会、业主委员会印章。 （3）违反业主大会议事规则或者未经业主大会授权与物业服务企业签订、修改物业服务合同。 （4）侵占、挪用业主共有资金和收益，将业主共有资金借贷给他人或者以业主共有资金为他人提供担保。 （5）收受物业服务企业或者与其履行职务有利害关系的单位或者个人提供的红包礼金、减免收费、停车便利等利益。 （6）违规泄露业主信息。 （7）与本业主大会订立合同或者进行交易。

续表

序号	工作事项	具体内容
		（8）为在本物业区域提供服务的物业服务企业承揽、介绍相关业务或者推荐他人就业。 （9）拒不执行街道办事处、相关主管部门关于本物业区域的整改要求或者人民法院判决裁定。 （10）侵害业主合法权益的其他行为。
六	业主委员会成员中止职务的行为	业主委员会委员、候补委员有下列情形之一的，由业主委员会决定中止其职务并予以公示，提请下次业主大会会议决定终止或者恢复其职务： （1）不履行业主义务、不遵守管理规约，经劝阻后拒不改正。 （2）一年内两次无故缺席或者一年内五次请假缺席业主委员会会议。 （3）本人、配偶及其直系亲属在为本物业区域提供物业服务的企业任职。 （4）因违法违纪接受调查且被采取相应强制措施。 （5）其他不适宜担任业主委员会委员、候补委员的情形。 业主委员会未依照前款规定作出中止职务决定的，由街道办事处责令限期作出；逾期未作出的，由街道办事处作出中止相应人员职务的决定并予以公示。 中止业主委员会委员、候补委员职务时，应当允许该委员、候补委员提出申辩并记录归档。
七	公示缴费信息	业主委员会应当定期将工作情况通报全体业主，并每半年公示业主委员会委员、候补委员缴纳住宅专项维修资金、物业服务费、停车费情况以及停车位使用等情况。
八	选聘物业服务企业	物业服务企业合同期满前，业主大会或者物业服务企业解除合同，或者物业服务合同期满后，业主大会未与物业服务企业续签合同且未另行选聘物业服务企业的，业主委员会可以提请街道办事处选取应急物业服务企业提供物业服务。
九	应急维修工作	应急维修费用从住宅专项维修资金专户中支出的，由物业服务企业向住房和建设部门申请划拨。金额较小的，物业服务企业持业主委员会的书面意见向区住房和建设部门申请划拨；金额较大的，物业服务企业还应当出具街道办事处的审核意见或者相关部门整改通知书等资料，以及具有造价咨询资质的专业机构审核的预算报告。应急维修费用具体划拨程序按照住宅专项维修资金管理的相关规定执行。物业服务企业先行垫付应急维修费用的，可以在维修工程竣工验收合格以后，向住房和建设部门出具上述相关文件，办理核销手续。
十	印章管理工作	（1）业主委员会应当建立印章管理规定，并指定专人保管印章。 （2）使用业主大会印章，应当根据业主大会议事规则的规定或者业主大会会议的决定；使用业主委员会印章，应当根据业主委员会会议的决定。

序号	工作事项	具体内容
十一	业主委员会档案管理工作	业主委员会应当建立工作档案，工作档案包括以下主要内容： （1）业主大会、业主委员会的会议记录。 （2）业主大会、业主委员会的决议、决定。 （3）业主大会议事规则、管理规约和物业服务合同。 （4）业主委员会选举及备案资料。 （5）专项维修资金筹集及使用账目。 （6）业主及业主代表的名册。 （7）业主和物业使用人的意见、建议。 （8）各届业主委员会选举和备案的材料。 （9）有关法律、法规和业务往来文件。

业主大会招聘及解聘物业服务企业流程图

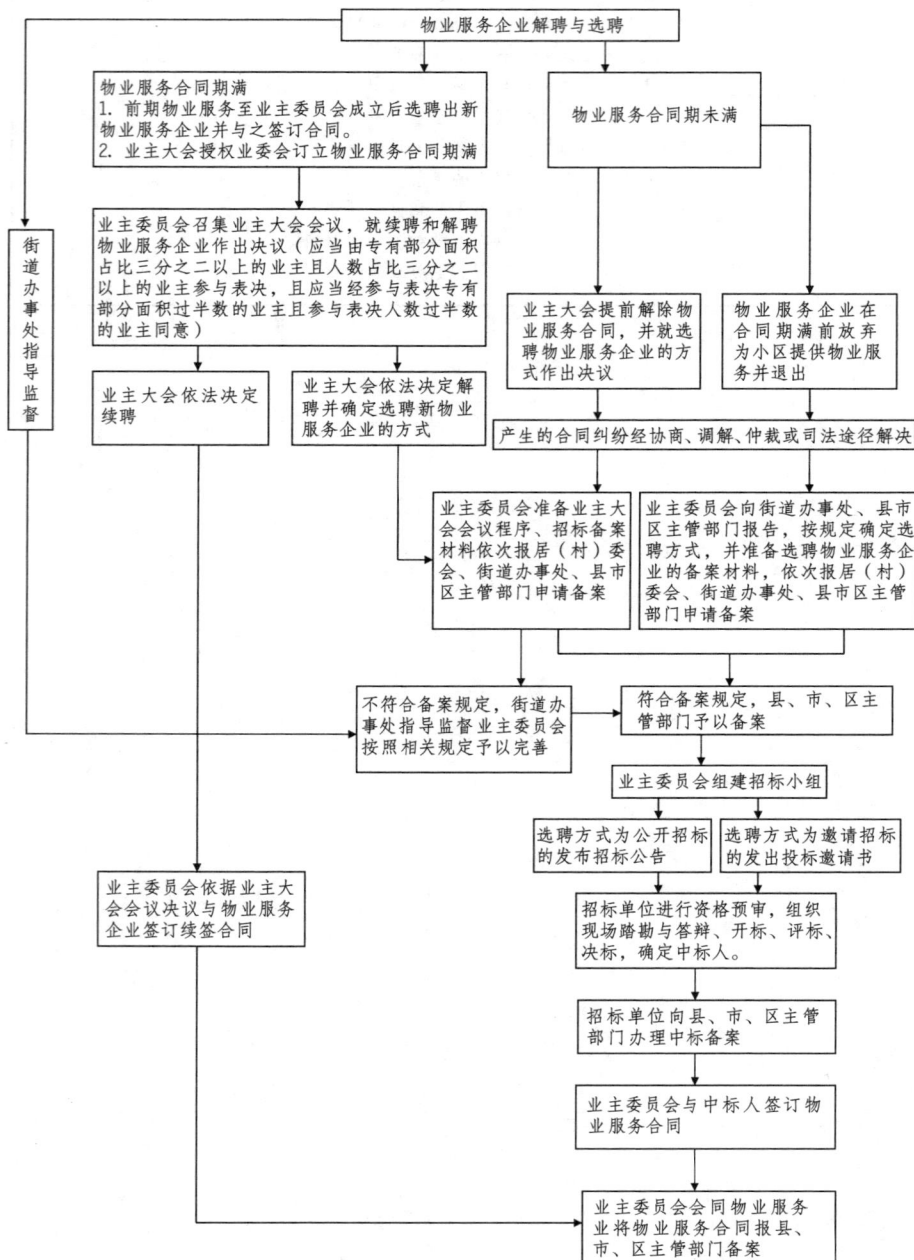

物业服务企业解聘与选聘

物业服务合同期满
1. 前期物业服务至业主委员会成立后选聘出新物业服务企业并与之签订合同。
2. 业主大会授权业委会订立物业服务合同期满

物业服务合同未满

街道办事处指导监督

业主委员会召集业主大会会议，就续聘和解聘物业服务企业作出决议（应当由专有部分面积占比三分之二以上的业主且人数占比三分之二以上的业主参与表决，且应当经参与表决专有部分面积过半数的业主且参与表决人数过半数的业主同意）

业主大会提前解除物业服务合同，并就选聘物业服务企业的方式作出决议

物业服务企业在合同期满前放弃为小区提供物业服务并退出

业主大会依法决定续聘

业主大会依法决定解聘并确定选聘新物业服务企业的方式

产生的合同纠纷经协商、调解、仲裁或司法途径解决

业主委员会准备业主大会会议程序、招标备案材料依次报居（村）委会、街道办事处、县市区主管部门申请备案

业主委员会向街道办事处、县市区主管部门报告，按规定确定选聘方式，并准备选聘物业服务企业的备案材料，依次报居（村）委会、街道办事处、县市区主管部门申请备案

不符合备案规定，街道办事处指导监督业主委员会按照相关规定予以完善

符合备案规定，县、市、区主管部门予以备案

业主委员会组建招标小组

选聘方式为公开招标的发布招标公告

选聘方式为邀请招标的发出投标邀请书

招标单位进行资格预审，组织现场踏勘与答辩、开标、评标、决标，确定中标人。

招标单位向县、市、区主管部门办理中标备案

业主委员会依据业主大会会议决议与物业服务企业签订续签合同

业主委员会与中标人签订物业服务合同

业主委员会会同物业服务业将物业服务合同报县、市、区主管部门备案

常用表格

关于请求指导_____小区成立首次业主大会的申请书

_____街道办事处/乡、镇人民政府：

兹有_____项目/小区/大厦，地址位于_____，四至范围_____，开发建设单位为_____，物业类型_____，小区总建筑面积为_____，小区专有部分总建筑面积为_____，总户数为_____，其中物业服务用房面积为_____，社区管理用房面积为_____，首次交付时间为_____。

依据《物业管理条例》《湖北省物业服务和管理条例》等法律、法规之规定，已经符合召开首次业主大会和成立业主委员会的条件。为此，建设单位拟申请召开首次业主大会并成立业主委员会（或现有_____等业主联名提出要求成立首次业主大会、选举产生首届业主委员会）。

综上，申请人认为该小区已具备成立业主大会的条件，恳请贵单位，尽快受理申请，并派员对本小区召开首次业主大会及选举业主委员会工作进行指导和监督。

特此申请，敬请批准！

申请人（签名或盖章）：

年　　月　　日

附：

物业详细地址：_____

联　系　人：_____

联　系　电　话：_____

小区成立业主大会申请人签名表

序号	姓名	性别	栋号	房号	产权证号/备案合同号	身份证号码	业主签名	备注

_____小区业主投票权人数和专有部分面积汇总表

项目规划总面积 （平方米）		项目专有部分面积 （平方米）	
项目总户数		项目投票权 总人数	

开发建设企业意见：	物业服务企业意见：	街道（乡、镇）意见：
盖章： 年　月　日	盖章： 年　月　日	盖章： 年　月　日

填表单位：

_____小区首次业主大会
建设单位向筹备组移交小区资料交接表

类　别	数　量	备　注
物业区域划分证明		
业主名册		
建筑规划总平面图		
附属设施设备交付使用备案证明		
绿化竣工总平面图		
物业服务用房配置证明		
住宅专项维修资金交存证明		
成立业主大会必需的其他文件资料		

移交方（开发建设单位签章）：
接收方（_____小区筹备组，由社区居委会/村委会代章）：

年　　月　　日

_____小区业主大会筹备组报名表

姓　　名		性别		年龄	
政治面貌				职称	
毕业院校				学历	
工作单位				职务	
身份证号码					
是否有时间参加筹备工作					
房屋坐落					
产权人					
产权证明					
备注	填写人应对以上填写内容真实性和有效性负责				

核实人：　　　　　　　　　　　核实日期：

关于_____小区首次业主大会筹备组成员名单的公示表

根据相关法律法规的规定，现成立_____小区业主大会会议筹备组，名单如下。

姓　名	性别	年龄	政治面貌	工作单位及职务	栋号	房号	备　注
							街道（乡镇）代表（组长）
							社区、（居委会、村委会）代表
							建设单位代表
							业主代表
							业主代表
							业主代表
							业主代表
							业主代表
							业主代表
							业主代表
							业主代表

特此公告

联系人：_____　　联系电话：_____

_____小区业主大会筹备组

(_____社区居委会/村委会代章)

____年___月___日

243

_____小区业主委员会委员候选人自荐表

填表日期： 年 月 日

<table>
<tr><td rowspan="11">自荐人简要情况</td><td>姓　名</td><td></td><td>性　别</td><td></td><td>栋号房号</td><td></td></tr>
<tr><td>出生年月</td><td></td><td>政治面貌</td><td></td><td>产权证号/
备案合同号</td><td></td></tr>
<tr><td>工作单位</td><td colspan="3"></td><td>联系电话</td><td></td></tr>
<tr><td>职务/职称</td><td></td><td>身份证号码</td><td colspan="3"></td></tr>
<tr><td colspan="6">自荐人简历</td></tr>
<tr><td colspan="6" style="height:300px"></td></tr>
<tr><td colspan="6">自荐人（签名）：
　　　　　　年　月　日</td></tr>
</table>

筹备组意见	
	组长（签名）： 　　　　　年　月　日

注：1. 筹备组应当审核候选人的资格，并由筹备组组长代表筹备组签署意见。

　　2. "自荐人的简要情况"由自荐人本人填写。

　　3. 自荐人应提供无侵害其他业主利益证明（物业服务费的交费记录证明等）。

_____小区业主委员会委员候选人推荐表

填表日期： 　　年　　月　　日

被推荐人简要情况	姓　名		性　别		栋号房号	
	出生年月		政治面貌		产权证号/备案合同号	
	工作单位			联系电话		
	职务/职称		身份证号码			
	被推荐人简历					
	被推荐人（签名）：					

推荐人简要情况	姓名	栋号房号	产权证号/备案合同号	联系电话	姓名	栋号房号	产权证号/备案合同号	联系电话

筹备组意见	组长（签名）：　　　　　　　　　　年　　月　　日

注：1. 筹备组应当审核候选人的资格，并由筹备组组长代表筹备组签署意见。

2. "被推荐人的简要情况"由被推荐人填写。

3. 每名业主只能参与一次推荐，每二十名业主只能推荐一名候选人。

4. 被推荐人还应提供无侵害其他业主利益证明（物业服务费的交费记录证明等）。

_____小区业主委员会委员候选人名单
公示表

根据有关法律、法规的规定，_____小区业主大会筹备组讨论决定：本物业区域业主委员会由____名委员组成，委员选举实行差额选举的方式（从____人中选____人）。现将委员候选人名单公示如下（以姓氏笔画排序）。

姓　名	性别	年龄	政治面貌	工作单位及职务	栋号	房号	备注

如有异议，请于____年____月____日之前与筹备组联系。

联系人：_____ 电话：_____ 地址：_____

_____小区业主大会筹备组

（_____社区居委会/村委会代章）

_____年____月____日

＿＿＿＿＿＿小区业主委员会候选人简历表

编号＿＿＿＿＿＿　　　　　　　　　填表日期：＿＿＿年＿＿月＿＿日

姓　　名		出生年月		
身份证号码		工作单位		照　片
政治面貌		职务/职称		
学　　历		栋号房号		
产权证号/ 备案合同号		联系电话		性别	
个人简历及竞选感言				

_____小区业主大会会议讨论事项的公告

根据物业管理相关法律法规的规定，经_____小区业主大会筹备组讨论，定于____年____月____日在小区召开业主大会会议，确定本次业主大会会议的议程如下：

（1）审议通过《管理规约》。

（2）审议通过《业主大会议事规则》。

（3）选举产生业主委员会委员。

（4）_____。

（5）_____。

（6）_____。

（7）_____。

上述（1）~_____事项需投票表决，本次会议以集体讨论/书面征求意见形式召开，请全体业主准时参加。

上述事项的书面材料，已在小区主出入口、宣传栏、楼栋单元出入口等处张贴公布；相应的选票、表决票由筹备组分发至各业主。

特此公告

_____小区业主大会筹备组

（_____社区居委会/村委会代章）

____年____月____日

_____小区业主大会选举、表决投票
授 权 委 托 书

兹委托_____代表本人（栋号房号：_____，产权证号/备案合同号：_____）参加_____年____月____日_____小区业主大会会议，进行选举/表决投票。

委托人（签字）：_____　　受托人（签字）：_____

身份证号：_____　　身份证号：_____

联系电话：_____　　联系电话：_____

_____年____月____日

附：委托人、受托人身份证复印件

_____小区业主大会表决票/选票

业主姓名		性别		电 话		
房 号		___栋___单元___号		房屋面积		_____平方米
身份证号				产权证号或合同备案号		

业主大会表决事项	表决结果		
	同意	反对	弃权
1.《管理规约》			
2.《业主大会议事规则》			
3.《业主委员会工作规则》			
4.《业主委员会选举办法》			

业主委员会委员候选人员名单

姓名	表决结果			姓名	表决结果		
	同意	反对	弃权		同意	反对	弃权
1				8			
2				9			
3				10			
4				11			
5				12			
6				13			
7				14			

另选他人：

填写说明：

1. 如赞成，在表决结果栏打"√"进行选择，反对则不必填写，另选他人的，在空白栏内填上另选人姓名。不填或填写其他符号的，视为弃权。

2. 本届业主委员会委员名额为____名，每位业主赞成的候选人数少于或等于____名的，该选票有效，多于____名的，该选票无效。

3. 如业主在投票前想改动表决意见，可领取空白选票重新填写。涂改的选票无效。

4. 选票应由业主或业主委托的代理人填写。收到选票的是实际居住者而不是业主的，应及时告知或转交给业主。

5. 业主投票时应持有本人身份证件、产权证明（产权证、购房合同、购房发票等）；委托他人投票的，受托人应持有以下资料：①委托书；②委托人业主产权证明；③委托人身份证明的合法有效证件；④受托人本人身份证明的合法有效证件。

6. 业主所持投票权按拥有的房屋建筑面积计算，每一平方米为一个投票权，不足一平方米的部分四舍五入。

投票时间：____年__月__日—____年__月__日，每天__时—__时
投票地点：_____

小区业主委员会委员选票

编号：_____

（以姓氏笔画为序）

序号	1	2	3	4	5	6	7	8	9	10	11	12	13	14	15	16	17	18	19
候选人	×	×	×	×	×	×	×	×	×	×	×								
	×	×	×	×	×	×	×	×	×	×	×								
	×	×	×	×	×	×	×	×	×	×	×								
投票栏																			

栋号房号：_____

产权证号（备案合同号）：_____

建筑面积：_____平方米　票权数：_____票

业主（签名）：_____

是否委托投票：是□　否□

业主委托投票的代理人（签名）：_____

填票时间：_____年_____月_____日　业主联系电话：_____

说明：

1. 本届业主委员会的选举采取差额选举，颁发选举进行选举（_____人中选_____人）。

2. 本表沒须用黑色、蓝色钢笔，签字笔填写，为有效票；用铅笔填写或涂改的为废票。

3. 等于或少于应选委员人数的，为有效票，填写其他符号或所选人数超过应选委员人数的为废票；超过应选人数的为废票。

4. 业主委托他人投票的，受托人应当出具业主身份证、受委托书，业主身份证复印件等相关的书面证明。

（正面）

小区业主委员会委员选票存根

编号：_____

建筑面积：_____平方米

投票权数：_____票

领票业主签名：_____

代理人签名：_____

业主电话：_____

领票时间：_____

小区第_____届业主委员会委员候选人基本情况汇总表

姓 名	性 别	年 龄	政 治 面 貌	工作单位及职务	栋 号	房 号	备 注

（反面）

小区第_____届_____业主委员会委员候选人投票结果汇总表

序号	候选人姓名	赞成				反对				弃权				备注
		总人数	所占比例	总面积	所占比例	总人数	所占比例	总面积	所占比例	总人数	所占比例	总面积	所占比例	

小区业主大会筹备组

社区居委会/村委会（代章）

_____年_____月_____日

_____小区业主大会表决票

业主大会会议召集人：_____　　　会议时间：_____

表　决　栏

（请在相应栏目内打"√"）

序号	表决事项	赞　成	反　对	弃　权
1	《管理规约》			
2	《业主大会议事规则》			
3	《业主委员会工作规则》			
4				
5				
6				
7				
8				

说明：1. 本选票请用黑色墨水笔填写，用铅笔填写或涂改的为废票。

2. 请在"赞成""反对""弃权"栏内填上你的姓名，一项表决内容只能选"赞成""反对""弃权"之一，多选或不选、涂改均视为无效。

3. 收取此表决票时，应认真核对业主身份及投票权数，非业主本人投票的，受托人应出具身份证、授权委托书、业主身份证复印件等有关的书面证明。

栋号房号：_____　建筑面积：_____平方米　投票权数_____票

产权证号（备案合同号）：_____　是否委托投票：否/是（请选择）

业主（签名）：_____

业主委托投票的代理人（签名）：_____

填写时间：_____年____月____日

_____小区业主大会筹备组

（_____社区居委会/村委会代章）

_____年____月____日

小区第＿＿届业主大会表决事项结果汇总表

序号	表决事项	赞成				反对				弃权				备注
		总人数	所占比例	总面积	所占比例	总人数	所占比例	总面积	所占比例	总人数	所占比例	总面积	所占比例	

小区业主大会筹备组

（社区居委会/村委会代章）

＿＿年＿＿月＿＿日

＿＿＿＿＿ 小区业主大会会议决定、业主委员会
组成人员选举结果等事项的公告

＿＿＿＿＿小区全体业主：

　　小区第＿＿＿次业三大会会议于＿＿＿年＿＿＿月＿＿＿日至＿＿＿日举行。会议审议通过了《管理规约》、《业主大会议事规则》、＿＿＿＿＿＿＿＿＿＿＿

＿＿＿＿＿＿＿＿＿讨论通过了＿＿＿＿＿＿＿＿＿＿＿＿＿＿等事项；选举了

＿＿＿＿＿＿＿＿＿＿＿＿＿＿＿＿＿＿＿＿为业主委员会委员。

　　＿＿＿＿年＿＿＿＿月＿＿＿＿日举行的业主委员会会议，推选＿＿＿＿＿为主任，＿＿＿＿＿＿＿为副主任。

　　本次业主大会会议筹备组依法履行职责完毕，自即日起解散。

　　特此公告

＿＿＿＿＿＿＿小区业主大会筹备组

（＿＿＿＿社区居委会/村委会代章）

＿＿＿年＿＿＿月＿＿＿日

257

_____小区业主委员会备案申请表

（第_____届）

一、本表是业主委员会备案的重要依据。申报单位要认真阅读并理解表格、说明及相关法规、政策，如实填报，对填写本表内容及所有报送资料的真实性负责。

二、本表用蓝色或黑色墨水填写，字迹要正规、整洁、清楚。统一以A4纸打印。

三、报送本表的同时提交以下资料：

1. 业主大会成立申请书。

2. 业主投票权人数和专有部分面积汇总表。

3. 业主委员会候选人投票结果汇总表。

4. 业主大会表决事项结果汇总表。

5. 业主委员会委员业主证明文件复印件及身份证复印件（须提交原件核实）。

6. 管理规约、业主大会议事规则、业主委员会工作规则。

7. 业主大会决定的其他重大事项。

四、本表一式两份，物业所在地街道办事处或乡镇人民政府留存一份，县、市、区住房和城乡建设局留存一份。

业主委员会名称：_____

备 案 日 期：_____年_____月_____日

业主委员会	名称				
	主　任		委员人数		
	副主任		候补委员人数		
	委　员				
	办公地址				
建设单位	名　称				
	负责人		电话		
物业服务企业	名　称		管理性质	前期物业（　　）业主聘用（　　）	
	负责人		电　话		

物业区域	房屋坐落		
	项目属地	街道（乡、镇）	社区（村）
	物业类型	住宅（　）大厦（　）工业（　）其他（　）	
	占地面积	平方米　栋　数	栋
	总建筑面积	万平方米　总套数	套
	入住时间	入住率	％

业主大会会议情况	会议时间		会议形式	书面（　　）现场大会（　　）	
	总业主人数		总建筑面积		
	发放选票数				
	收回选票数	有效票　　弃权票　　废票　　其他			
	参与表决业主人数		占业主总人数的比例		％
	参与表决业主专有部分面积	平方米	占专有部分总面积的比例		％
	同意业主人数		占参会业主人数的比例		％
	同意业主专有部分面积	平方米	占参会专有部分面积比例		％

会议作出决定：

1.

2.

3.

业主委员会委员、候补委员情况表

姓名	性别	年龄	栋号	房号	业主委员会职务	工作单位	联系电话

业主委员会备案申请意见	本人愿意认真履行业主委员会委员的义务，公平、公正、热心为全体业主服务，并保证本次备案提交的材料真实有效、备案结果程序合法，否则愿意承担相应的法律和经济责任。
	
	             业主委员会全体委员（签字）：
	
	                       年 月 日

所属居（村）委会意见	负责人（签名）： 单位（公章） 年 月 日
所属街道办事处（乡、镇）意见	分管负责人（签名）： 单位（公章） 年 月 日

区、县（市）住房和城乡建设局意见	物业监管科室负责人（签名）：
	
	住建局分管负责人（签名）：
	
	                         单位（公章）
	                       年 月 日

业主委员会备案通知书

编号_____

_____小区第____届业主委员会：

你会提交的备案资料收悉，现将有关事项告知如下：

一、给予你会第____届业主委员会备案，本届业主委员会成立时间为____年____月____日，任期____年。

二、业主委员会成员名单如下（按得票多少排序）：

1. _____   7. _____
2. _____   8. _____
3. _____   9. _____
4. _____   10. _____
5. _____   11. _____
6. _____

其中：主任_____   副主任_____

三、你会在向公安部门申请办理印章刻制手续后，请将印章式样报我局备案。

_____区、县（市）住房和城乡建设局（公章）
____年____月____日

抄送：_____街道办事处（乡、镇）
　　　_____社区居委会/村委会
　　　_____派出所

＿＿＿＿＿小区业主大会印章刻制证明

＿＿＿＿＿公安局：

＿＿＿＿＿＿＿（业主大会名称）已向我局备案，同意刻制的业主大会名称是（印模字样）：＿＿＿＿＿＿＿＿＿＿＿＿＿＿＿＿。

请公安机关办理准刻手续。

＿＿＿＿＿＿＿区、县（市）住房和城乡建设局

＿＿＿＿＿年＿＿月＿＿日

业主委员会印章刻制证明

＿＿＿＿＿公安局：

＿＿＿＿＿＿＿（业主委员会名称）已向我局备案，同意刻制的业主大会名称是（印模字样）：＿＿＿＿＿＿＿＿＿＿＿＿＿＿＿。

请公安机关办理准刻手续。

＿＿＿＿＿＿＿区、县（市）住房和城乡建设局

＿＿＿＿＿年＿＿月＿＿日

印章备案报告

_____区、县（市）住房和城乡建设局：

我会经公安部门批准刻制的印模如下所示：

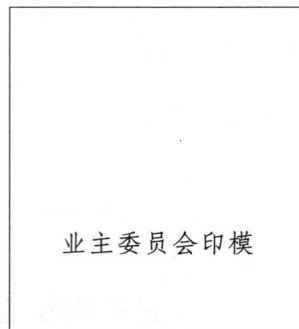

<table>
<tr><td>

业主大会印模

</td><td>

业主委员会印模

</td></tr>
</table>

特此报告

_____ 小区业主委员会

_____年____月____日

_____小区业主大会、业主委员会
印章启用的公告

_____小区即日起启用"_____业主大会"和"____
_____业主委员会"印章各一枚，并按规定使用。特此公告。

附：印章样式

<table>
<tr><td></td><td></td></tr>
</table>

_____业主委员会（盖章）

_____年____月____日

抄　送：_____区、县（市）住房和城乡建设局

_____街道办事处（乡镇）

_____社区居委会/村委会

_____派出所

_____（开发建设单位）

_____（物业服务企业）

_____ 小区业主大会征求意见表

业主大会征求意见召集人：_____ 征求意见时间：_____

征求意见栏（请在相应栏目内打"√"）

序号	征求意见事项	赞成	反对	弃权
1				
2				
3				
4				
5				
6				
7				
8				

说明：1. 本意见表请用黑色墨水笔填写，用铅笔填写或涂改的为废票。

2. 请在"赞成""反对""弃权"栏内填上你的姓名，一项征求意见内容只能选"赞成""反对""弃权"之一，多选或不选、涂改均视为无效。

3. 收取此征求意见表时，应认真核对业主身份及征求意见数，非业主本人的，受托人应出具身份证、业主授权委托书、业主身份证复印件等有关的书面证明。

栋号房号：_____ 建筑面积：_____ 平方米

投票权数_____票 产权证号（备案合同号）：_____

是否委托征求意见：否/是（请选择）

业主（签名）：_____ 业主委托投票的代理人（签名）：_____

填写时间：_____年____月____日

_____小区业主委员会

_____年____月____日

小区解聘/续聘物业服务企业表决意见表

（请在相应栏内打"√"）

表决事项	赞成	反对	弃权	签名
解聘/续聘＿＿＿＿＿＿＿＿＿＿物业公司				

注：1. 本表决意见表请用黑色、蓝色钢笔、签字笔填写，用铅笔填写或涂改的为废票。

2. 请在"赞同""反对""弃权"栏内打"√"，只能选"赞同""反对""弃权"之一，多选或不选、涂改均视为无效。

3. 收到此表决意见表时，应认真核对业主身份及其投票权数，非业主本人表决的，受托人应出具身份证、授权委托书、业主身份证复印件等有关书面证明。

栋号房号：＿＿＿＿＿＿＿　建筑面积：＿＿＿＿＿平方米

投票权数＿＿＿＿＿票

是否委托投票：是□ 否□（请在框内打"√"）

业主（签名）：＿＿＿＿＿＿ 业主委托投票的代理人（签名）：＿＿＿＿＿＿

填写时间：＿＿＿年＿＿＿月＿＿＿日

业主委员会（盖章）

＿＿＿＿＿年＿＿＿月＿＿＿日

- -

表决意见单存根

编号：＿＿＿＿＿＿＿＿＿　　栋号房号：＿＿＿＿＿＿＿＿＿

建筑面积：＿＿＿＿＿＿平方米　票权数：＿＿＿＿＿＿票

领票业主签名：＿＿＿＿＿＿　代理人签名：＿＿＿＿＿＿电话：＿＿＿＿＿＿

领票时间：＿＿＿＿＿＿

_____小区选聘物业服务企业选票

（请在相应栏内打"√"）

候选单位	投票栏	备注
物业公司		
物业公司		
物业公司		

注：1. 本选票请用黑色、蓝色钢笔、签字笔填写，用铅笔填写或涂改的为废票。

2. 请在你认可的候选单位投票栏内打"√"；只能选一个，多选或不选、涂改均视为无效。

3. 收到此选票时，应认真核对业主身份及其投票权数，非业主本人投票的，受托人应出具身份证、授权委托书、业主身份证复印件等有关书面证明。

栋号房号：_____ 建筑面积：_____平方米 投票权数_____票
是否委托投票：是□ 否□（请在框内打"√"）
业主（签名）：_____ 业主委托投票的代理人（签名）：_____
填写时间：_____年____月____日

业主委员会（盖章）：
_____年____月____日

- -

选聘物业服务企业选票存根

编号：_____ 栋号房号：_____
建筑面积：_____平方米 票权数：_____票
领票业主签名：_____ 代理人签名：_____业主电话：_____
领票时间：_____

_____小区使用住宅专用维修资金业主意见签名表

小区维修（更新/改造）内容	

目前本小区上述项目损坏，需进行维修，预算总维修费为_____元，受益业主按各自拥有的专有部分面积承担维修费用_____元/平方米。现就是否动用住宅专用维修资金事宜征求相关业主意见，请业主在下表中"业主意见"栏中写明意见，并在"业主签名"栏内签名或盖章确认。

序号	门牌号	建筑面积（平方米）	业主姓名	业主意见		业主签名	联系电话	备注
				同意	不同意			
1								
2								
3								

填报单位承诺：所提供的签名等信息真实有效，如不属实，自行承担法律责任

填报单位：（业主委员会盖章） _____年___月___日	管理单位盖章： _____年___月___日

备注：1. 按相关政策提取住宅专用维修资金后不足部分以及未交纳住宅专用维修资金的业主参与现金分摊；

2. 填写内容和签名必须使用钢笔或墨水笔，否则无效；

3. 如没有成立业主委员会，则由管理单位负责征求意见并办理住宅专用维修资金使用手续。

经办人：_____签名时间段：_____年___月___日至_____年___月___日

公告模板

一号公告

关于报名参加_____小区
首次业主大会筹备组的
通知

_____小区全体业主：

依据《湖北省物业服务和管理条例》第二十条、第二十一条、第二十二条之规定，以及_____年____月____日收到的_____县/市/区住房和城乡建设局《关于_____小区召开首次业主大会的函》，本小区即将召开首次业主大会并选举业主委员会。为顺利开展业主大会筹备工作，拟定于_____年____月____日起开展成立业主大会及选举产生业主委员会的筹备工作，请广大业主积极配合，踊跃参与，共同做好这项工作。

现将报名参加业主大会筹备组成员的有关事宜通知如下：

一、筹备组成员报名条件

1. 本物业区域内的业主，且能模范履行业主义务。

2. 遵守国家有关法律、法规。

3. 具有完全民事行为能力，具有必要的工作时间和一定的组织能力。

4. 热心公益事业，责任心强，公正廉洁。

5. 本人及其亲属未在为本小区提供物业服务的物业服务企业中任职。

二、报名方法

采取自荐和推荐的方式。符合报名条件的业主，请到社区居委会领取《筹备组成员自（推）荐表》。

三、报名时间、地点

报名时间为____个工作日，从_____年____月____日____时至_____年____月____日____时止，逾期无效。

请欲报名参加业主大会筹备组成员的业主，在规定的时间内，将报名表、产权证明、身份证复印件（带原件核查）交到居（村）委会委托接收人。业主为单位产权的，还需提供单位出具的书面委托书和法定代表人身份证明。

四、筹备组成员构成

业主大会筹备组人数为____人。筹备组成员由业主和街道办事处或乡镇人民政府、居（村）委会、建设单位代表组成，其中业主所占比例不得低于筹备组总人数的二分之一。

五、筹备组成员确定

已在上述规定时间内提交报名材料的业主、建设单位代表请于_____年____月____日____时到_____参加确定业主大会筹备组成员的会议。

业主因有事不能来参加会议的，应书面请假并委托其他业主代表参加；届时不参加的，则视为放弃。如业主成员人数众多，则采用抽签方式（或投票表决方式）确定筹备组成员。

六、联系方式

筹备组办公地点：_____

联系人（村居干部）：_____

电话：_____   邮箱：_____

小区是我家，建设管理靠大家！我们期待您的参与，为小区建设奉献您的一份力量、一份热情！

特此公告

（_____社区居委会/村委会代章）

_____年____月____日

二号公告

关于_____小区业主大会筹备组成员名单的公示

_____小区全体业主：

依据国务院《物业管理条例》、住房和城乡建设部《业主大会和业主委员会指导规则》等规定，在_____社区居委会的指导和监督下，从报名参加筹备组的业主□拟定下列人员为首次业主大会筹备组的成员，现予以公示。

姓名	性别	年龄	政治面貌	房号	工作单位
......					

业主大会筹备组成员名单（排名不分先后）。

以上名单公示期为_____日。业主对上述筹备人员如有异议，请于_____年____月____日前以书面形式签署真实姓名送交_____街道办事处/居（村）委会，联系人：_____，联系电话：_____，地址：_____。

特此公告

_____小区业主大会筹备组

（_____社区居委会/村委会代章）

____年___月___日

三号公告

小区业主大会筹备组成立公告

_____小区全体业主：

首次业主大会筹备组成员名单已于_____年___月___日在本物业区域公示，现公示期已到，在公示期间未接到任何异议（或异议不成立）。现宣布_____小区首次业主大会筹备组正式成立。

依据《湖北省物业服务和管理条例》第二十二条规定，业主大会会议筹备组由业主和街道办事处、乡（镇）人民政府、居（村）委会、建设单位代表组成，其中业主所占比例不得低于筹备组总人数的二分之一，筹备组组长由街道党工委、办事处或者乡镇党委、人民政府的代表担任。本小区业主大会筹备组由下列人员组成：

组　　长：_____（乡/镇、街道办代表担任）

副组长：_____（所在地居/村委会代表担任）

副组长：_____

组　　员：_____

筹备组主要工作职责如下：

1. 拟定业主大会和业主委员会的筹备方案。

2. 拟定管理规约、业主大会议事规则、业主委员会工作规则等文件草案。

3. 确定业主委员会委员的人数。

4. 确定业主大会会议召开的时间、地点、形式和内容（议题），做好会务准备工作。

5. 确认业主的身份及其在业主大会的投票权数。

6. 制定业主委员会的选举办法，并在业主中推选表决票、选票的发放人、计票人和监票人各若干名。

7. 宣传物业管理的有关法规、政策。

8. 召开首次业主大会会议的其他准备工作。

筹备组在业主委员会正式成立后自行解散。

联系人：_____，联系电话：_____，筹备组办公地

点：_____。

特此公告

_____小区业主大会筹备组

(_____社区居委会/村委会代章)

_____年___月___日

四号公告

关于业主委员会委员候选人报名的通知

_____小区全体业主：

依据国务院《物业管理条例》、住房和城乡建设部《业主大会和业主委员会指导规则》等规定，在_____社区居委会的指导和监督下，本着公开、公平、公正和诚实信用的原则，将由全体业主投票选举产生_____小区首届业主委员会。现拟启动业主委员会委员候选人的报名工作，希望广大业主踊跃报名参与。

一、业主委员会委员候选人应具备以下各项条件

1. 拥有本物业区域内的房屋产权。

2. 具有完全民事行为能力。

3. 遵守国家有关法律法规。

4. 遵守业主大会议事规则、管理规约，模范履行业主义务，交纳物业服务费。

5. 热心公益事业，责任心强，公正廉洁，具有社会公信力。

6. 具有一定组织能力。

7. 具备必要的工作时间。

二、业主委员会委员候选人报名方法

采取自荐及十名以上业主同意推荐的方式。

符合上述条件的业主，到筹备组领取《业主委员会委员候选人报名（推荐）表》。

三、报名时间、地点

报名时间：自____年____月____日至____年____月____日止，逾期无效。

报名地点：_____业主大会筹备组。

报名时请携带产权证明和身份证复印件（带原件验核）。

四、联系人及方式

联系人：_____，联系电话：_____，筹备组办公地点：_____。

特此公告

　　　　　　　　　　　＿＿＿＿＿＿＿＿＿＿小区业主大会筹备组

　　　　　　　　　　　（＿＿＿＿＿社区居委会/村委会代章）

　　　　　　　　　　　　　＿＿＿＿年＿＿月＿＿日

关于延长业主委员会委员候选人报名时间的通知

　　＿＿＿＿＿＿＿＿＿小区全体业主：

　　在＿＿＿＿年＿＿月＿＿日至＿＿＿＿年＿＿月＿＿日共计＿＿＿＿天的报名期限内，业主报名参加业主委员会候选人的人数尚未达到选举所需人数。为了能顺利进行本次选举工作，经筹备组讨论，决定延长候选人报名的时间。

　　报名时间：自＿＿＿＿年＿＿月＿＿日至＿＿＿＿年＿＿月＿＿日止，逾期无效。

　　报名地点：＿＿＿＿＿＿＿＿＿＿＿业主大会筹备组。

　　联系人：＿＿＿＿＿＿，联系电话：＿＿＿＿＿＿＿＿＿＿，筹备组办公地点：

＿＿＿＿＿＿＿＿＿＿＿＿＿＿＿。

　　特此公告

　　　　　　　　　　　＿＿＿＿＿＿＿＿＿＿小区业主大会筹备组

　　　　　　　　　　　（＿＿＿＿＿社区居委会/村委会代章）

　　　　　　　　　　　　　＿＿＿＿年＿＿月＿＿日

五号公告

首届业主委员会委员候选人名单公示

_____小区全体业主：

依据国务院《物业管理条例》、住房和城乡建设部《业主大会和业主委员会指导规则》等规定，在_____社区居委会的指导和监督下，以业主个人自荐和业主联名推荐的方式，小区已产生业主委员会委员初步候选人，现将符合首届业主委员会委员候选人条件的候选人进行公示。

姓名	性别	年龄	政治面貌	房号	工作单位
……					

业主委员会委员候选人名单（排名不分先后）。

（附：上述委员候选人报名表）

如对上述业主委员会候选人有异议，请在本通告张贴之日起____日内，于_____年___月___日至_____年___月___日，以书面形式（签署真实姓名）报告_____社区居委会，联系人：_____，联系电话：_____，筹备组办公地点：_____。

业主大会筹备组将会同街道办/党工委、社区"两委"组成考察组，广泛听取党员、业主和有关单位的意见，对以上候选人进行考察。

特此公告

_____小区业主大会筹备组

（_____社区居委会/村委会代章）

_____年___月___日

六号公告

关于征求对《管理规约》等文件草案修改意见的通知

_____小区全体业主：

业主大会筹备组根据有关规定已经拟定出《_____小区管理规约》《_____小区业主大会议事规则》《_____小区业主委员会工作规则》《_____小区业主委员会的选举办法》，现征求广大业主意见，请于_____年____月____日之前以书面形式将修改意见或建议反馈到筹备组。

附件：

1.《_____小区管理规约（草案）》

2.《_____小区业主大会议事规则（草案）》

3.《_____小区业主委员会工作规则（草案）》

4.《_____小区业主委员会的选举办法（草案）》

特此公告

_____小区业主大会筹备组

(_____社区居委会/村委会代章)

_____年____月____日

七号公告

_____小区召开首次业主大会会议的时间、地点、形式和内容的公告

_____小区全体业主：

依据《_____小区业主委员会选举办法》，在经_____小区业主大会筹备组会议讨论并公示后，现将_____小区业主大会会议召开相关内容公告如下：

1. 业主大会现场召开时间：_____年___月___日___时。

2. 业主大会召开地点：_____。

3. 业主大会召开形式：现场大会（或书面征求意见）（或现场和书面相结合的方式）。

4. 业主大会参加人员：全体小区业主（或业主代表）。

业主大会列席人员：街道办事处或乡镇人民政府、居（村）民委员会、房产主管部门、公安部门的代表。

5. 会议主持：小区业主大会筹备组。

6. 会议程序：

（1）由主持人介绍大会参加人员，会议议程，宣布大会开始。

（2）由筹备组组长_____介绍大会筹备工作开展情况及候选人基本情况。

（3）由业主委员会委员候选人分别发表竞选发言。

（4）主持人介绍业主委员会选举表决投票要求。

（5）业主大会表决通过《管理规约》《议事规则》《业主委员会工作规则》等制度规约。

（6）参加业主大会的业主投票选举产生业主委员会委员。

7. 请广大业主相互转告，积极参与，如有疑问请与业主大会筹备组联系。

联系人：_____，联系电话：_____，筹备组办公地点：

_____。

特此公告

_____小区业主大会筹备组

(_____社区居委会/村委会代章)

_____年___月___日

八号公告

_____小区业主委员会选举/表决结果公示

_____小区全体业主：

小区业主大会投票表决和业主委员会选举结果于_____年___月___日开箱验票。在部分业主代表和社区居委会的见证下，业主大会议定事项经投票表决顺利通过，现将有关情况公示如下：

一、《_____小区管理规约》《_____小区业主大会议事规则》《_____小区业主委员会工作规则》等制度规约，经本小区专有部分面积占比三分之二以上的业主且人数占比三分之二以上的业主参与表决，并且经参与表决专有部分面积过半数的业主且参与表决人数过半数的业主同意，即时生效。

二、_____小区业主委员会委员_____位候选人，经本小区专有部分面积占比三分之二以上的业主且人数占比三分之二以上的业主参与表决，并且经参与表决专有部分面积过半数的业主且参与表决人数过半数的业主同意，现已当选，名单如下：

姓名：_____，同意_____票，面积_____；

姓名：_____，同意_____票，面积_____；

姓名：_____，同意_____票，面积_____；

......

公示时间：_____年___月___日至_____年___月___日。

对以上公示如有异议，请于_____年___月___日前，以书面形式并签署真实姓名及联系地址送_____小区业主大会筹备组或送_____社区居委会。

联系人：_____，联系电话：_____，筹备组办公地点：_____。

特此公告

_____小区业主大会筹备组

(_____社区居委会/村委会代章)

_____年___月___日

九号公告

_____小区业主委员会成立公告

_____小区全体业主：

依据国务院《物业管理条例》、住房和城乡建设部《业主大会和业主委员会指导规则》等规定，在_____社区居委会的指导和监督下，在小区全体业主积极参与下，按照法定程序召开业主大会并投票表决和选举，本小区第____届业主委员会现在宣布正式成立。

经_____小区业主委员会第一次会议选举并研究商定，业主委员会委员具体分工如下：

主　任：_____　　　副主任：_____

委　员：_____

候补委员：_____（如不设置就无须填写）

业主大会已按照法定程序通过《_____小区管理规约》《_____小区业主大会议事规则》《_____业主委员会工作规则》。根据物业管理相关法律法规及管理规约规定，业主大会做出的决定对全体业主具有约束力，请全体业主共同遵守《管理规约》，并协助和支持本届业主委员会开展工作。

本届业主委员会任期为_____年，从_____年____月____日至_____年____月____日。

本届业主委员会将认真履行职责，配合并监督物业服务企业做好小区的物业管理和服务工作。

附：1.《_____小区管理规约》

　　2.《_____小区业主大会议事规则》

　　3.《_____业主委员会工作规则》

特此公告

　　　　　　　　　　　　_____小区业主大会筹备组

　　　　　　　　　　　　（_____社区居委会/村委会代章）

　　　　　　　　　　　　_____年____月____日

示范文本

管理规约①

为了维护_____（物业区域名称）全体业主和物业使用人的合法权益，维护物业区域公共秩序，营造安全、舒适、文明、和谐的生活和工作环境，制定本管理规约（以下简称规约）。本规约对物业区域内的业主和物业使用人均有约束力。

物业区域名称：_____

坐落位置：_____市（州）_____（县）区_____街（乡、镇）_____号

物业类型：_____

总建筑面积：_____

总栋数：_____

总户数：_____

物业区域四至：

东_____；南_____；

西_____；北_____。

第一章　业主的基本义务

第一条　业主（物业使用人）应当遵守相关法律、法规、规章和政策的规定，履行相应的权利和义务，不得以放弃权利而不履行义务。

业主（物业使用人）应当执行、遵守业主大会或业主代表大会通过的各项决议和有关决定，支持、配合业主委员会的工作。

业主应当按照合同约定交纳物业服务费用。

业主应当按照住宅专项维修资金管理有关规定、本规约及业主大会决议使用、管理和续筹住宅专项维修资金。

---

① 本规约是湖北省住房和城乡建设厅制定的示范文本，笔者在引用时，依据《民法典》新规定对其条文进行了相应调整。

业主分户账面住宅专项维修资金余额不足首期交存额百分之三十的，应当及时续交。

业主（物业使用人）应当遵守本物业区域的管理制度，积极支持、配合物业服务企业的服务和管理活动。

第二条 本物业区域内设立一个业主大会。业主大会由本物业区域内的全体业主组成，代表和维护全体业主在物业管理活动中的合法权益。

业主大会通过业主大会会议选举产生业主委员会作为执行机构；业主大会、业主委员会依法、依本规约和业主大会议事规则、业主委员会工作规则履职。

业主大会依法作出的决定，对业主（物业使用人）具有约束力，业主（物业使用人）应当服从并自觉遵守。

业主大会、业主委员会作出的决议违反法律法规的，业主可以向物业所在地区房产行政主管部门或街道办事处、乡镇人民政府投诉、举报，由受理单位依法责令限期改正或撤销其决定，并通报全体业主；业主大会、业主委员会作出的决定侵害业主合法权益的，受侵害的业主可以依法请求人民法院予以撤销。

第三条 在物业使用和维护中，业主、物业使用人应当遵守相关法律法规和政策规定、本规约约定及业主大会决议，按照有利于物业使用效能发挥、方便生活、团结互助、公平合理的原则，正确处理供水、排水、通行、通风、采光、环境卫生、园林保护、房屋及设施设备维修、装饰装修等相邻关系。

第四条 业主应向业主委员会或者向负责物业管理的单位提供有效联系方式，确保能得到及时沟通，联系方式变更的应及时通知业主委员会更新。业主不提供或未提供有效联系方式的，相关资料邮递或投送至物业所在地的该户业主信报箱、专有房屋内或者按原预留联系地址等通讯方式的视为送达，采取留置送达的，应附拍照、录像等方式记录送达过程。

第五条 物业服务费按房屋所有权证或不动产权证登记的建筑面积计算；尚未办理权属登记的，按房屋买卖合同记载的建筑面积计算。

业主与物业使用人约定由物业使用人交纳物业服务费用的，从其约定，业主负有连带责任。

业主委托物业服务企业提供物业服务合同约定以外的其他专项服务、特约服务的，其费用由双方约定。

第二章　物业的使用

第六条　本物业区域内的业主（物业使用人）应当遵守相关法律法规、政策规定、本规约和本物业区域《房屋使用说明书》等规定，并按照下列规定使用物业：

（一）按照规划管理部门批准或者不动产登记簿载明的用途使用物业专有部分，不得擅自改变物业专有部分使用性质；

（二）装饰装修工程施工，应遵守住建部《住宅室内装饰装修管理办法》等规定，在工程开工前，应当事先告知物业服务企业，并签订装饰装修管理服务协议；遵守装饰装修的注意事项，不从事装饰装修的禁止行为，不得影响毗邻房屋的使用安全；主动配合物业服务企业依据有关规定和物业服务合同的约定，对装饰装修活动进行监督检查；

（三）在指定地点放置装饰装修材料及建筑垃圾，不得擅自占用共有部位。施工期间应采取有效措施，减轻或避免施工过程中对相邻业主（物业使用人）日常生活造成的影响，晚间_____时至次日上午_____时和节假日，不得从事敲、凿、锯、钻等产生严重噪声、粉尘的施工；

（四）因装饰装修房屋造成物业共有部位、共用设施设备损害以及侵害相邻业主合法权益的，应及时停止侵害、恢复原状，造成人身财产损失的，应承担相应的赔偿责任；

（五）安装空调，应当按照房屋设计预留的位置安装，未预留位置的，按照有关规定或者物业服务企业指定的位置安装，并确保安全；

（六）合理使用水、电、气、通讯、环卫等共有设施设备，不得擅自拆改相关管线、设备；

（七）使用电梯，应遵守电梯使用管理相关法律法规、行政规定和本物业区域内电梯使用约定；

（八）停放车辆，应遵守交通管理法律法规和本物业区域内车辆停放等规定；

（九）阳台封闭，＿＿＿＿＿＿＿＿＿＿＿＿＿＿＿＿；

（十）太阳能热水器安装，＿＿＿＿＿＿＿＿＿＿＿＿＿；

（十一）晒衣架安装，＿＿＿＿＿＿＿＿＿＿＿＿＿＿；

（十二）法律、法规政策的其他规定。

第七条 业主（物业使用人）在使用物业中，除应当遵守法律、法规和政策的规定外，不得从事下列危及建筑物安全、损害他人合法权益等行为：

（一）损坏或者擅自改变房屋承重结构、主体结构和门窗位置，超荷载存放物品；

（二）将没有防水功能的房间或者阳台改为卫生间、厨房，或者将卫生间改在下层住户的客厅、厨房、卧室、书房的上方；

（三）违章搭建，破坏、擅自改变房屋外貌或者擅自改变架空层、设备层等共有部位、共用设施设备规划功能用途；

（四）擅自占用、挖掘物业区域内共有道路、场地等部位，损毁树木、绿地等环境；

（五）违反安全标准存放易燃、易爆、剧毒、放射性等危险物品，擅自占压、迁移燃气管道，损坏或者擅自停用公共消防设施和器材，妨碍公共通道、安全出口、消防通道畅通；

（六）随意弃置垃圾、排放污水、高空抛物或者露天焚烧杂物，制造超过规定标准的噪声、振动、光源等；

（七）擅自在公共区域架设电线、电缆，在建筑物、构筑物上悬挂、张贴、涂写、刻画，在楼道等业主共用部位堆放物品；

（八）违反规定随意停放车辆，＿＿＿＿＿＿＿＿＿＿＿＿＿；

（九）分隔出租房屋，违反规定出租房屋，＿＿＿＿＿＿＿＿；

（十）违反养犬规范要求，饲养国家禁止的大型犬类，放养家禽、宠物，影响公共环境以及违反规定种植植物等；

（十一）擅自在房屋建筑的阳台、天台及外墙上安装遮阳光帘、遮篷、花架等其他结构，不按指定位置安装空调外机且不进行滴水处理；

（十二）使用电梯时超载、运载粗重物品，在轿厢内吸烟、张贴、涂画或损伤内壁；

（十三）危害公共利益、侵害他人合法权益或其他不道德的行为；

（十四）_____；

（十五）法律、法规、规章和政策禁止的其他行为。

第三章　物业的维护保养

第八条　业主、物业使用人同意按照下列规定维修养护物业：

（一）对物业专有部分的维护保养，不得侵害其他业主的合法权益；

（二）因维修养护物业确需进入相关业主的物业专有部分时，业主或物业服务企业应事先告知相关业主，相关业主应给予必要配合；相关业主阻挠维修养护造成物业损坏及其他损失的，应负责维修并承担赔偿责任；

（三）因维修物业或者公共利益，确需临时占用、挖掘道路、场地的，需向业主委员会或物业服务企业提出申请，经书面同意后方可实施，并在约定期限内恢复原状；造成损失的，应当承担赔偿责任；

（四）物业在使用中存在安全隐患，可能危及他人人身财产安全、公共安全的，责任人应当及时安排维修；责任人不履行的，物业服务企业可组织应急维修，费用由责任人承担。维修人员需进入物业专有部位的，相关业主应支持配合，拒不支持配合的，对造成的损失承担责任；

（五）当物业服务企业对物业共有部分维修养护时，相关业主或物业使用人应予以配合；人为造成本物业共有部分或其他业主房屋及附属设施设备损坏的，由造成损坏的责任人负责修复并承担赔偿责任；

（六）在国家规定的保修期限和保修范围内出现非人为质量问题或使用功能故障，由建设单位负责保修。建设单位拒绝维修或者拖延维修的，业主可以自行或者委托他人维修，维修费用及维修期间造成的其他损失由建设单位承担。

第九条　业主（物业使用人）违反物业区域_____约定的，物业服务企业有权劝阻、制止；业主（物业使用人）拒不改正的，物业服务企业应及时向业主委员会及有关主管部门报告，同时还可以采取下列措施予以制止：

（一）＿＿＿＿＿＿＿＿＿＿＿＿＿＿＿＿＿＿＿＿＿＿；

（二）＿＿＿＿＿＿＿＿＿＿＿＿＿＿＿＿＿＿＿＿＿＿；

（三）＿＿＿＿＿＿＿＿＿＿＿＿＿＿＿＿＿＿＿＿＿＿；

（四）＿＿＿＿＿＿＿＿＿＿＿＿＿＿＿＿＿＿＿＿＿＿。

第四章　公共管理

第十条　物业公共管理应遵守以下规定：

（一）属于全体业主或相关业主的共有部分，禁止任何单位、个人侵占、处分或者改作他用；

（二）业主对共有部分享有权利、承担义务，不得以放弃权利不履行义务；

（三）业主拒付物业服务费用、不缴存住宅专项维修资金的，不得享有所得违约金、物业共有部分经营收益的分配；

（四）业主转让建筑物内的专有部分，其对共有部分享有的共有和共同管理的权利一并转让；

（五）物业服务企业违反物业服务合同约定的违约金，属于全体业主所有，主要用于补充住宅专项维修资金，统一归集到住宅专项维修资金监管账户；

（六）业主委员会应当至少每半年一次公布物业区域内共有部分经营所得收益情况，接受业主大会、业主的监督；

（七）利用物业共有部分经营的，应当符合法律、法规和本规约的规定，并经业主大会或者相关业主共同决定后，按照物业服务合同约定委托物业服务企业统一实施。

利用物业共有部分经营所得收益，属于业主共有，按下列第＿＿＿＿＿＿种方式分配：

1. 用于补充住宅专项维修资金，统一归集到住宅专项维修资金监管专户；

2. 用于业主大会会议决定事项；

3. _____ 。

（八）所得违约金及利用物业共有部分经营所得收益，按照业主专有部分占建筑物总面积的比例分配到住宅专项维修资金专户账户。

第十一条 业主转让或者出租物业专有部分时，应将本规约向受让人和承租人明示，并于物业专有部分买卖合同或者租赁合同签订之日起三十日内，将物业专有部分转让或者出租情况和通讯方式书面告知物业服务企业、业主委员会。

房屋出租应当遵守相关法律、法规、政策规定，尊重社会公德，不得危及物业的安全，不得损害其他业主的合法权益。

房屋出租必须符合规定的房屋出租条件和人均承租面积标准；不得擅自改变房屋原设计功能和布局，对房屋进行分割搭建，按床位出租或转租，或将厨房、卫生间、客厅等改成卧室出租或转租。

对违反本规约出租或转租的，业主委员会可书面责成业主、使用人立即终止租赁行为。

业主转让物业专有部分，应当结清欠交的物业服务费用、住宅专项维修资金等；出租物业，约定由承租人交纳物业服务费用的，从其约定，业主负连带交纳责任。

第五章　违约责任

第十二条 业主、使用人违反本规约规定，侵害他人合法权益的，业主大会、业主委员会、物业服务企业有权要求其改正；业主、使用人拒不改正的，应承担以下违约责任，授权物业服务企业在本物业区域内公布该业主、使用人的姓名及违约事实，并承担：

（一）向全体业主或相应业主支付违约金 _____ ；

（二）损害赔偿；

（三）_____ 。

第十三条 业主未按规定交纳物业服务费用的，业主委员会应当配合物业服务企业督促其限期交付；业主逾期仍未交纳的，物业服务企业、业主委员会可以在本物业区域内公布物业服务费用收交情况，并注明欠交费用的业主房号；仍未交纳的，物业服务企业可依照相关法律、法规，向物业所在地仲裁委员会申请仲裁或向物业所在地人民法院提起诉讼。

第十四条 物业使用人在物业管理活动中违反本规约的，相关业主承担连带责任。

第十五条 业主之间发生纠纷，可依本规约协商解决，协商不成的，可由业主委员会或物业所在地街道办事处、乡镇人民政府、社区居（村）民委员会进行调解；调解不成的，可以依法向物业所在地仲裁委员会申请仲裁，或向物业所在地人民法院提起诉讼。

因物业纠纷引起的民事诉讼，其费用由参加诉讼的业主依法承担；属共同诉讼的，经业主授权，推荐诉讼代表人具体实施，诉讼费用由参加共同诉讼的业主依法共同承担。

第六章 附 则

第十六条 本规约自首次业主大会会议表决通过之日（＿＿＿年＿＿月＿＿日）起生效。

本规约未尽事项由业主大会会议补充，由业主委员会根据业主大会的决议修改，自业主大会会议表决通过之日起生效。

第十七条 物业的所有权发生变更时，规约的效力及于物业的继受人。建设单位制定的临时管理规约，参照本规约执行。

第十八条 制定和修改的管理规约，业主各执一份，业主委员会留存一份，＿＿＿＿社区居（村）民委员会存档一份，并报送小区所在地＿＿＿＿＿＿房产行政主管部门和＿＿＿＿＿＿街道办事处（乡、镇人民政府）备案。

＿＿＿＿＿小区业主大会（盖章）

＿＿＿＿年＿＿月＿＿日

业主大会议事规则①

为了规范业主大会和业主委员会在物业管理中的活动，维护业主的共同利益和合法权益，根据《民法典》物权编、国务院《物业管理条例》、《湖北省物业和管理条例》以及住房和城乡建设部《业主大会和业主委员会指导规则》等相关规定，制定本业主大会议事规则（以下简称本规则）。

业主大会依法通过的决议、决定对本物业区域内的全体业主具有约束力。

第一章 总 则

第一条 业主大会名称：＿＿＿＿＿＿＿＿（项目名称）业主大会

项目地址：＿＿＿＿市（州）＿＿＿＿县（区）＿＿＿＿街（乡、镇）＿＿＿＿号；

业主委员会议事活动用房座落：＿＿＿＿＿＿＿＿＿＿＿＿＿＿＿＿。

第二条 本业主大会由物业区域内的全体业主组成，是业主集体行使权利和维护全体业主在物业管理活动中合法权益的组织。

第三条 业主大会、业主委员会应自觉接受物业所在地街道办事处、乡镇人民政府、社区居（村）民委员会、房产行政主管部门和相关行政管理部门的指导和监督，依法履行职责，规范运作。

业主大会、业主委员会应积极配合公安机关，与社区居（村）民委员会相互协作，共同做好维护物业区域内的社会治安等相关工作。

在物业区域内，业主大会、业主委员会应积极配合物业所在地社区居（村）民委员会依法履行自治管理职责，支持社区居（村）民委员会开展工作，并接受其指导和监督。

业主大会、业主委员会作出的决定，应当及时告知物业所在地社区居

---

① 本规则是湖北省住房和城乡建设厅制定的示范文本，笔者在引用时，依据《民法典》新规定对其条文进行了相应调整。

（村）民委员会，并听取社区居（村）民委员会的建议。

业主大会、业主委员会在日常运作中遇到矛盾纠纷时，提交物业所在地街道办事处、乡镇人民政府、社区居（村）民委员会协调解决。

第二章　业主大会

第一节　成　　立

第四条　业主大会自首次业主大会会议表决通过《管理规约》《业主大会议事规则》《业主委员会工作规则》并选举产生业主委员会之日起成立。

第五条　业主大会依法成立后三十日内，业主委员会应当就业主大会成立事项向街道办事处、乡镇人民政府和物业所在地区房产行政主管部门备案，并依法刻制和使用业主大会（业主委员会）印章。

业主大会成立备案后，业主委员会应当将备案情况以及本届业主委员会委员的姓名、联系电话和委员分工情况等在本物业区域内公示。

第六条　业主大会讨论决定事项

（一）制定和修改《管理规约》《业主大会议事规则》《业主委员会选举办法》《业主委员会工作规则》；

（二）决定选聘、续聘、解聘物业服务企业或者决定自行管理物业；

（三）审议业主委员会提交的物业服务合同草案；

（四）审议物业服务费用的调整方案；

（五）依法筹集、管理、使用住宅专项维修资金；

（六）选举业主委员会、更换业主委员会委员或者撤销业主委员会委员职务；

（七）议定业主大会、业主委员会工作经费的筹集、管理、使用，以及业主委员会委员津贴的来源、支付标准；

（八）审查业主委员会工作报告，监督业主委员会工作，改变或者撤销业主委员会不适当的决定；

（九）共用部位、共用设施设备经营的方式和所得收益的管理、分配、使用；

（十）改变共有部分的用途；

（十一）改建、重建共有建筑物及其附属设施；

（十二）法律、法规规定应当由业主共同决定的其他事项。

第七条 业主大会会议依法通过表决形成的决议、作出的决定，业主、使用人必须共同遵守；持不同意见的业主不得抵制业主大会决定的贯彻执行，不得干扰业主大会的正常工作。

业主大会决定筹集建筑物及其附属设施的维修资金，改建、重建建筑物及其附属设施，改变共有部分的用途或者利用共有部分从事经营活动事项的，应当经专有部分面积占比三分之二以上的业主且人数占比三分之二以上的业主参与表决，且经参与表决专有部分面积四分之三以上的业主且参与表决人数四分之三以上的业主同意。业主大会决定其他事项的，需经参与表决专有部分面积过半数的业主且参与表决人数过半数的业主同意。

业主大会应依法履行职责，不得作出违反法律、法规的决定，不得作出与物业管理无关的决定，不得从事与物业管理无关的活动。

业主大会应尊重物业服务企业的合法权益，不得干涉物业服务企业的内部管理。

业主大会形成的决议、作出的决定违反法律法规的，业主可以向物业所在地区房产行政主管部门或街道办事处、乡镇人民政府投诉、举报，由受理单位依法处理；业主大会形成的决议、作出的决定侵害业主合法权益的，受侵害的业主可以依法请求人民法院予以撤销。

第八条 业主大会会议采用集体讨论或者书面征求意见形式的，按照以下程序进行。

（一）采用集体讨论方式：

1. 业主委员会就业主大会会议召开的目的、召集情况及业主到会情况等进行说明；

2. 业主委员会就本次会议需要表决的事项进行说明；

3. 参加会议的业主投票表决；

4. 业主委员会公布投票结果，并依据有关规定对投票结果的合法性、有效性作出说明，宣布表决事项是否通过；

5. 业主委员会就表决事项的执行作出说明。

（二）采用书面征求意见方式：

1. 在决定有关事项十五日前，在物业区域内显著位置公告拟表决事项的议题、程序和时间安排；

2. 业主委员会应当在表决前将业主大会会议表决票送达业主；

3. 业主按照规定的时间、地点、方式投票，并经业主本人签字；

4. 业主委员会组织业主监督票数统计活动。由业主委员会成员负责唱票、计票，非业主委员会成员的业主负责监票，并对统计结果签字确认；在三日内，由业主委员会在本物业区域内公布投票结果。

第九条　业主可以幢、单元或者楼层为单位，推选业主代表参加业主大会会议。

业主代表参加业主大会会议的，业主代表应当在参加业主大会会议三日前，就业主大会会议拟讨论的事项书面征求其所代表的业主意见；需要投票表决的，业主的赞同、反对及弃权的具体票数经本人签字后，由业主代表在业主大会投票时如实反映。

第十条　选票可以通过下列方式进行送达：

（一）业主本人签收，由业主或由与其同住本物业区域内专有部分的使用人签收。业主为限制民事行为能力人或无民事行为能力人的，由其法定代理人代为签收；业主为法人的，由法人代表或委托人签收；业主为其他组织的，由其负责人或委托代理人签收。

（二）经业主同意，可以采用传真、电子邮件等能够确认其收悉的方式送达。

（三）业主拒绝签收或通过上述方式无法送达选票的，经物业区域内两人以上的业主或物业所在地社区居（村）民委员会证明，可以将选票留置于业主专有部分。

选票送达情况应当在本物业区域内公告十五日。

第十一条　业主大会会议可以采用以下表决方式：

（一）现场集中开会讨论表决；

（二）书面征求意见形式表决；

（三）鼓励利用网络平台、移动通讯端等形式表决。

业主大会会议表决应当在业主委员会（筹备组）、居（村）民委员会的监督下进行，表决结果由业主委员会（筹备组）、居（村）民委员会在物业区域内公示七日，业主委员会（筹备组）、居（村）民委员会可以聘请公证机构对表决过程和结果进行公证。

第十二条 业主大会会议采用集体讨论形式召开的，有效表决业主数包含实到业主和采取委托代理方式的业主。

第十三条 业主在业主大会会议上的投票权，按照国家、省、市有关规定执行。

业主身份以及专有部分面积的确定，以不动产登记簿或者其他能够证明其权属的合法有效证件为依据。

单个业主拥有多个或者数人共有一个物业专有部分的，其业主投票权人数按一人计算。

第十四条 业主可以委托代理人参加业主大会会议，代理人应当持业主书面委托书并根据委托内容行使投票权利。

业主委托代理人参加业主大会会议的，业主是自然人的，可以书面委托物业区域内的其他业主或者_____参加；业主为无完全民事行为能力人、限制民事行为能力人的，由其法定监护人或法定监护人委托的人员参加业主大会会议；业主为法人的，由其法人代表委托代理人参加业主大会会议；业主是其他组织的，由其负责人委托代理人参加业主大会会议。

第十五条 业主大会印章、业主委员会印章由业主委员会指定专人保管，并按相关规定和《业主委员会工作规则》中的相关约定使用管理。

第十六条 业主大会档案资料由业主委员会指定专人保管，并按相关规定和本物业区域《业主委员会工作规则》中的相关约定管理。

第十七条 因物业区域发生变更等原因导致业主大会解散的，在解散前，业主大会、业主委员会应在物业所在地区房产行政主管部门、街道办事处、乡镇人民政府指导监督下，做好业主共有财产清算工作。

业主大会解散前，业主共有财产清算结束后三十日内，业主委员会应按规定向有关部门办理业主大会注销、业主大会和业主委员会印章注销等手续，并将保管的其他档案资料移交当地街道办事处、乡镇人民政府。

第二节　业主大会会议

第十八条　业主大会每年召开一次定期会议，召开时间为＿＿＿＿月。

业主委员会在业主大会定期会议召开六十日前，应当就有关物业管理工作征询业主意见，并对业主提出的意见、建议等，由业主委员会会议审议形成议案提交业主大会会议决定。

业主大会定期会议由业主委员会负责召集，并应当在会议召开十五日前，将会议的时间、地点、内容等主要事项以书面形式向物业区域内全体业主公告。

业主大会定期会议就业主委员会提交的议案征求全体业主意见并表决通过，作出业主大会决定。

业主大会定期会议表决议题应与业主委员会提交议案相一致。

第十九条　有下列情形之一的，业主委员会应当组织召开业主大会临时会议：

（一）业主委员会半数以上委员提议的；

（二）占总人数百分之二十以上业主提议的；

（三）需要提前终止物业服务合同或者重新选聘物业服务企业的；

（四）发生重大事故或紧急事件，需要及时处理的；

（五）＿＿＿＿＿＿＿＿＿＿＿＿＿＿＿＿＿＿＿＿＿＿＿。

业主委员会应当在收到业主提议之日起七日内召开业主委员会会议，讨论决定是否符合召开业主大会临时会议条件，符合召开条件的应组织召开；不符合召开条件的，应说明事实、理由和依据，并在本物业区域内书面告示。

第二十条　业主大会会议按下列程序召开：

（一）会议筹备工作（审议议案）

业主委员会（换届选举筹备组）做好开会前的准备工作。根据业主的提议、意见、建议，经业主委员会会议审议后，草拟议案、制定征询意见表或表决票、核实业主情况。

（二）发布公告

业主大会会议召开前十五日，由业主委员会（换届选举筹备组）将会议的时间、地点、内容等主要事项以书面形式向物业区域内全体业主公告。发生重大事故或紧急事件等，需要及时处理的，也要及时通知和公告，并同时告知街道办事处、乡镇人民政府、社区居（村）民委员会。

公告包括以下内容：①会议形式；②会议日期、地点；③提交会议审议的事项；④会务常设联系人姓名、联系电话；⑤其他需公告的事项。

（三）投票表决或征询意见（决定事项）

采用集体讨论形式决定事项的，由参加会议的业主就业主大会会议需要决议的事项逐一进行投票表决。

采用书面征求意见形式决定事项的，由业主委员会（换届选举筹备组）发放征询意见表或表决票，将业主大会议事内容书面征询物业区域内业主意见或由业主投票表决。

（四）回收统计意见（形成决议、作出决定）

业主委员会（换届选举筹备组）根据本规则第十一条的约定回收业主意见，进行意见汇总或者票数统计，形成业主大会会议决议。

回收业主意见，并在投票结束后，业主委员会（换届选举筹备组）应采取公开验票方式，由唱票、计票人员在监票人员或物业所在地街道办事处、乡镇人民政府、社区居（村）民委员会、公证机构的监督下，认真核对、计算票数，当场公布投票统计结果，并依据有关规定对投票结果的合法性、有效性以及决议的执行和处理等作出说明。

业主委员会（换届选举筹备组）根据征询意见或投票统计结果形成业主大会会议决议、作出业主大会决定。

形成决议、作出决定由唱票、计票和监票人作出记录。

（五）通报业主大会议事决定

业主委员会（换届选举筹备组）应当在业主大会的决定作出之日起三日内以书面形式在物业区域内公告业主大会决定，接受业主的查询和监督。

业主委员会（换届选举筹备组）应当做好业主大会会议书面记录；业

主大会会议决定的议事文件由业主委员会发布或签署，并由出席会议的业主委员会委员签字并加盖业主大会印章后存档。

召开业主大会会议时，涉及业主共同利益重大事项的，可以邀请物业所在地街道办事处、乡镇人民政府、社区居（村）民委员会的人员列席。

业主委员会不按本议事规则召开业主大会会议的，业主可请求物业所在地街道办事处、乡镇人民政府组织召开业主大会会议。

第二十一条　业主大会对所提议案已经作出决定的一年内，业主不得以同一内容再提议召开业主大会会议进行表决。

第三节　业主大会主要议案

第二十二条　召开业主大会会议之前，业主委员会应通过征询意见表等方式听取业主对物业服务和物业服务企业选聘的意见和要求，并结合本物业区域规模、实施物业服务的客观需要等制定具体选聘方案和草拟物业服务合同。选聘方案和物业服务合同中涉及的物业服务事项、物业服务质量及费用标准、合同期限、违约责任等主要内容应当在召开业主大会会议十五日前以书面形式在物业区域内公告。

第二十三条　业主委员会应当在业主大会依法、依《管理规约》和本规则约定选聘了物业服务企业之日起三十日内，代表业主与业主大会选聘的物业服务企业签订《物业服务合同》，并加盖业主委员会印章。

《物业服务合同》签订前，业主委员会应当将《物业服务合同》主要内容（物业服务事项、物业服务质量及费用标准、合同期限、违约责任等）在本物业区域内公告　　　　日，接受业主的咨询、建议及意见。

《物业服务合同》期限届满前六十日，业主委员会应当按照《物业服务合同》的约定，就是否续签物业服务合同等事项提交业主大会决定。

第二十四条　利用物业共有部分进行经营的，应当符合法律、法规规定和本物业区域管理规约的约定，并经业主大会和相关业主共同决定后，由业主大会委托的物业服务企业，按照业主大会和相关业主的决定，代表业主与经营单位签订有关协议。

共有部分经营所得收益按照本物业区域管理规约的有关约定进行使

用、支配，并定期在物业区域内进行公示。

第二十五条 住宅专项维修资金的筹集、管理、使用方案由业主大会依法决定。

第三章 业主委员会

第二十六条 业主委员会是业主大会的执行机构，由业主大会会议选举产生，向业主大会负责并报告工作，接受业主、业主大会监督。

业主委员会设委员＿＿＿名（五至十一人单数），其中主任一名，副主任＿＿＿＿＿＿名。主任、副主任在全体委员中选举产生。

业主委员会每届任期＿＿＿年（最多不得超过五年），委员可以连选连任。

业主委员会的每名委员具有同等表决权。

业主委员会及其委员的职责、业主委员会的工作事项、业主委员会的决定等，由《业主委员会工作规则》依法约定。

第二十七条 业主委员会委员应当是本物业区域内自然人业主或者法人业主授权的自然人代表，并符合下列条件：

（一）遵守国家有关法律、法规；

（二）具有完全民事行为能力；

（三）遵守《业主大会议事规则》和《管理规约》，按时缴纳物业服务费及住宅专项维修资金；

（四）热心公益事业，责任心强，公正廉洁，具有较强的社会公信力；

（五）具有一定的组织能力和沟通协调能力；

（六）身体健康，能保证必要的工作时间；

（七）本人未在为本物业区域提供物业服务的物业服务企业中任职，其近亲亲属在其中任职的应当公示；

（八）＿＿＿＿＿＿＿＿＿＿＿＿＿＿＿＿＿＿＿＿＿＿＿＿＿＿＿。

第二十八条 业主委员会任期内，委员职务终止出现空缺时，设有候补委员的（候补委员人数控制在委员人数百分之五十以内），应当先由候补委员及时补足；未设候补委员或候补委员不够补足空缺的，业主委员会应当及时召开业主大会临时会议，按空缺人数选举产生新的业主委员会委员。业主委员会逾期不组织补选的，业主可请求物业所在地街道办事处、乡镇人民政府组织召开业主大会会议，按照规定补选业主委员会委员。

业主委员会委员缺额人数超过委员总数人数百分之五十的，或者业主委员会委员集体辞职的，业主委员会职责自行终止，由街道办事处、乡镇人民政府会同社区居（村）民委员会组织召开业主大会临时会议，重新选举业主委员会。

第二十九条 业主委员会不依法组织召开业主大会会议的，业主可请求物业所在地街道办事处、乡镇人民政府组织召开业主大会会议。

第三十条 业主委员会委员有下列情形之一的，其委员资格自行终止：

（一）以书面形式向业主大会、业主委员会或者居（村）民委员会提出辞职的；

（二）不再具备业主身份的；

（三）不再具备履行职责能力的；

（四）任职期间被追究刑事责任的；

（五）未按照规定缴纳物业服务费、住宅专项维修资金的；

（六）法律、法规和业主公约或者管理规约规定的其他情形；

（七）＿＿＿＿＿＿＿＿＿＿＿＿＿＿＿＿＿＿＿＿＿＿＿＿。

第三十一条 业主委员会委员不得有下列行为：

（一）拒绝或者放弃履行委员职责；

（二）挪用、侵占业主共有财产；

（三）利用职务之便接受减免物业服务费、停车费，以及索取、非法收受建设单位、物业服务企业或者有利害关系业主提供的利益、报酬；

（四）打击、报复、诽谤、陷害有关投诉、举报人；

（五）泄露业主信息或者将业主信息用于与物业服务无关的活动；

（六）其他损害业主共同利益或者可能影响其公正履行职责的行为。

业主委员会委员资格终止的，应当自终止之日起三日内向本届业主委员会移交其保管的有关凭证、档案等文件资料、印章及其他属于全体业主共有的财物。

第三十二条 业主委员会任期届满三个月前，在物业所在地街道办事处、乡镇人民政府指导下，由业主委员会委员、业主代表组成换届选举筹备组，召开业主大会会议进行换届选举，并做好以下换届选举筹备工作：

（一）起草本届业主委员会工作情况的报告；

（二）确定业主大会会议召开的时间、地点、形式和内容；

（三）确认业主身份，确定业主在业主大会会议上的投票权数；

（四）将业主委员会委员候选人的照片、姓名、性别、学历以及物业服务企业出具的交纳物业服务费用的证明和相关主管部门出具的交纳建筑物及其附属设施维修资金的证明等在本物业区域内公示；

（五）做好召开业主大会会议的其他准备工作。

业主委员会任期届满未换届改选的，业主可以请求物业所在地街道办事处、乡镇人民政府组织业主推荐产生换届选举筹备组，按照上述规定做好换届选举筹备工作，召开业主大会会议选举新一届业主委员会。

业主大会会议选举产生出新一届业主委员会之日起十日内，前业主委员会委员应当将其保管的有关凭证、档案等文件资料、印章及其他属于全体业主共有的财物，移交给新一届业主委员会，并完成交接工作。

第三十三条　换届选举筹备组应当根据本物业区域规模及业主委员会委员的代表性、广泛性和专有部分的比例，确定委员和委员候选人的分布和人数。

业主委员会委员实行差额选举；业主委员会委员候选人采用下列＿＿＿＿、＿＿＿＿＿＿方式产生：

（一）换届选举筹备组直接听取业主意见，经汇总后提出业主委员会委员候选人名单；

（二）换届选举筹备组向业主发放推荐表，根据得票多少，产生业主委员会委员候选人；

（三）换届选举筹备组书面公告业主到指定地点领取推荐表推荐，根据得票多少，产生业主委员会委员候选人；

（四）上一届业主委员会提名推荐业主委员会委员候选人；

（五）百分之五以上的业主联名推荐业主委员会委员候选人。

第三十四条　业主大会、业主委员会的工作经费由全体业主承担，从共有部位共用设施设备经营收益中列支，不足部分由全体业主分摊。

业主大会、业主委员会的工作经费，用于下列开支：

（一）业主大会、业主委员会会议开支，_____元/年；

（二）必要的日常办公等费用，计_____元/月；

（三）有关人员津贴，计_____元/月，具体支付对象如下：

1. _____，费用_____；

2. _____，费用_____；

3. _____，费用_____。

（四）_____。

业主大会、业主委员会的工作经费预算合计_____元/年，业主大会、业主委员会的工作经费账目由_____进行年度审计。实际开支高于预算的，经业主大会决议通过后不足部分从_____补足；实际开支低于预算的，节余部分归集到专账维修资金中。

业主大会、业主委员会工作经费收支账目于每_____（月、季度）_____号在物业区域内公布，接受业主大会、业主的监督。

第四章 附　　则

第三十五条　本规则自首次业主大会会议表决通过之日（_____年____月____日）起生效。

第三十六条　业主大会会议表决通过的有关本规则的决定均是本规则的组成部分；本规则的修订经业主大会会议表决通过；本规则未尽事项由业主大会会议补充。

第三十七条　制定和修改的业主大会议事规则，通过业主委员会办公室长期公示、小区显著位置公示等多种途径在小区范围内进行公示，业主委员会、社区居（村）民委员会各存档一份，并报送_____物业所在地区房产行政主管部门和_____街道办事处、乡镇人民政府备案。

_____小区业主大会（盖章）

_____年____月____日

业主委员会工作规则①

为了规范业主大会和业主委员会在物业管理中的活动，维护业主的共同利益和合法权益，根据《民法典》物权编、国务院《物业管理条例》、《湖北省物业服务和管理条例》以及住房和城乡建设部《业主大会和业主委员会指导规则》与相关规定，制定本业主委员会工作规则（以下简称规则）。

第一章　总　则

第一条　业主委员会作为业主大会的执行机构，由业主大会依法选举产生，向业主大会报告工作，接受业主大会、业主的监督，并依法、依本物业区域《管理规约》《业主大会议事规则》及本规则约定履行相应的工作职责。

第二章　职责与分工

第二条　业主委员会履行下列职责：

（一）依法忠实履行职责，执行业主大会决议、决定；

（二）召集业主大会会议，定期向业主大会报告工作，并在物业区域内显著位置公布书面报告，接受业主咨询；

（三）根据业主意见、建议和要求，拟订议案，提交业主大会会议决定；

（四）根据业主大会决定，代表业主与业主大会选聘的或者续聘的物业服务企业签订物业服务合同；

（五）督促业主、物业使用人遵守业主《管理规约》，调解因物业使用、维修和管理产生的纠纷；

---

① 本规则是湖北省住房和城乡建设厅制定的示范文本，笔者在引用时，依据《民法典》新规定对其条文进行了相应调整。

（六）根据业主大会决定或者授权，决定共用部位、共用设施设备的经营方式和所得收益的管理、分配、使用，并公布经营所得收益和支出情况；

（七）组织、监督住宅专项维修资金和物业保修金的筹集、使用；

（八）督促违反《物业服务合同》，逾期不交纳物业服务费用的业主，限期交纳物业服务费用；

（九）及时了解业主、物业使用人的意见、建议，监督物业服务企业履行《物业服务合同》，协调处理物业服务活动中的相关问题，维护业主合法权益；

（十）对有关档案资料、会议记录、印章及其他属于业主大会的财物进行妥善保管；

（十一）积极参加房产行政主管部门组织的物业管理培训，接受街道办事处、乡镇人民政府、居（村）民委员会以及房产行政主管部门的指导与监督；

（十二）配合街道办事处、乡镇人民政府、居（村）民委员会、公安机关等做好物业区域内的社会治安、社区建设和公益宣传等工作；

（十三）_____；

（十四）_____；

（十五）法律、法规和业主公约或者管理规约规定的其他职责。

第三条 业主委员会主任负责业主委员会的日常工作事务，履行以下职责：

（一）执行业主大会、业主委员会的决议、决定；

（二）负责召集业主委员会会议，主持业主委员会工作；

（三）主持制订业主委员会工作计划和实施方案；

（四）主持制订业主大会、业主委员会印章使用管理、档案资料管理和财务管理等制度；

（五）代表业主委员会向业主大会汇报工作；

（六）组织、协调、解决本物业区域物业管理实施工作中的日常问题；

（七）组织业主委员会成员定期参加学习、教育和培训，提高业务工作水平；

（八）＿＿＿＿＿＿＿＿＿＿＿＿＿＿＿＿＿＿；

（九）完成业主委员会交办的其他工作。

第四条 业主委员会副主任履行以下职责：

（一）执行业主大会、业主委员会的决议、决定；

（二）协助业主委员会主任工作；

（三）根据业主委员会主任的授权，召集业主委员会会议、主持业主委员会工作；

（四）业主委员会主任缺席时，代行其职责；

（五）＿＿＿＿＿＿＿＿＿＿＿＿＿＿＿＿＿＿；

（六）完成业主委员会交办的其他工作。

第五条 业主委员会委员依法履行以下职责：

（一）执行业主大会、业主委员会的决议、决定；

（二）参加业主委员会会议等有关活动；

（三）参与业主委员会有关事项的决策；

（四）参与制订业主委员会工作计划和实施方案；

（五）参与制订业主大会、业主委员会印章使用管理、档案资料管理和财务管理等制度；

（六）参与组织、协调、解决本物业区域物业管理实施工作中的日常问题；

（七）密切联系业主、业主代表，广泛了解本物业区域内物业管理动态、情况和问题，向业主委员会或者通过业主委员会向业主大会反映业主的意见和建议；

（八）承担业主委员会布置的专项工作；

（九）＿＿＿＿＿＿＿＿＿＿＿＿＿＿＿＿＿＿；

（十）完成业主委员会交办的其他工作。

第三章　事务与管理

第六条 业主委员会会议分为定期会议和临时会议。定期会议每＿＿＿

月至少召开一次，召开时间为：_____。经三分之一以上业主委员会委员提议或者业主委员会主任认为有必要的或者业主委员会就业主提议形成议案的，应当及时召开业主委员会临时会议。

业主委员会应当按照少数服从多数的原则作出决定；业主委员会的每名委员具有同等表决权。依据业主大会的授权，业主委员会依法作出的决定，对全体业主具有约束力，业主委员会委员和业主必须共同遵守；持不同意见的委员不得抵制业主委员会决定的贯彻执行，不得干扰业主委员会的正常工作。

业主委员会委员不得委托他人出席业主委员会会议。

业主委员会会议应当按照下列规则召开：

（一）会议由主任或其委托的副主任负责召集，并决定会议召开的时间、地点等；

（二）委员因故不能参加会议的，提前三日向业主委员会召集人说明；

（三）提前七日将会议通知及有关材料送达每位委员；

（四）讨论、决定物业管理公共事项的，于会议召开三日前在物业区域内以书面形式公告会议议程，听取业主的意见和建议；

（五）做好会议书面记录，并由主持人和记录人签字；涉及重要事项的会议由全体出席会议的委员签字；

（六）会议应有过半数委员出席，作出的业主委员会决定（包括形成的业主委员会议案）需经全体委员半数以上签字同意通过；

（七）业主委员会会议决定的议事文件由业主委员会公布，并由出席会议的业主委员会过半数委员签字并加盖业主委员会印章后存档。

业主委员会应当将业主委员会的决定（包括业主委员会议案）作出之日起三日内以书面形式在物业区域内公告，接受业主的查询和监督。

业主委员会主任、副主任不召集业主委员会会议的，其他委员或业主可请求街道办事处、乡镇人民政府或居（村）民委员会指定一名委员召集和主持业主委员会会议。

第七条　业主委员会在业主委员会议事活动用房内设意见箱、意见簿，并安排专门的委员于每月____号负责收集、整理当月业主就物业管理公共事项的提议、意见、建议，并在____日内向业主委员会主任报告，由业主委员会主任决定召开业主委员会会议审议的时间、地点等。

业主委员会根据业主的提议、意见、建议和相关政策的要求，由业主委员会会议审议后，形成规范的业主委员会议案，提交业主大会会议决定。

第八条 业主委员会负责组织召开业主大会会议，并由业主委员会主任主持。业主大会会议召开前三十日，由业主委员会主任负责召集业主委员会会议，讨论决定业主大会会议召开的形式、时间、地点、议题、经费等；并于业主大会会议召开前十五日，由业主委员会将业主大会会议召开的时间、地点、内容等主要事项以书面形式向物业区域内全体业主公告。

第九条 召开业主大会定期会议时，由业主委员会主任代表业主委员会向业主大会报告工作。

业主委员会在向业主大会报告工作十五日前，应将工作报告的主要内容以书面形式向物业区域内全体业主公告。

第十条 业主大会印章、业主委员会印章由业主委员会指定的专人_____（姓名）保管。

业主大会、业主委员会印章，经业主委员会主任、副主任共同签字同意后用印，并按规定存档。

业主大会授权业主委员会签订《物业服务合同》应当使用业主委员会印章；处理业主大会、业主委员会内部公共事务使用业主委员会印章的，由业主委员会决定。

无业主大会决定、业主委员会决定而使用业主大会印章、业主委员会印章的，由印章保管人承担责任；造成经济损失或不良影响的，依法追究印章保管人的相应责任。

业主大会、业主委员会印章遗失的，业主委员会应在当地主要新闻媒体上声明遗失，并按照相关规定重新刻制业主大会、业主委员会印章。违反上述规定，导致印章遗失后造成经济损失或不良影响的，由印章遗失责任人承担相应的责任。

保管业主大会、业主委员会印章的业主委员会委员资格终止的，应当自资格终止之日起三日内向本届业主委员会移交其保管的业主大会、业主委员会印章，并完成交接工作。

业主大会会议选举产生出新一届业主委员会的，前业主委员会委员应当自新一届业主委员会产生之日起十日内将其保管的业主大会、业主委员会印章移交给新一届业主委员会，并完成交接工作。

业主委员会任期届满未换届改选的或业主委员会委员集体辞职的，前业主委员会委员应当在任期届满之日起十日内或委员集体辞职之日起五日内，将其保管的业主大会、业主委员会印章交由物业所在地街道办事处、乡镇人民政府、居（村）民委员会代为保管。

业主委员会、业主委员会委员未按上述规定移交其保管的业主大会、业主委员会印章，造成损失的，依法追究责任。

第十一条 下列档案资料应当编号造册，并由业主委员会指定专人 _____（姓名）保管：

（一）物业区域内的物业资料；

（二）各类会议记录、纪要；

（三）业主委员会、业主大会作出的决议、决定等书面材料；

（四）业主大会设立备案及各届业主委员会产生、备案的材料；

（五）业主清册及联系方式；

（六）签订的《物业服务合同》；

（七）有关法律、法规和业务往来文件；

（八）业主和使用人的提议、书面意见、建议书；

（九）维修资金收支情况清册；

（十）利用物业共有部分经营所得收益的收支情况清册；

（十一）业主委员会工作经费的收支情况清册；

（十二）其他有关材料。

上述档案资料遗失的，由档案保管人承担责任；造成经济损失或不良影响的，依法追究档案保管人的相应责任。

保管上述档案资料的业主委员会委员资格终止的，应当自资格终止之日起五日内向本届业主委员会移交其保管的上述档案资料，并完成交接工作。

业主大会会议选举产生出新一届业主委员会的，前业主委员会委员应当自新一届业主委员会产生之日起十日内将其保管的上述档案资料移交给新一届业主委员会，并完成交接工作。

业主委员会任期届满未换届改选的或业主委员会委员集体辞职的，前业主委员会委员应当在任期届满之日起十日内或委员集体辞职之日起五日内，将其保管的上述档案资料交由物业所在地街道办事处、乡镇人民政府、社区居（村）民委员会代为保管。

业主委员会、业主委员会委员未按上述规定移交其保管的档案资料的，具体责任委员应承担违约责任，向全体业主支付违约金_____元。

第十二条 属于本物业区域内全体业主或相关业主所有的资金的收支范围按国家、省有关规定和本物业区域管理规约、业主大会议事规则相关约定执行，并由业主委员会负责账务管理。

业主委员会应当按照国家规定的财务管理制度进行账务管理，业主大会财务专用章由会计负责保管；财务账目实行公开化，每____个月在物业区域内公布一次，并接受业主大会、业主的监督。

第十三条 业主委员会负责保管属于全体业主共有或相关业主共有的账务资料以及财物，并指定专人_____（姓名）进行管理。

负责账务资料及财务管理的业主委员会委员资格终止的，应当自资格终止之日起三日内向本届业主委员会移交其保管的账务资料和财物，并完成交接工作。

业主大会会议选举产生出新一届业主委员会的，前业主委员会委员应当自新一届业主委员会产生之日起十日内将其保管的属于全体业主共有或相关业主共有的账务资料和财物移交给新一届业主委员会，并完成交接工作。

业主委员会任期届满未换届改选的或业主委员会委员集体辞职的，前业主委员会委员应当在任期届满之日起十日内或委员集体辞职之日起五日内，将其保管的属于全体业主共有或相关业主共有的账务资料和财物交由物业所在地街道办事处、乡镇人民政府、社区居（村）民委员会代为保管。

业主委员会及委员未按上述规定移交其保管的属于全体业主共有或相关业主共有的账务资料和财物，造成损失的，依法追究责任。

第十四条 业主委员会主任应负责建立业主委员会接待制度，并轮流安排一名委员于每周_____负责接待业主（使用人）的咨询、投诉和监督。

业主（使用人）可以查阅业主委员会所有会议资料和本规则第十二条所列的涉及自身利益的档案资料，并有权就涉及自身利益的事项向业主委员会提出询问，业主委员会应当在接受询问之日起三日内予以答复。

第十五条 业主委员会应当做好业主大会会议、业主委员会会议的书面记录，并安排专人负责会议记录和会议资料的存档。

业主大会会议书面记录由会议主持人（业主委员会主任或副主任）、记录人、全体出席会议的业主委员会委员签字，并加盖业主大会印章后存档。决定的议事文件由业主委员会公布，并由出席会议的业主委员会过半数委员签字并加盖业主大会印章后存档。

业主委员会会议书面记录由会议主持人（业主委员会主任或副主任）和记录人签字，并加盖业主委员会印章后存档；涉及重要事项的会议由会议主持人（业主委员会主任或副主任）、记录人和全体出席会议的业主委员会委员签字，并加盖业主委员会印章后存档。

第十六条 业主委员会应当监督物业服务企业按照《物业服务合同》的约定履行合同，不定期检查物业服务企业履约情况，并每年（具体时间为：_____）对物业服务企业按照《物业服务合同》约定履行物业服务情况进行一次全面考核评定。

业主委员会对物业服务企业履约情况的监督意见，作为业主委员会工作报告内容之一，依本规则有关约定向业主大会报告。

第十七条 业主委员会应当加强与本物业区域物业服务企业以及相关主管部门、街道办事处、居（村）民委员会的联系。

业主委员会应当密切联系业主，及时了解业主（使用人）的意见和建议，定期（每月____号）向本物业区域物业服务企业进行沟通、交流，协调业主与物业服务企业之间的关系，调处业主与物业服务企业之间的物业管理纠纷；并按照相关规定向物业所在地街道办事处、乡镇人民政府、社区居（村）民委员会以及房产行政主管部门和其他相关主管部门反映情况、协助做好相关工作。

第十八条 《物业服务合同》终止之日起五日内，业主委员会应当按照相关规定和《物业服务合同》约定，与原物业服务企业办理物业管理移交手续；

《物业服务合同》终止时，业主大会依法选聘了新的物业服务企业的，业主委员会应当按照相关规定和《物业服务合同》约定，会同新物业服务企业与原物业服务企业对物业共有部分及其相应档案进行查验，并办理物业服务用房和物业档案、物业服务档案、业主名册等资料的移交手续。

第十九条 下列事项，由业主委员会于_____日内在本物业区域内公告：

（一）业主大会会议决定；

（二）业主委员会决定；

（三）维修资金的筹集、使用情况；

（四）涉及全体业主或相关业主利益的重大信息；

（五）_____；

（六）_____。

第四章 禁止行为及违规责任

第二十条 业主委员会委员不得有下列行为：

（一）拒绝或者放弃履行委员职责；

（二）挪用、侵占业主共有财产；

（三）利用职务之便接受减免物业服务费、停车费，以及索取、非法收受建设单位、物业服务企业或者有利害关系业主提供的利益、报酬；

（四）打击、报复、诽谤、陷害有关投诉、举报人；

（五）泄露业主信息或者将业主信息用于与物业服务无关的活动；

（六）其他损害业主共同利益或者可能影响其公正履行职责的行为。

业主委员会委员有上述行为之一的，街道办事处、乡镇人民政府调查核实后，责令其暂停履行职责，由业主大会决定终止其委员资格。

第二十一条 业主委员会作出的决定违反法律法规的，业主可以向物业所在地街道办事处、乡镇人民政府或物业所在地区房产行政主管部门投诉、举报，由受理单位依法处理；业主委员会作出的决定侵害业主合法权益的，受侵害的业主可以依法请求人民法院予以撤销。

业主委员会违反法律法规作出的决定或超越职权作出的决定或者作出的与本物业区域物业管理无关的决定给业主造成损失的，由签字同意该决定的业主委员会委员承担赔偿责任。

业主委员会委员未按工作规则履行职责，造成业主、业主公共财产损失、损害他人权益的，应承担相应法律责任。

第五章 附 则

第二十二条 本规则自首次业主大会会议表决通过之日（_____年_____月_____日）起生效。

第二十三条 业主大会会议表决通过的有关本规则的决定均是本规则的组成部分；本规则的修订经业主大会会议表决通过；本规则未尽事项由业主大会会议补充。

第二十四条 制定和修改的《业主委员会工作规则》，通过业主委员会办公室长期公示、小区显著位置公示等多种途径在小区范围内进行公示，业主委员会留存三份，居（村）民委员会存档一份，并报送物业所在地区房产行政主管部门和_____街道办事处、乡镇人民政府备案。

_____小区业主大会（盖章）
_____年___月___日

小区业主委员会委员候选人产生办法

（示范文本）

一、_____小区业主委员会的组成

_____小区业主委员会由____人组成（按照小区代表性进行推荐），任期____年，由全体业主选举产生，差额选举比例不得低于百分之二十。

二、_____小区业主委员会委员候选人的产生

1. 本届业主委员会候选人共____人（候选人数＝应选人数＋应选人数×差额比例，采取四舍五入，保留小数点后两位）

业主委员会委员候选人采取社区"两委"推荐、业主联名推荐与业主个人自荐相结合的办法产生，每户业主只能推选一名候选人，业主联名可以推荐一名候选人。业主委员会委员候选人的确定，应综合考虑候选人工作能力，所处物业类型及其布局比例。业主联名推荐候选人，应当在筹备组规定的时间内完成，逾期推荐无效。

业主候选人报名表的填写务必真实、完整，如有不符合实际者，一经查实，取消报名资格。

2. 业主委员会委员候选人的确定

（1）如果获得推荐的候选人不足____人，可以从自荐名单中推选，如人员还不足，可考虑延期补充推选；

（2）如果获得推荐的候选人刚好____人，直接进入候选人公示阶段；

（3）如果获得推荐的候选人超过____人，根据推选人数的多少，按候选人所代表区域从高向低，同时考虑物业规模、物权份额、委员的代表性和广泛性之后确定名单。被推荐候选人的资格由街道党工委和筹备组临时党组织进行确认、核实、公示，如公示期间业主有异议的，由街道党工委协调解决。

3. 业主委员会委员候选人的条件

业主委员会委员候选人应当是本小区物业管理区域内的业主，并符合

315

以下条件：

（1）具有完全民事行为能力；

（2）遵纪守法；

（3）遵守业主大会议事规则和管理规约，模范履行业主义务，按时交纳物业管理费和住宅专项维修资金；

（4）热心公益事业，责任心强，公正廉洁，具有社会公信力；

（5）身体健康，具有必要的工作时间，具备一定组织能力和协调沟通能力；

（6）本人或其亲属未在本物业管理区域的物业服务企业及其下属企业内入股或任职。

三、业主委员会委员候选人的公示

业主委员会委员候选人名单确定后，候选人应当填写《_____小区业主委员会委员候选人登记表》，登记表包括姓名、性别、出生年月、学历、相片、住所的楼栋单元门牌号、物业服务企业出具的交纳物业服务费的证明，愿意成为业主委员会委员候选人并为本小区公益事业服务的承诺及本人签字。

业主委员会委员候选人名单确定后，应当在召开业主大会会议十五日前，将《_____小区业主委员会委员正式候选人名单公示表》在本小区公示。如有任何疑问，可及时与相关负责人联系。

_____小区业主大会筹备组

（或_____社区居委会/村委会代章）

_____年____月____日

_____小区业主委员会选举办法

（示范文本）

第一章 总 则

第一条 根据国务院《物业管理条例》、《湖北省物业服务和管理条例》以及住房和城乡建设部《业主大会和业主委员会指导规则》等有关法律法规，制定本办法。

第二条 根据《湖北省物业服务和管理条例》第二十二条第一款规定，业主大会会议筹备组由街道党工委、办事处或者乡镇党委、人民政府和业主、居（村）民委员会、建设单位的代表组成，其中业主代表人数比例不低于二分之一；业主代表的产生方式由街道办事处、乡镇人民政府征求业主意见后确定。筹备组组长由街道党工委、办事处或者乡镇党委、人民政府的代表担任。

第二章 投票权数

第三条 业主大会确定业主投票权数，可以按照下列方法认定专有部分面积和建筑物总面积：

（一）专有部分面积按照不动产登记簿记载的面积计算；尚未进行登记的，暂按测绘机构的实测面积计算；尚未进行实测的，暂按房屋买卖合同记载的面积计算；

（二）建筑物总面积，按照前项的统计总和计算。

业主大会确定业主投票权数，可以按照下列方法认定业主人数和总人数：

（一）业主人数按照专有部分的数量计算，一个专有部分按一人计算。但建设单位尚未出售和虽已出售但尚未交付的部分，以及同一买受人拥有一个以上专有部分的，按一人计算；

（二）总人数按照前项的统计总和计算。

根据小区业主大会议事规则中约定车库、附属于住宅套房，不单独拥有投票权。

第四条 投票前须确认业主身份，形成业主投票权清册；符合业主投票权清册的业主方可投票。

第三章 业主委员会委员候选人的产生和选举

第五条 业主委员会的组成

根据物业规模、物权份额、委员的代表性和广泛性等因素，确定业主委员会委员候选人名单（参照《业主大会和业主委员会指导规则》第十四条），小区业主委员会暂定由____人组成（其中_____区域____名委员，_____区域____名委员，_____区域____名委员）（区域较多时可以此类推），在_____区域业主共同决议不进行推选的情况下，名额可以由别的_____区域进行推选。

第六条 小区业主委员会委员候选人的产生及确定

业主委员会委员、候补委员实行差额选举，差额选举比例不得低于百分之二十（也可根据小区实际情况实行等额选举）。业主委员会委员、候补委员按照预定名额和得票顺序当选。本届候选人定为____人。业主委员会委员候选人由业主推荐或者自荐（参照《业主大会和业主委员会指导规则》第十四条）。建议业主委员会委员候选人确定方式定为：如果获得推荐的候选人不足____人，可以从自荐名单中推选；如果人员仍然不足，可考虑延期补充推选；如果获得推荐的候选人刚好____人，直接进入候选人公示阶段；如果获得推荐的候选人超过____人，根据推选人数的多少，按候选人所代表_____区域从高向低，同时考虑物业规模、物权份额、委员的代表性和广泛性之后由街道党工委确定名单。推荐业主资格由筹备组进行确认核实、公示，如公示期间业主有异议的，由街道办事处或乡、镇人民政府协调解决，详见《_____小区业主委员会委员候选人产生办法》。

第七条 业主委员会委员条件

业主委员会委员应当是本物业管理区域内的业主，并符合下列条件：

（一）具有完全民事行为能力；

（二）遵守国家有关法律、法规；

（三）模范履行业主义务，未欠交物业管理服务费、专项维修基（资）金等；

（四）热心公益事业，责任心强，公正廉洁，具有社会公信力；

（五）具有必要的工作时间和一定组织能力；

（六）本人及直系亲属未在本物业管理区域的物业服务企业及其关联单位内任职；

（七）业主大会确定的其他条件。

第八条 业主大会筹备组应对候选人进行资格审查，经审查合格的候选人应当向全体业主公开个人的基本资料。

第九条 业主委员会选举采取差额选举的方式，差额比例不得低于百分之二十（等额选举除外），即候选人总数不少于＿＿＿人。为确保业主利益，根据本小区实际情况，确定业主委员会委员候选人＿＿＿＿＿＿区域＿＿＿名委员候选人，＿＿＿＿＿＿区域＿＿名委员候选人，＿＿＿＿＿＿区域＿＿＿名委员候选人。

第十条 筹备组应当将业业主大会的各项事项在物业管理区域内公示，公示时间为十五日。业主对上述公示事项有异议的，应当在公示期内以书面形式署名向筹备组提出。筹备组应当在三日内予以答复。

第十一条 筹备组应当确定选票的发放人、唱票人、计票人和监票人各若干人。为保证"公开、公平、公正"的原则，选票的发放和回收由街道办事处、居（村）民委员会派人担当，业主委员会委员候选人每人可以提出一名监票人。必要时也可邀请公证处、律师或其他公信力高的人士参与和监督。

第十二条 筹备组应当于业主大会会议召开十五日前向全体业主公示业主大会召开的必要文件及会议公告。公告应写明会议的时间、地点、内容、形式、业主委员会委员候选人名单、总投票权数、投票人的权利和义务及工作人员名单等。

第十三条 候选人在投票前可以进行竞选演说，但在投票开始后，必须停止任何个人竞选和助选活动。候选人在竞选时不得发表针对其他候选人的人身攻击言论。候选人本人或怂恿他人采用诽谤、身体伤害等方式攻击其他候选人的，业主大会筹备组经核实后取消该候选人资格。

第十四条 候选人采用非法手段获得业主委员会委员资格，业主大会筹备组不得宣布该候选人当选，筹备组需将有关证据材料移交新当选的业主委员会，并由其进行处理。

第四章 业主大会召开程序、投票、唱票和计票

第十五条 业主委员会选举投票采用记名投票，业主投票时需出具身份证，为便于核对已投票权数，业主大会筹备组发放、回收工作人员需记录业主已投票情况，经在唱票时核对业主投票权清册后为有效票的计为投票。

第十六条 业主大会召开程序：

（一）由大会筹备组介绍大会筹备情况；

（二）由大会筹备组介绍业主委员会委员候选人产生办法、名单及候选人情况；

（三）由业主委员会委员候选人向业主大会做竞选感言；

（四）业主大会的业主投票选举产生小区业主委员会委员；

（五）在专有部分面积占比三分之二以上的业主且人数占比三分之二以上的业主参与表决的情况下，召开业主大会才能视为有效；业主因故不能参加业主大会会议的，可以书面委托代理人参加。业主大会会议可以采用集体讨论的形式，也可以采用书面征求意见的形式。

（六）业主大会采用现场表决及书面征求相结合的形式进行，现场表决票现场回收封存，书面征求的选票在召开现场大会后规定期限内汇集到筹备组，在街道办事处或乡、镇人民政府的监督下，进行汇集整理投票结果。

（七）审议决定其他物业管理重大事项。物业管理重大事项是指涉及物业管理区域内的建筑、构筑物建设，房屋改造、加层、大修、物业维修基金不足时再次筹集的标准，业主委员会经费的筹集方式、来源、标准、监督，对物业服务企业履行物业服务合同监督方式、办法等事项。

（八）业主大会作出决定，需经本小区专有部分面积占比三分之二以上的业主且人数占比三分之二以上的业主参与表决，一般事项，需经参与表决专有部分面积过半数的业主且参与表决人数过半数的业主同意；重大事项，需经参与表决专有部分面积过四分之三的业主且参与表决人数过四分之三的业主同意。业主大会作出的决定对物业管理区域内的全体业主具有约束力，业主大会的决定应当以书面形式在物业管理区域内及时公告。

（九）业主大会现场会议表决结果在街道办事处的监督下进行封存，和限期内书面征求意见的结果汇总后，在小区进行唱票（业主可以现场监督），并择日将唱票结果在小区公示七天，有异议的由街道办事处、乡（镇）人民政府和筹备小组进行解释。

第十七条 投票箱应设在公开、醒目的地方，投票前应进行空箱公开检查，然后封箱。投票箱应有两名以上工作人员看管。

第十八条 业主为法人的，由其法定代表人行使投票权。业主为无完全民事行为能力的，由其法定代理人行使投票权。单个物业登记有两个或两个以上的所有权人的，应自行确定一名投票人。

第十九条 业主可以自行投票，也可以书面委托物业管理区域内的其他业主或者使用人投票。书面委托书由业主大会筹备组统一制作，委托书应说明委托人、代理人的详细情况和委托事项、投票权数，并由双方签字确认。业主书面委托他人进行投票，被委托人需出示书面委托书、本人身份证和委托人身份证原件。此时表决票上内容由被委托人填写，业主签名栏由被委托人签署。被委托人只能接受一个业主的委托。

第二十条 业主投票后，书面委托书由业主大会筹备组收回并妥善保存。

第二十一条 投票人对候选人可以投赞成票，可以投反对票，可以弃权，但必须做出选择，否则认定为无效票。任何人无权强迫业主选或不选某人。

第二十二条 如果在规定的投票时间内，收回的票数不足，业主大会筹备组可以决定延长投票时间，但需进行公告并说明延长投票时间的原因。

第二十三条 投票结束后，由唱票人、计票人和监票人在任何业主均可以公开监督的情况下清点收回的票数，收回的票数等于或少于发出的票数，本次投票才能有效。

第二十四条 票数清点完毕，由唱票人、计票人和监票人在任何业主均可以公开监督的情况下进行唱票。无法辨认投票人投票意向的票为废票，不计为有效票；对候选人的投票，等于或少于应选人数的票为有效票；多于应选人数的票为废票，不计为有效票。同一选票上有不同讨论事项的投票，各事项独立计票并区分有效票，互不影响。已送达的表决票，业主在规定的时间内不反馈意见或者意见不明确的，记入多数票。但是多数票应当超过物业管理区域内专有部分占建筑物总面积过三分之一的业主且占总人数过三分之一的业主。

第二十五条 收回的有效选票中，所代表的投票权数大于等于全部投票权数的百分之五十时，本次业主委员会选举有效。

第二十六条 业主委员会委员候选人的当选应满足以下条件：

（一）获得参加投票的票数百分之五十以上的候选人可当选。获得参加投票的票数百分之五十以上的候选人超过应选名额的，以得票多的当选。

（二）在满足以上条款的前提下，为确保业主利益，根据本小区实际情况，_____区域____名委员候选人，_____区域____名委员候选人，_____区域____名委员候选人（区域较多时可以此类推），在_____区域业主共同决议、不进行推选的情况下，候选委员及当选名额可以由别的_____区域进行推选，票数高的当选。

（三）若两名或两名以上候选人得票数相同，其个人在本小区拥有的房屋产权面积多的，优先当选。

第二十七条 参加投票的候选人获得"双三分之二"参与表决且"双过半"赞成通过，或未满足本办法第二十六条的，应当另行选举征集；另行选举时，根据第一次投票未当选的候选人的得票多少顺序继续征集有效票，直至达到"双三分之二"参与表决且"双过半"赞成通过，以征得有效票多的当选。

第五章 附 则

第二十八条 业主委员会受全体业主的监督，业主大会有权终止业主委员会成员资格。百分之二十以上业主可以联名向业主委员会提出召开临时业主大会会议进行讨论。业主委员会委员资格终止，需经有选举权的业主半数通过成立。

第二十九条 业主委员会应当自选举产生之日起七日内召开首次会议，推选产生业主委员会主任一名、副主任____名；业主大会依法成立后三十日内，业主委员会应当就业主大会成立事项向物业所在地街道办事处及房屋主管部门备案。

第三十条 业主大会会议召开选举出业主委员会后，筹备组的职责自行终止。

第三十一条 业主委员会的任期为____年（不超过五年），时限以政府备案合格时间为准。业主委员会任期届满前三个月内，业主委员会应当报告街道办事处和县/市/区房屋主管部门，开展换届选举工作。

第三十二条 本选举办法由业主大会筹备组负责解释。

法律援引

本书引用的法律、法规、规章、司法解释、标准及规范性文件

1. 《中华人民共和国民法典》，中华人民共和国主席令〔2020〕第 45 号，自 2021 年 1 月 1 日施行。

2. 《中华人民共和国城市房地产管理法》（2019 修正），中华人民共和国主席令〔2019〕第 32 号，自 2020 年 1 月 1 日施行。

3. 《中华人民共和国城乡规划法》（2019 修正），中华人民共和国主席令〔2019〕第 29 号，自 2019 年 4 月 23 日施行。

4. 《中华人民共和国建筑法》（2019 修正），中华人民共和国主席令〔2019〕第 29 号，自 2019 年 4 月 23 日施行。

5. 《中华人民共和国招标投标法》（2017 修正），中华人民共和国主席令〔2017〕第 86 号，自 2017 年 12 月 28 日施行。

6. 《中华人民共和国人民防空法》（2009 修正），中华人民共和国主席令〔2009〕第 18 号，自 2009 年 8 月 27 日施行。

7. 《中华人民共和国治安管理处罚法》（2012 修正），中华人民共和国主席令〔2012〕第 67 号，自 2013 年 1 月 1 日施行。

8. 《中华人民共和国消防法》（2019 修正），中华人民共和国主席令〔2019〕第 29 号，自 2019 年 4 月 23 日施行。

9. 《中华人民共和国档案法》（2016 修正），中华人民共和国主席令〔2016〕第 57 号，自 2016 年 11 月 7 日施行。

10. 《中华人民共和国电力法》（2018 修正），中华人民共和国主席令〔2018〕第 23 号，自 2018 年 12 月 29 日施行。

11. 《中华人民共和国价格法》，中华人民共和国主席令〔1997〕92 号，自 1998 年 5 月 1 日施行。

12. 《中华人民共和国公司法》（2018 修正），中华人民共和国主席令〔2018〕第 15 号，自 2018 年 10 月 26 日施行。

13. 《中华人民共和国保险法》（2015 修正），中华人民共和国主席令〔2015〕第 26 号，自 2015 年 4 月 24 日施行。

14. 《中华人民共和国产品质量法》（2018 修正），中华人民共和国主席令〔2018〕第 22 号，自 2018 年 12 月 29 日施行。

15. 《中华人民共和国邮政法》（2015 修正），中华人民共和国主席令 [2015] 第 25 号，自 2015 年 4 月 24 日施行。

16. 《物业管理条例》（2018 修正），国务院令第 698 号，2018 年 3 月 19 日施行。

17. 《湖北省物业服务和管理条例》，湖北省人民代表大会常务委员会公告第 200 号，2016 年 10 月 1 日施行。

18. 《不动产登记暂行条例》（2019 修正），国务院令 710 号，2019 年 3 月 24 日施行。

19. 《城市房地产开发经营管理条例》（2019 修正），国务院令 710 号，2019 年 3 月 24 日施行。

20. 《中华人民共和国城镇国有土地使用权出让和转让暂行条例》，国务院令 1990 年第 55 号，1990 年 5 月 19 日施行。

21. 《城市绿化条例》（2017 修订），国务院令第 676 号，2017 年 3 月 1 日施行。

22. 《公共文化体育设施条例》，国务院令第 382 号，2003 年 8 月 1 日施行。

23. 《建设工程质量管理条例》（2019 修正），国务院令第 714 号，2019 年 4 月 23 日施行。

24. 《特种设备安全监察条例》（2009 修订），国务院令第 549 号，2009 年 5 月 1 日施行。

25. 《中华人民共和国电信条例》（2016 修订），国务院令第 666 号，2016 年 2 月 6 日施行。

26. 《电力设施保护条例》（2011 修订），国务院令第 588 号，2011 年 1 月 8 日施行。

27. 《城镇燃气管理条例》（2016 修订），国务院令第 666 号，2016 年 2 月 6 日施行。

28. 《快递暂行条例》（2019 修正），国务院令第 709 号，2019 年 3 月 2 日施行。

29. 《武汉市物业管理条例》（2018 修订），武汉市人民代表大会常务委员会公告［14届］第15号，2019年1月1日施行。

30. 《武汉市养犬管理条例》，武汉市人民代表大会常务委员会公告第18号，2006年5月1日施行。

31. 《物业服务收费管理办法》，国家发展和改革委员会、建设部，发改价格［2003］1864号，2004年1月1日施行。

32. 《物业服务收费明码标价规定》，国家发展和改革委员会会、建设部，发改价检［2004］1428号，2004年10月1日施行。

33. 《物业服务定价成本监审办法（试行）》，国家发展和改革委员会、建设部，发改价格［2007］2285号，2007年10月1日施行。

34. 《湖北省物业管理服务收费暂行办法》，湖北省物价局鄂价房地字［1997］第224号，1997年7月1日施行。

35. 《湖北省物业服务收费管理办法》，湖北省物价局、湖北省住房和城乡建设厅，鄂价工服［2018］22号，2018年4月1日施行。

36. 《价格违法行为行政处罚规定》（2010修订），国务院令第585号，2010年12月4日施行。

37. 《禁止价格欺诈行为的规定》，国家发展计划委员会令第15号，2002年1月1日施行。

38. 《关于商品和服务实行明码标价的规定》，国家发展计划委员会令第8号，2001年1月1日施行。

39. 《住宅专项维修资金管理办法》，建设部、财政部令［2007］第165号，2008年2月1日施行。

40. 《业主大会和业主委员会指导规则》，住房和城乡建设部建房［2009］第274号，2010年1月1日施行。

41. 《住宅室内装饰装修管理办法》，建设部令第110号，2002年5月1日施行。

42. 《住宅室内装饰装修管理办法》（2011修订），住房和城乡建设部令第9号，2011年1月26日施行。

43. 《湖北省电梯使用安全管理办法》，湖北省人民政府令第388号，2016年8月1日施行。

44. 《关于加强电梯质量安全工作的实施意见》，湖北省人民政府办公厅鄂政办发〔2018〕38号，2018年7月27日施行。

45. 《电梯应急指南》，建设部建住房〔2006〕3号，2006年1月4日施行。

46. 《关于进一步发挥住宅专项维修资金在老旧小区和电梯更新改造中支持作用的通知》，住房和城乡建设部办公厅、财政部办公厅，建办房〔2015〕52号，2015年10月17日施行。

47. 《商品房销售管理办法》，建设部令第88号，2001年6月1日施行。

48、《城市商品房预售管理办法》（2004修正），建设部令第131号，2004年7月20日施行。

49. 《城市房地产转让管理规定》（2001修正），建设部令第96号，2001年8月15日施行。

50. 《房地产广告发布规定》，国家工商行政管理总局令第80号，2016年2月1日施行。

51. 《房屋建筑工程质量保修办法》，建设部令第80号，2000年6月30日施行。

52. 《商品住宅实行住宅质量保证书和住宅使用说明书制度的规定》，建设部建房〔1998〕第102号，1998年9月1日施行。

53. 《建设用地容积率管理办法》，住房和城乡建设部建规〔2012〕22号，2012年3月1日施行。

54. 《湖北省城市绿化实施办法》，湖北省人民政府令第75号，1995年5月25日施行。

55. 《物业承接查验办法》，住房和城乡建设部建房〔2010〕165号，2011年1月1日施行。

56. 《商品房屋租赁管理办法》，住房和城乡建设部令第6号，2011年2月1日施行。

57. 《租赁房屋治安管理规定》，公安部令第24号，1995年3月6日施行。

58. 《湖北省物业管理企业资质管理暂行规定》，湖北省住房和城乡建设厅鄂建〔1998〕第086号，1998年5月18日施行。

59. 《住房城乡建设部关于废止〈物业服务企业资质管理办法〉的决定》，住房和城乡建设部令第 39 号，2018 年 3 月 8 日施行。

60. 《前期物业管理招标投标管理暂行办法》，建设部建住房〔2003〕130 号，2003 年 9 月 1 日施行。

61. 《人民防空工程建设管理规定》，国家国防动员委员会综合办公室、国家发展计划委员会、建设部、财政部，国人防办字〔2003〕18 号，2003 年 2 月 21 日施行。

62. 《人民防空工程平时开发利用管理办法》，国家人民防空办公室国人防办字〔2001〕第 21 号，2001 年 11 月 1 日施行。

63. 《湖北省人民防空工程管理规定》，湖北省人民政府令第 411 号，2020 年 3 月 1 日施行。

64. 《关于规范防空地下室易地建设收费的规定的通知》，国家计委、财政部、国家国防动员委员会、建设部，计价格〔2000〕474 号，2000 年 4 月 27 日施行。

65. 《中共中央、国务院关于加强和完善城乡社区治理的意见》，2017 年 6 月 12 日施行。

66. 《武汉市业主委员会运行管理指导意见》，武汉市社区建设领导小组武社建〔2015〕3 号，2015 年 4 月 7 日施行。

67. 《武汉市住宅物业服务等级标准》，武汉市质量技术监督局、武汉市住房保障和房屋管理局，2017 年 12 月 14 日施行。

68. 《最高人民法院关于审理建筑物区分所有权纠纷案件适用法律若干问题的解释》（2020 修正），法释〔2020〕17 号，2021 年 1 月 1 日施行。

69. 《最高人民法院关于审理物业服务纠纷案件适用法律若干问题的解释》（2020 修正），法释〔2020〕17 号，2021 年 1 月 1 日施行。

70. 《最高人民法院关于审理商品房买卖合同纠纷案件适用法律若干问题的解释》（2020 修正），法释〔2020〕17 号，2021 年 1 月 1 日施行。

71. 《最高人民法院关于依法妥善审理高空抛物、坠物案件的意见》，法发〔2019〕25 号，2019 年 10 月 21 日施行。

72. 《最高人民法院关于审理城镇房屋租赁合同纠纷案件具体应用法律若

干问题的解释》（2020 修正），法释［2020］17 号，2021 年 1 月 1 日施行。

73. 《最高人民法院关于适用〈中华人民共和国民法典〉婚姻家庭编的解释（一）》，法释［2020］22 号，2021 年 1 月 1 日施行。

74. 《最高人民法院关于适用〈中华人民共和国民法典〉继承编的解释（一）》，法释［2020］23 号，2021 年 1 月 1 日施行。

75. 《最高人民法院关于适用〈中华人民共和国民法典〉物权编的解释（一）》，法释［2020］24 号，2021 年 1 月 1 日施行。

76. 《最高人民法院关于确定民事侵权精神损害赔偿责任若干问题的解释》（2020 修正），法释［2020］17 号，2021 年 1 月 1 日施行。

77. 《最高人民法院关于审理人身损害赔偿案件适用法律若干问题的解释》（2020 修正），法释［2020］17 号，2021 年 1 月 1 日施行。

78. 《最高人民法院关于审理道路交通事故损害赔偿案件适用法律若干问题的解释》（2020 修正），法释［2020］17 号，2021 年 1 月 1 日施行。

79. 《最高人民法院关于适用〈中华人民共和国民法典〉有关担保制度的解释》，法释［2020］28 号，2021 年 1 月 1 日施行。

80. 《最高人民法院关于适用〈中华人民共和国保险法〉若干问题的解释（四）》（2020 修正），法释［2020］18 号，2021 年 1 月 1 日施行。

81. 《最高人民法院关于审理民事案件适用诉讼时效制度若干问题的规定》（2020 修正），法释［2020］17 号，2021 年 1 月 1 日施行。

82. 《最高人民法院关于金湖新村业主委员会是否具备民事诉讼主体资格请示一案的复函》，［2002］民立他字第 46 号，2003 年 8 月 20 日施行。

83. 《最高人民法院关于春雨花园业主委员会是否具有民事诉讼主体资格的复函》，［2005］民立他字第 8 号，2005 年 8 月 15 日施行。

84. 《住宅设计规范》（GB 50096-2011），住房和城乡建设部公告第 1093 号，2012 年 8 月 1 日施行。

85. 《住宅建筑规范》（GB 50368-2005），建设部公告第 385 号，2006 年 3 月 1 日施行。

86. 《住宅建筑设计规范》（GBJ96-86），国务院住房制度改革领导小组，1985 年 6 月 14 日施行。

87. 《建筑采光设计标准》（GB 50033-2013），住房和城乡建设部公告第 1607 号，2013 年 5 月 1 日施行。

88. 《建筑设计防火规范》（GB 50016-2014），住房和城乡建设部公告 2018 第 35 号，2018 年 10 月 1 日施行。

89. 《建筑工程建筑面积计算规范》（GB/T 50353-2013），住房和城乡建设部公告第 269 号，2014 年 7 月 1 日施行。

90. 《电梯制造与安装安全规范》（GB 7588-2003），国家标准化管理委员会国家标准公告 2015 年第 23 号，2016 年 7 月 1 日施行。

91. 《国家标准房间空气调节器安装规范》（GB 17790-1999），国家质量技术监督局，2000 年 3 月 1 日施行。

92. 《民用建筑工程室内环境污染控制标准》（GB 50325-2020），住房和城乡建设部公告 2020 年第 46 号，2020 年 8 月 1 日施行。

93. 《民用建筑隔声设计规范》（GB 50118-2010），住房和城乡建设部公告第 744 号，2011 年 6 月 1 日施行。

94. 《城市居住区规划设计标准》（GB 50180-2018），住房和城乡建设部公告 2018 第 142 号，2018 年 12 月 1 日施行。

95. 《建筑给水排水设计标准》（GB 50015-2019），住房和城乡建设部公告 2019 年第 171 号，2020 年 3 月 1 日施行。